Negotiation in Total Purchasing Situation

全情景采购谈判技巧

宫迅伟 罗宏勇 汪浩 著

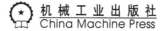

机械工业出版社
China Machine Press

图书在版编目（CIP）数据

全情景采购谈判技巧/宫迅伟，罗宏勇，汪浩著．—北京：机械工业出版社，2020.6（2025.3重印）

ISBN 978-7-111-65621-0

I. 全⋯ II. ①宫⋯ ②罗⋯ ③汪⋯ III. 商务谈判 IV. F715.4

中国版本图书馆CIP数据核字（2020）第083992号

  市面上关于销售谈判的书有很多，但关于采购谈判的书却很少。其实，采购作为销售的对方，同样有丰富的内涵，灵活应对不同情景的谈判，是采购人职业发展的一项必备能力。本书用"三大战役、四个锦囊、五环技巧、六脉神剑"的模型来揭示谈判的真谛，指导谈判前的准备，引导制定谈判策略，并用六脉神剑及其二十四式详细讲解全情景采购的谈判技巧，帮助采购人系统学习谈判专业知识，更好地提升谈判能力。

  本书是"SCAN专业采购四大核心能力"系列课程配套教材之四，另三本是《供应商全生命周期管理》《全面采购成本控制》《采购全流程风险控制与合规》。希望通过这套书，提高采购专业能力，助力采购由行家变大家。

全情景采购谈判技巧

出版发行：机械工业出版社（北京市西城区百万庄大街22号　邮政编码：100037）	
责任编辑：岳晓月	责任校对：殷　虹
印　　刷：固安县铭成印刷有限公司	版　　次：2025年3月第1版第10次印刷
开　　本：170mm×240mm　1/16	印　　张：18
书　　号：ISBN 978-7-111-65621-0	定　　价：69.00元

客服电话：（010）88361066　68326294

版权所有·侵权必究
封底无防伪标均为盗版

Map
导图

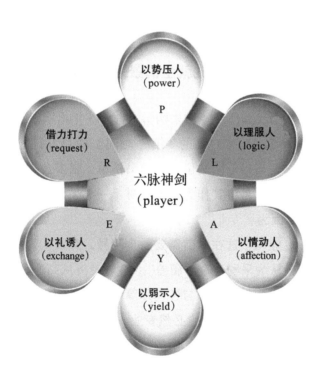

Preface
序言

五环六脉,成就全情景采购谈判专家

我的第一本书《如何专业做采购》,自2015年出版以来,已印刷12次,2018年7月24日CCTV2的《第一时间》栏目专门做过推荐,这本书常年在京东、当当等网站位居畅销书榜单,很多公司的采购人员人手一册,有的大学更是将其作为辅助教材。一本采购书,为何如此受欢迎?我想,就是因为"专业"二字。

采购需要专业吗?这在以前需要画个问号,有人认为采购就是花钱买东西,还有人认为采购是个"肥差"。随着经济从高速到高质量发展、众多实践者的努力和专业讲师与咨询师等专家学者的推广传播,人们已经逐渐意识到,采购必须专业也必然专业。

中国采购商学院愿意成为其中的一分子,使命定位就是"推动中国采购专业化",目标定位是世界第三。或许大家很好奇,你是第三,那谁是第一和第二?第一是专业的未来,第二是优秀的同行。我们向一切优秀的同行学习,学习同行优秀的一切,我们要对未来保持敬畏,对专业保持谦卑,这是我们的价值观。

欧美有专业的采购经理人认证培训,大学里也开设采购专业课程,国内的一些领先企业也开始投入预算开展采购培训、采购咨询。制造业是国民经济的主体，是立国之本。回顾历史，管理理论往往诞生在制造业、制造大国。毫无疑问，中国应该有人总结实践、萃取经验，搭建一套中国自己的采购知识体系，创作出专业权威的采购书籍，很多同行在为此努力着。

《如何专业做采购》这本书，把采购的专业能力概括为四大核心能力，即专业的采购人必须有能力回答四个问题：

（1）为什么选择这家供应商？
（2）为什么是这个价格？
（3）如何控制合同风险与合规？
（4）如何进行一场双赢的谈判？

这四个问题，每个采购人每天都在面对，每位领导、每次审计都在询问，它写出了采购人的痛点。

回答这四个问题，必须具备四大核心能力，即：

（1）供应商关系管理与选择评估。
（2）成本分析与价格控制。
（3）合同风险与合规管理。
（4）双赢谈判技巧。

取其英文核心内涵概括为 SCAN：

- 供应商管理（supplier management）。
- 成本管理（cost management）。
- 合同协议管理（agreement management）。
- 谈判技巧（negotiation skills）。

这本书广受欢迎，是一本专业的畅销书，但如果想进一步提升其权威性，要有自成体系的理论架构，还要有深度的理论阐释和创新。于是我想，是不是把这四大核心能力分别写一本书，形成一个系列，变成更具权威的书呢？很多读者也提过这样的建议，于是我起心动念决定把它写出来，供大家参考。

我给这套书做了这样的定位，描绘了这样一幅画像：系统全面、结构清晰、表达有力。

系统全面。希望它能涵盖市面上的各种权威论断，涵盖采购业务的方方面面，让大家"一册在手，全部拥有"，节省大家的时间。为了突出"全"，我斗胆在每本书的书名里都加了一个"全"字。希望它能兼收并蓄，博采众家之长，站在巨人的肩膀上，在此要感谢一切同行，尤其是写过书的同行。

结构清晰。希望它有一个好的逻辑架构。判断一本书的好坏，我特别喜欢看它的架构，就像看一套房子，特别喜欢看它的户型。如果缺少逻辑架构，只是简单的文字堆砌，那它就是一本杂记、一本文集，不能作为权威著作。

表达有力。希望它文笔流畅，可读性强，有读者才有影响力，不能变成一本死板的教科书，要让大家读起来轻轻松松，在不知不觉中掌握采购知识。

要完成立意这么高的一套书，我自己的时间有限、水平也有限。于是我组织宫采道弟子，大家一起来打造这套书。他们都是在岗的优秀职业经理人，都是各自领域的专家，我们利用元旦、五一、中秋、国庆等假期数次在一起研讨，历时一年多，反复打磨，最终打造出这样一套书。

这套书由 M1 到 M4，一共四本，即四个模块：

M1：《供应商全生命周期管理》

M2：《全面采购成本控制》

M3：《采购全流程风险控制与合规》

M4：《全情景采购谈判技巧》

期待这四本书与《如何专业做采购》，以及之后出版的《全方位采购领导力》组成一个整体，作为"三步打造采购专家"晋阶培训的配套教材，助力采购人"由行家变大家"。

读者拿在手上的这本书是 M4：《全情景采购谈判技巧》。

谈判无处不在，无时不在，不管你是否愿意。世界就是个巨大的谈判桌，采购人必须学会谈判。

　　市面上很少见到关于采购谈判的书，绝大部分都是销售谈判。很多采购人没有受过专业谈判的培训，往往就是招标采购，或压价、压价、再压价，除了价格，其他很少谈，若遇见受过专业训练的销售则往往相形见绌，遇见强势的供应商往往就不会谈了。

　　其实采购谈判有丰富的内容，可以谈质量、价格、交期，可以谈付款、索赔、长期合作，有强势供应商、战略供应商，存在各种情况、各种场景。

　　本书用"三四五六"形成架构，即"三大战役、四个锦囊、五环技巧、六脉神剑"来揭示谈判的真谛，指导谈判前的准备，引导制定谈判策略，并用六脉神剑及其二十四式详细讲解全情景采购谈判技巧。

　　本书是在中国机械工程学会指导下，由宫迅伟主导，宫采道弟子罗宏勇执笔，汪浩、霍绍由、杨瑞霞、唐振来、周美蓉参与讨论并对部分章节做了修订，最后由罗宏勇统稿完成。

　　本书力求倾尽作者所能，让 CEO、COO、CFO、CPO 等高级管理者，让广大采购从业者乃至初学者，让咨询师、培训师、教师乃至其他一切对采购管理感兴趣的人，都可以轻松理解，快速掌握，拿来就用。

　　当然，限于时间和水平，本书一定还有很多不足，还望读者包涵，专家学者们指正。

　　如有任何问题，请联系 gongxunwei@cipm-china.com。

本书已被纳入中国机械工程学会培训教材系列。

目录

导图

序言 五环六脉，成就全情景采购谈判专家

第一部分 采购谈判之兵法

第一章 采购谈判真经 /2

一、谈判是什么 /2

二、为什么需要谈判 /4

三、如何走上谈判桌 /7

第二章 采购谈判的三大战役 /15

一、谈判是心理战 /15

二、谈判是力量战 /29

三、谈判是信息战 /34

第三章 采购谈判的四个锦囊妙计 /44

第一个锦囊：我方的底线和目标 /45

第二个锦囊：对方的底线和目标 /47

第三个锦囊：出价还价的起点 /48

第四个锦囊：谈判协议最佳替代方案 /51

第二部分 谈判准备之五环制胜秘籍

第四章 力量环 /57
一、求 /57
二、最 /59
三、怕 /60

第五章 议题环 /65
一、谈什么,不谈什么 /65
二、先谈什么,后谈什么 /69

第六章 参与环 /71
一、职务 /71
二、人物 /72
三、谈判风格自测 /73

第七章 团队环 /79
一、如何进行团队谈判 /79
二、如何判断对方在团队中的角色 /81

第八章 环境环 /83
一、面对面谈判 /84
二、电话谈判 /87
三、网上谈判 /90

第三部分 谈判技巧之六脉神剑

第九章 以势压人 /97
一、企业优势 /97

二、个人气势 /104

　　三、地位权势 /112

　　四、时移势易 /117

第十章　以理服人 /126

　　一、事实数据 /126

　　二、规则规定 /133

　　三、社会佐证 /140

　　四、公平一致 /145

第十一章　以情动人 /150

　　一、以诚相待 /150

　　二、感情投资 /155

　　三、共情能力 /163

　　四、情绪控制 /167

第十二章　以弱示人 /176

　　一、博取同情 /177

　　二、道德约束 /179

　　三、放低姿态 /183

　　四、假装糊涂 /188

第十三章　以礼诱人 /192

　　一、以礼相待 /192

　　二、投桃报李 /195

　　三、奖赏认可 /200

　　四、未来机会 /206

第十四章　借力打力 /212

　　一、我方之力 /212

　　二、对方之力 /218

三、他方之力 /221
四、无形之力 /230

第四部分　采购谈判之实战篇

第十五章　采购谈判案例全情景分析 /242

　　第一个案例：一台示波器引发的采购谈判 /242
　　第二个案例：知识产权谈判解决公司危机 /253

第十六章　全情景采购谈判专家之路 /261

　　一、要成为谈判专家，必须对供应市场有充分了解 /261
　　二、要成为谈判专家，必须要有大局观 /263
　　三、要成为谈判专家，必须要思利及人 /264
　　四、要成为谈判专家，必须学会控制情绪 /266
　　五、要成为谈判专家，必须忘掉所有招式 /269

参考文献 /271

宫老师

帅大叔，低调，经历丰富。脑子里干货满满，心里有许多故事，随便掉一个出来都是天然段子。重实战，擅长深入浅出地把枯燥的知识用活泼的形式呈现出来。业余时间喜欢和太太一起旅游，尤其喜欢爬山，是爱妻号好男人。

学霸

双子座，男生，高冷，爱读书、爱做笔记、爱总结，时不时掉个书袋。虽然掉书袋的时候让人觉得有点烦，但是很大方，总是把自己的笔记无私地分享给大家，人缘很不错。

小师妹

双鱼座，女生，爱八卦、爱零食、爱逛街、爱插嘴，大大咧咧、没心没肺、偶尔犯个小迷糊，有时候伶牙俐齿，无可救药的乐天派，是全班的开心果。

第一部分

采购谈判之兵法

谈判追求的就是"赢",那如何赢?双赢谈判就是双方都要赢,那究竟有没有双赢?要想赢,就需要调动各种资源和所有智慧来制定谈判策略。

谈判究竟是什么,谈判有哪些真经?你去谈不成,为什么别人去就谈成了?赢的机理是什么,需要哪些心理因素,除了心理还有什么在影响着谈判?上兵伐谋,不打无准备之仗,谈判之前需要做哪些准备?有的人害怕谈判,不谈行不行?有的人认为自己从来不用谈判,这种理解对吗?

Chapter 1
第一章

采购谈判真经

 学习目标

1. 理解谈判到底是什么。
2. 了解我们为什么需要谈判。
3. 理解通过谈判可以得到什么。
4. 了解当我们需要谈判时却不进行谈判会失去什么。

一、谈判是什么

不管你是否愿意,也不管你如何理解谈判,谈判事实上存在于我们每天的生活之中,贯穿于我们所有的学习和工作之中,无处不在。我们每一个人在工作和生活中的成功,很大程度上取决于自己在各种场合下的谈判能力,采购更是如此。

谈判的目标是索取价值,主张最大利益。威廉·尤里(William Ury)在《谈判力》的开篇就强调,不要纠结于立场,更不要在立场上讨价还价,而是要关注我们所关注的,也就是自己的核心利益。

谈判的目标是达成一个双赢的结果,双方都能获益。双赢可以是平均分配,也可以是各取所需,更好的结果是创造额外价值,也就是通俗讲的把蛋糕做大。迪帕克·马哈拉（Deepak Malhotra）和马克斯·巴泽曼（Max H.Bazerman）合著的《哈佛经典谈判术》中对于如何创造价值有着系统的描述。

赢者未必是全赢，输者未必是真输，老练的谈判者更注重双赢。罗杰·道森（Roger Dawson）在《优势谈判》中着眼于如何取得一个双赢的谈判结果。有意思的是，他指出**所谓双赢，就是在离开谈判桌时，谈判双方都感觉自己赢得了谈判，而且这种感觉不是暂时的。这就对一个人的谈判能力提出了非常高的技术要求**。

什么是双赢谈判？这里可以用分蜜橘的故事来说明。

20世纪80年代，有两个工厂派人出门去采购蜜橘。两方同时看中了同一家供货商的蜜橘，个大、皮薄、多汁，只可惜量不大。为了拿到全部货源，两方的采购人员明里暗里吵得不可开交，最后形成一个看似很公平的初步方案，一家一半。

准备交易提货的前一天晚上，其中一家工厂的采购人员决定请另一家的采购人员吃饭，聊聊行情，顺便看看能不能从他那儿再多匀点货。结果一聊发现，自己是做橘子罐头的，对方是做陈皮药材的，不仅没有冲突，还可以合作。

就这样，他们找到一个完美的方式，不仅完成了各自的任务，两方都得到了自己想到的东西，更重要的是，还为工厂未来的发展找到了新的方向。

那么到底何为谈判？

赫布·科恩（Herb Cohen）在《谈判天下》中的定义是：**谈判是综合运用一个人的信息和力量，在由多种力量所形成的结构网的张力范围内，去影响人们的惯常行为及反应**。

龙永图说过，谈判是一门妥协的艺术，是形成共识的过程，既要坚持自己的利益，也要顾及对方的利益。不能简单地把向对方立场的靠拢看作让步，今天的让步可能就是明天的进步。

我们认为，**谈判就是你说出你的想法，我说出我的想法，谈完之后最好按照我的想法来达成一致的协议或妥协的方案。**

市面上关于谈判的书，绝大部分都是从谈判理论、销售谈判、冲突管理、危机管理等角度来阐述的，基本没有从采购的角度来讨论的。

对于采购而言，采购谈判是采购决策中非常重要的一环，所以我们有必要在最广泛的背景下运用谈判来达成目标。**这时的谈判是了解需求、周密计划、合理分析并实施和回顾的过程，是买卖双方在这个过程中费尽心力达成双方都能够接受的协议或妥协的方案。**这些能够接受的协议或妥协的方案包括商业的方方面面，而不仅仅是价格。

本书称此过程为**全情景采购谈判**。

下面章节将对全情景采购谈判的技巧做出充分和全面的阐述，文中所引用的案例也大多是和采购相关的案例，希望能够帮助大家在各自领域学会用更多的方法和工具来进行辛勤的耕耘，从而获得成功。

二、为什么需要谈判

我们要知道自己为什么需要谈判，为了什么而去谈判，才能考虑如何去谈判，如何取得谈判的成功。

为什么需要谈判呢？

当一方对另一方有需求，或者双方互有需求时，就需要进行交换。如果一方一开始就愿意满足对方的条件，那不需要谈判就可以完成交易。比如说，一个爸爸非常宠爱自己的女儿，不管女儿提什么要求，爸爸可能的话都会满足她。

但是，当一方提出的交换条件，另一方并不能马上同意时，就希望通过协商来得到一个让双方都能满意的交换条件。比如说，一般爸爸对儿子就不会太迁就，当儿子提出来要买个玩具，爸爸就会说，你下次考试考了100分我就给你买。儿子说不行，要求太高了，考90分你就给我买吧。最后大家各让一步，达成一致，只要考试不低于95分，爸爸就给儿子买玩具。

在商业上，一旦双方有意愿完成一笔交易或者需要共同执行一个项目的时候，一般来说，会有一些具体的细节问题牵涉到双方各自投入的人力财力、使用的资源以及未来的回报等，这些问题，各方都需要与对方进一步协商和确认，来达到令各自满意的结果，最后形成约定。这就是谈判的初衷。

然而，达成一致并不如想象的那么容易，甚至有时候还会剑拔弩张。

那么，双方为什么有那么多的分歧、那么多的争论呢？总的来说，可以归纳为两个不一样。

一个是认知不一样。

谈判是和人在谈，而人与人之间的认知差异是巨大的，这与个人的教育背景、专业背景、宗教信仰、地域文化等都有关系。

对于认知上的差异，很多人意识不到。认知不同，也会给我们的谈判工作带来种种阻碍。

樊登曾经讲过一个故事。有一个人在中东做培训，给大家讲课。一开始培训的气氛很好，过了一会儿，突然发现大家都不理他了，不管他说什么，学员都不回应他。他感到非常奇怪，于是赶紧安排茶歇。

茶歇的时候，他问培训的组织者，自己是不是说错了什么话。应该不会吧，他觉得自己对中东的情况很了解，怎么突然之间大家的情绪变成这样了呢？

那个组织者对他说，"因为你刚才跷起了二郎腿。在中东，千万不能让别人看到你的鞋底。如果你让一个中东人看到你的鞋底，那就是对人的大不敬，完全不尊重人。你让那么多人看见了你的鞋底，所以大家愤怒了"。

后来，他诚恳地向大家道了歉。

再举个例子。

在中国，对于企业来说，通常都希望能够快速发展，通俗一点说，也就是非常希望能够快速把企业的规模做大，所以人们往往认为其他人也都是这样想的。

在和国内供应商就合作进行谈判的时候，如果企业在过去发展趋势不错，我们跟供应商描绘未来的发展前景，一般供应商都会非常感兴趣，愿意和我们企业共同发展，给我们提供优惠的条件。

我们在和日本的供应商谈合作的时候，特别是在自己有较大需求时，也拿这个作为筹码，并且跟日本人描绘未来美好的前景，觉得对方一定会看中未来的长远发展机会，能够给出更优惠的价格，能做出一些让步。但是，很多时候这些方法往往并不见效，很难得到我们想要的结果。

这就是因为我们不了解日本文化。对日本人来说，把规模做大并不能吸引他们，日本人值得骄傲的地方是他们企业的长寿。要把企业做长久，就要特别关注风险的控制，他们一般不会轻易冒进扩张业务。（据统计，日本的长寿企业数量世界第一，百年以上的企业有25 321家。）

日本人认为，企业成长越快，寿命越短。所以，他们很多选择不上市，他们觉得，在上市后，维持企业的长寿是极其困难的，因为许多股东会要求短期内增加利润。

所以，在这种情况下，我们一味地按自己的思维方式去跟对方谈，以为我们感兴趣的对方也一定感兴趣，就很难得到我们想要的结果。

另一个是立场不一样。

谈判的双方，由于为各自的企业或组织服务，谈判代表必然要维护自己所在组织的利益。即便在认知没有差异的前提下，由于立场的原因，也会有不同意见，毕竟大家都希望为自己的组织争取最大的利益。

比如中美贸易谈判，这两年反反复复谈了很多个回合。大家都知道，贸易谈判对两个国家和人民的利益都有影响，两个国家的经济增长都或多或少受到了一些影响，但因为双方都要考虑各自国家的利益，谁都不能妥协。

再如,在有些谈判中,双方都会有律师参加。在法律知识层面,他们在认知上区别不大,但是他们都是为各自的东家服务,必然要站在自己东家的立场,为自己的东家说话。不管他们认为东家提的要求是否合理,他们都必须站在东家的立场行事。

总而言之,立场的不一样,也让我们需要谈判。

三、如何走上谈判桌

只要走上了谈判桌,每个人都想要更多。

谈判,有时候像男女谈恋爱,有一方主动,而另一方是被动的,被动的一方总是可以提更多要求。一般情况下,谈判分为以下三种情况。

一是,对方主动,我方如何应对?

如果对方主动来找我们,而我们并不需要,特别是对于采购来说,这种情况非常多见。这种情况就不需要谈了,适当地对供应商婉言谢绝即可,也不要把话说死,现在不需要不等于以后不需要。

如果对方主动来找我们,而我们也正有需要,一般来讲,我们会比较有优势,因为这说明我们是对方的目标客户,这时候我们就占据主动权。

但是,我们并不需要表现得过于惊喜或太过热情,或者急于把订单下给供应商,而是要淡定,装作并不一定需要,或者可要可不要的样子。这样可以给对方制造一种无形的压力,让对方感觉到有机会但也有难度,避免对方提出过分的要求。这时候,对方可能会为了成交,给出一个特别优惠的价格。

没有经验的采购,这时候可能会表现出兴奋、热情的样子,说一些类似这样的话:"哎呀,你们来得正好,我们正需要找你们这样的供应商呢。我们很着急,赶快把报价发过来吧。"一些狡猾的供应商,发现我们的需求很急切,可能会坐地起价,这样我们就把主动权丢掉了。

所以，在这种情况下，我们可以故意人为地制造一些障碍，一方面我们可能会获得更多，另一方面还让对方更有成就感。

二是，我方不愿意主动，对方也不主动，怎么办？

有这样一种情况，双方的实力相当，也有了意向，但供应商在第一轮报价之后，并不主动来跟踪，或者双方僵持不下。其实大家都心知肚明，但谁也不愿意主动，因为一旦主动，似乎在谈判的时候就少了一份主动权。因此，大家都憋着，谁也不吭声。

这时候，就看谁先憋不住。有经验的采购，这时候一般会观察并等待对方主动，或者通过侧面了解，看看对方有什么打算，再采取行动。

三是，对方不愿意跟你谈，怎么办？

在实际情况中，采购往往是强势一方，供应商是弱势一方。采购对供应商提各种要求，供应商就是心中有一百个不愿意，为了获得合作的机会，也只能忍气吞声。

然而，情况并不总是这样，有的时候供应商是大公司，或者在业内非常有影响力，或者因产品独特而具备不可替代性。在供需不平衡的时候，情况会反过来。供应商会对我们爱答不理，或者开的条件和要求很高，并拒绝我们进行协商的要求。

这是一种比较糟糕的情况，让采购比较难办，因为我们确实需要这样的供应商，但对方的要求又实在太高，不好接受。很多采购习惯了强势，这时候就会不知所措，觉得这个供应商太强势了，不愿意跟我们谈，自己也就不大愿意去谈。

那么，怎么办？我们先看看销售遇到这种情况是怎么应对的。

【精彩案例】坚持不懈、反复尝试，终于促成谈判

湖北某化工集团要新建一个生产"草甘膦"的化工厂，需要真空设备。

一家真空设备供应商的业务员小张了解到这个信息,便去找了相关的基建处处长和下面的工程师,经过几次交流,基本有了合作意向。结果,基建处的处长突然被换了,新来的处长有固定的设备合作伙伴,下面的工程师也摸不清新领导的意图,不敢帮小张说话。

小张就向自己的领导销售总监夏总求助。夏总问:"负责这个项目的最高领导是谁,你找过了吗?"小张说:"最高领导是刘总,我找过他,但是他不理我。后来总算见了一次,也只谈了一分钟,他说他不管具体的事,然后就把我推给基建处了。"

夏总也觉得这个事情很难办,关键是留给他们的时间已经不多了,这个项目是议标,过几天就要定了。夏总想了很久,觉得还是需要去找一下刘总,从他这里打开突破口。

第二天,夏总就去找了刘总。敲门进去后,刘总抬头看了他一眼,没有任何热情的表示。

夏总递过去一张名片,做了介绍,说:"恭喜刘总,草甘膦出口价格又涨了,从以前的3000多元一吨涨到5000元一吨了。"

刘总"嗯"了一声,没有多说什么,甚至都没有请夏总坐。

夏总递过自己的产品说明书,过了一会儿,又对刘总说:"草甘膦的需求每年增幅都在15%以上,刘总选项目真准,眼光真好啊,找了个会下金蛋的项目!"

刘总还是"嗯"了一声,照样没有理睬。

刘总翻了翻产品资料,说:"把你们的产品资料给基建处的处长吧,你跟他谈,设备的事情我不参与。"

"基建处我已经让业务员去拜访过了,他们觉得我们的产品还可以,我也是觉得我们的产品还不错,就想让您帮忙推荐一下。"夏总说完这句话,就站起身来。

"对了,刘总,你身后的书橱建议你移走。另外,建议你换个办公室,这个办公室不适合你。"说完这句话,夏总把椅子归位,掉头准备离开。

"啊，什么意思？这个办公室怎么不适合我？"刘总很好奇地问，也有点生气。

夏总停下了脚步，就办公室布局与刘总探讨起来。刘总就对夏总的话感兴趣了，也不是先前那种爱理不理的样子了。随后，两人聊得比较投机，刘总也给基建处的处长打了电话，推荐了夏总公司的产品。

在后来的议标中，夏总也做了很多努力，最后签下了这个项目的合同。

这是一个典型的销售案例。我们看到这位销售总监在进入客户老总办公室的时候，就留意观察办公室的布置。在尝试了几次，仍然找不到对方感兴趣的话题并且对方爱理不理的情况下，为了避免尴尬的局面，也是为了能够找到销售的突破口，就寻找机会故意制造了一个悬念。通过激起对方的好奇心，让对方老总从一开始的不太愿意理睬，到后来愿意交流，并帮忙给基建处处长打电话。经过销售总监的努力，最终促成了这个项目。

相信这个案例或多或少能给我们采购人带来一些启发。

对于谈判双方而言，让双方在规定的时间走上谈判桌，对规定的物品或服务进行谈判是首要动作。

为此，我们特别总结了谈判的"两个纲领"，这"两个纲领"关乎谈判的目标和结果。

- 拉力：通过谈判能得到什么。
- 推力：不谈判会失去什么。

运用这"两个纲领"，我们可以确定自己是否需要谈判；在遇到对方不愿意谈判时，我们也可以利用这两个纲领来分析对方的目标和想要的结果，有针对性地引导对方走上谈判桌。

(一)拉力:通过谈判能得到什么

美国总统特朗普,在成为总统之前是个地产商,是个精明的商人。他认为,交易的艺术在于发现对方的需求,一旦你拥有对方想要的东西,这笔交易离成交就不远了(如果你也想要成交)。

在采购谈判的过程中,不仅要清楚地了解自己想要获得什么,更重要的是,我们要从供应商的角度来考虑,找到他们想要的东西,即供应商和我们谈判到底能获得什么,知己知彼,从而掌控谈判的过程。

对于采购谈判而言,我们需要谈的东西很多,一般有如下几个:

- 获得满足质量要求的产品或服务。
- 获得公平合理的价格。
- 获得合适的交期。
- 获得合理的付款条件。
- 获得足够的培训和后续服务。
- 获得保证合同履行的相关条件。
- 获得更有利于我方的违约条款。
- 获得更有利于我方的保密条款。
- 获得更有利于我方的法律支持条款等其他商务条款。

但是,对于我们的供应商而言,恐怕大部分人都要好好想一想他们的需求到底是什么了。

"天下熙熙,皆为利来;天下攘攘,皆为利往。"获取利润最大化自然是所有企业的首要目标,除此之外,在每次谈判的过程中,供应商可能还有以下许多需求:

- 商务条款最优化。
- 获得与大公司、著名公司合作的名声。
- 获得与采购方长远合作的机会。
- 与优秀的公司建立持续的关系。

- 获得其他项目的机会。
- 进入某个行业的机会。

我们要仔细分析双方的认知、立场以及双方的目标、需求，才能开启谈判。在供应商不愿走上谈判桌时，我们要想办法让供应商知道和我们谈判、完成交易所带来的好处，这样才能让供应商走上谈判桌。

(二) 推力：不谈判会失去什么

在我们的日常工作中，难免会碰到一些供应商不愿和我们谈判，或者不配合谈判，不管提什么要求，回复一律是：价格不能降、条款不能改、交期不能变，甚至很多时候连回复都没有。

通常情况下，这些供应商要么是垄断供应商，产品非常独特，要么是用户指定的，要么合作已久难以更换。此时，他们的收益基本恒定，对于他们来说能够得到什么非常清楚，可能也没有什么额外的想法，要是来谈判的话，基本就是纯损失，有点类似于零和博弈。在这种情况下，若想让供应商回应我们的需求、完成正常的交易，就要使出浑身解数。

此时，找出供应商不来参加谈判的损失就非常重要了。我们要明确告诉供应商不和我们好好谈判甚至拒绝谈判会失去什么。

只有更大的损失才能引起供应商的注意，才能让他们"冒险"来参加谈判，以避免更大的损失。

其中最重要的一点就是"失去未来"。

没有人不怕失去未来，哪怕现在如日中天。

我们自己要清楚，供应商不来参加谈判可能还会造成如下后果：

- 进入公司的黑名单。
- 失去未来项目的合作机会。
- 迫使公司培养新的竞争对手。
- 失去行业中的名誉。
- 失去公司上上下下的支持和培养。

很多时候，看到对方似乎不太愿意搭理我们，采购可能有点接受不了。然而，这种情况销售遇到的太多了，想想被采购残酷拒绝的那些销售吧。

通常来说，销售并不会因为被拒绝就放弃，销售要学的第一课就是如何应对拒绝，研究和自己打交道的人。这一点值得我们采购人去学习。如前面案例所展现的，人总是有好奇心，有时候制造悬念，反而能让对方愿意和你交流。

所以，即便我们面对的供应商看起来很强势，只要我们用心，研究人性，就能发现其软肋。只要我们能够抓住人性的弱点，一定可以找到突破口，前提是我们要摈弃采购习惯的那种高高在上的姿态，一定要放低姿态和对方交流。

不过，我们要注意的是，如果对方不愿意和我们谈，也许并不是对我们的公司、对我们的需求和订单不感兴趣，也不是供应商不清楚上面讲的这些后果，也不是采购放不下姿态，有可能是我们的谈判代表人选出了问题。

要知道，这个世界上，总有一些人之间气场不合，他们可能对对方的第一印象就不好，互相看不惯对方，或者双方的性格不对路，都是脾气火爆类型的，气场不对，容易谈崩。如果让他们谈下去，情况只会越来越糟糕。

这个时候，我们一定要及时走马换将，换一个谈判代表去谈，对方也有可能意识到这个问题，也会换人。

如果还不能解决，还有一种方法，就是找一个双方认识、信任的第三方作为中间人来进行调解，或者是让中间人参与到谈判中来。找中间人其实是一种很好的方法，特别是在一些比较大的合作项目中，双方可能一时半会儿达不成一致。由于中间人对双方都比较了解，也能得到双方的充分信任，他的参与可以推进双方谈判的速度和效率。

当然，前述"后果"是否具有效力，还取决于我方的实力。在后面的章节中会详细阐述各种谈判技巧在不同情景下的应用。

思考题

1. 举两个自己工作中的谈判案例,以加深对谈判的理解。
2. 结合本章内容,从采购的角度考虑,我们面对供应商不去谈判会失去什么?

第二章

采购谈判的三大战役

学习目标

1. 理解采购谈判心理战的作用并学习相关的心理学知识。
2. 理解采购谈判力量战的作用并了解力量的来源。
3. 理解采购谈判信息战的作用并掌握信息处理的方法。

上一章我们已经讲了很多"谈判是什么",其实我们可以用三句话来简单概括谈判:

- 谈判是心理战。
- 谈判是力量战。
- 谈判是信息战。

我们称其为采购谈判的三大战役。这三大战役是获取谈判成功的关键,也是奠定谈判成功的基础。因此我们必须予以充分重视,深入了解和学习其中的要点,从而灵活运用到谈判之中。

一、谈判是心理战

经验再丰富的谈判专家也会犯错误,因为每个人都会受到心理作用的影响。

每一场谈判都是谈判双方心理上的较量。我们要了解影响我们和对方的心理因素，从而降低心理作用对自己的影响，加强其对对方的影响，找到解决方案，并且在有必要的时候采取合适的措施，让谈判朝自己期望的方向发展。

（一）要敢于谈判

我们要敢于谈判。

日常发生的各种谈判是企业为了生存发展而进行的一场场战斗。想象这样一个场景，战斗还没有开始，很多士兵就已经失去了自信，焦虑不安，不敢前进一步。这仗还怎么打？他们在害怕什么？对前方战场的凶险一无所知，还是害怕对方力量的强大，或是对自己低劣的武器毫无信心？但可以肯定的，这场战斗必输无疑。

如果我们在谈判中也是这种状态，带着焦虑不安和害怕心理去谈判，结果肯定不乐观。可惜的是，常人害怕谈判也就罢了，很多采购居然也害怕谈判，不敢去谈判。

我们认为，这主要有三个原因。

第一，谈判这件事本身会带来矛盾和对抗。

很多人不是很喜欢这种情景和状态，不想制造这样的矛盾或者被这种矛盾所裹挟。但是，职责所在，想退避却又不能退避，在这种痛苦的状态下，焦虑自然随之而来。

一个采购需求来了，公司内部天天催你出单，时间要快，价格要低。你很上火，却又不想伤了彼此的关系。供应商呢，天天给你问好，询问项目进度，你要求的条件却又不肯答应，价格还没得商量，同时还不停地说，再不下单可能就不能按计划交货了。

怎么办呢？你真想把头埋在沙子里或者赶紧了结这个事。谈判？谈判是个什么劲？不谈不谈，单子马上要下了，还谈什么啊。

其实，这本就不应该成为问题。我们作为采购，谈判是重要的日常工作之一，带来相应的矛盾和对抗总是在所难免的，我们必须勇敢面对。

第二，对谈判的情况和谈判的对方不熟悉，掌握的信息不充分，自己也没有信心。

你不知道对方技术实力到底怎么样，也不清楚对方的财务状况是否良好，更不晓得对方这个具体负责的销售会不会骗你，想想就有点吓人。对谈判对方的害怕，本质上就是没有足够的信息输入，对对方缺乏信任，自然也就没有信心了。反之，如果谈判的对方是一个老供应商，合作很久了，彼此都很熟悉，这个问题就会好很多。

那么，怎么解决这个问题呢？

一个比较好的办法就是尽早介入到采购的项目中去。介入得越早，你就有更多的时间去准备谈判；准备得越充分，你对谈判的状态掌握得就越清楚；情况掌握得越清楚，你就越有自信进行一个好的谈判。谈得越多，经验自然越丰富；谈判的经验越丰富，看惯了各种场景，自然就更自信，也就不会害怕谈判了。

第三，担心自己的能力不够，搞不定事情很丢脸。

很多时候我们担心自己很笨，担心被骗，害怕犯错误，甚至很容易就做出让步。让步没有关系，满足供应商的要求也没有关系，关键是我们自己要求的东西有没有得到满足，公司的利益有没有受损。很多领导不愿出席谈判，事实上也有可能怕谈不成自己丢面子。

如果真觉得自己的谈判能力有限，那么学习就是不二法门。读完本书，相信你会学到很多有用的技巧，提升自己的谈判能力，可能还会期待去谈判。

宫老师常说，我们不是在和销售本人谈判，而是在和销售的认知进行谈判！

其实，作为采购，一定要明白供应商的销售有两个软肋：

- **销售永远把成交放在第一位。**
- **采购永远都比销售了解其竞争对手。**

毕竟，采购拥有所有供应商的很多信息，可以进行交叉比较分析，同时，采购也处在相对有利的位置上，完全没有必要害怕谈判。

（二）心理影响力六大原理

罗伯特·西奥迪尼（Robert B. Cialdini）在《影响力》一书中阐述了六大原理如何对人的心理产生巨大的影响。我们被人利用这六大原理来对待，做出各种机械式反应，这些心理影响自然会对谈判结果产生巨大的作用。在你能看到的各种阐述社会影响力、销售技巧、谈判技巧等的书籍中，你都会看到这六大原理的身影。

因此，在我们开始谈判之前，了解并合理利用这六大原理，从而制定相应的谈判策略，对我们的谈判会有很大的帮助。

1. 互惠原理

互惠原理认为，我们会尽量以类似的方式报答他人为我们所做的一切。

如果你无条件地送给别人什么东西，那么对方就会觉得他们始终亏欠你点什么，一定要找机会予以回报。有些要求要是没有亏欠感，本来是一定会遭到拒绝的，可是靠着互惠原理，你就很容易让别人点头答应。有趣的一点是，你给对方的东西与对方认为他们应该回报给你的东西之间，并不一定是等价的或类似的。

比如，你帮了对方一个小忙，可能就是举手之劳，对方就会觉得他有朝一日要为你做点儿什么才行。精心准备的小礼物、小型的生日活动、送给对方的贺卡、出差带回来的伴手礼等，都可以起到类似的作用。

很多人带小孩逛商场的时候，恐怕就受过此原理之害。比如，四处推销产品的人如果直接找你要手机号码，你肯定不会给，但是他们准备了各种小玩具，比如气球、小娃娃等，主动送给你的小孩，然后再向你要联系方式，恐怕你就不好意思拒绝了。

供应商更是深谙此道。因此，我们采购要注意这一点，哪怕一支圆珠笔，也有它的意义。这也是为什么很多公司总是会在各种会议、展会上准备各种小礼物赠予参加者。也正是出于这个原因，有些公司直接规定员工不得接受他人的热情款待，如果不得不接受，也不得超过一定的金额。

俗话说，投之以桃，报之以李。中国人常讲的，滴水之恩当以涌泉相报，也是这个意思。

为他人真诚地做些事情而不求回报，对方更会觉得对你有所亏欠。当然，这种行为一定要发自内心，你是不是真诚，别人一眼就看得出来。

在谈判中，互惠原理主要通过两个路径来实现互相让步：

第一，它会迫使接受了对方让步的人以同样的方式回应。

第二，由于接受了让步的人觉得自己有回报的义务，人们愿意先让一步，从而启动交换过程。

这也是为什么在谈判中，真正经验丰富的谈判者会把最初的立场稍做夸张，让对方讨价还价，然后再来上一连串的小小让步，最终就可以从对方那里得到理想的结果。

2.承诺和言行一致原理

人人都有言行一致的愿望。

我们一旦做出了某一选择或采取了某一立场，内心和外部产生的压力会迫使我们言行一致，并想方设法以行动证明自己先前的决定是正确的。言行前后不一的人往往会被看成头脑混乱、表里不一；言行一致的人，往往被人称道。

不过，**要想让对方言行一致，承诺是关键**。如果我们让对方做出了承诺，对方大多会按照承诺的去做。但我们要注意的是，如果你一上来就要求对方做出一个很大的承诺，对方往往会拒绝。所以，大部分人都会从一个很小的、琐碎的事情开始让对方做出承诺，然后再慢慢上升到更大的请求。

某件事对方直接提出来你肯定不是很乐意答应，这时，对方提出一个非常小的，甚至看起来和这件事毫不相干的请求，你不好意思拒绝，就答应了。然后，因为你已经答应了对方一个小请求，再答应另一个小请求也不是什么难事了，慢慢地事情就会朝着你没有想到的方向发展了。

比如，某个新供应商想和你们公司合作，上来就要求参与项目，肯定会被你拒绝。这时，对方先说只是拜访一下，互相认识一下，你不好意思拒绝，可能就同意了；见面了之后，对方又说，既然见面了，要不介绍一下我们的产品吧，然后你又同意了；产品你也了解了，过两天对方又给你寄来一个样品，估计你也不会拒绝了；这时，供应商又提出是否有机会参与新项目，由于有前面一系列的行为，估计十有八九你会说"看机会吧"。等机会真正来临的时候，由于承诺和言行一致原理的作用，你真有可能会邀请他们参加。事情就是这样一步步发展下来的。

还有一个较有力量的，有人发现把东西写下来会有种神奇的力量，尤其是把个人的承诺写进合同更是如此，因为人们基本会按照写下来的承诺去做。

公开承诺就更有力量了。公开承诺会把人变成最顽固不化的人，因为每当一个人选择了一种立场，他便会产生维持这个立场的动机，这样才能够显得前后一致，所以在公共场合做出承诺的人一般不会改变。

你为一个承诺付出的努力越多，也就是付出的沉没成本越大，这种状况对你的影响就越大，你想改变要付出的努力和代价就越大。换句话说，费尽周折才能得到的东西，比可以轻轻松松就能得到的东西往往让人更加重视。

因此，在谈判中，我们要利用这一心理影响制定自己的策略，更要认清对方的谈判策略，防止对方借此来影响我们的判断。

3. 社会认同原理

社会认同原理认为，在判断何为正确时，我们会根据别人的意见行事，特别是在特定情况下我们需要判断某一事情是否正确时，如果我们看到别人已经做过这件事，我们就会认为这么做是正确的，就会不自觉地追随。

也就是说，我们会根据别人的行为来判断自己怎么做才合适，尤其是我们觉得这些人跟自己很相似，或者对自己很重要，或者对自己正在谈判的事件有影响、有关联的时候。

举一个简单的例子，每个父母都会觉得自己的儿女非常叛逆、不听话，但实际上，我们要知道的是，他们这种态度其实只是针对自己的家长。在同龄人里面，青少年是要根据自己的社会认同来判断怎么做才合适，而不是自己父母的认同，这才是他们叛逆的根本原因。

再举一个例子，真正的领导者都知道，没有哪个领导者能够单枪匹马地说服自己团队里的所有成员。影响力最强的领导者知道怎么安排自己团队内部的人，让社会认同原理朝对自己有利的方向发展。比如，安排一两个人先站出来同意自己的意见，其他人一般很快就会跟着附和。

换句话说，在不确定性的状况下，如果有什么能提供确定性东西，就会产生非常大的影响力。比如，打印成文的资料和各种信息就是非常有说服力的。如果你能提供各种正式的相关信函、邮件、客户或供应商的证明等，就会对谈判产生很大的帮助。

相反，任何的不确定性都会给谈判带来很大的困扰。

4. 喜好原理

大多数人总是更容易答应自己喜欢的人所提出的要求。

不可否认，注重仪表的人在社交中会有优势，因为这样的人更容易得到别人的喜欢。注重仪表的人，也更容易得到别人的帮助。在改变别人的意见时，同样的观点、同样的阐述方法，这类人似乎比别人更容易一些，这就是仪表带来的魅力。

我们也喜欢与自己相似的人，不管这个相似之处是价值观、性格、背景，还是生活方式（比如日常的穿着打扮）。因此，很多销售上来就喜欢问东问西，然后找出和我们相似的地方。比如说，啊，原来我们是老乡呀；或者说，我们都在某个地方工作过啊；再或者说，原来你也喜欢骑车呀。这些相似之处有时看起来微不足道，起到的作用却很大，关键还是润物细无声，你都不容易发现。因此，提防说跟你看起来相似的销售总是没错的。

好多销售都非常擅长使用这种心理战术，对客户恭维奉承。即使我们知道那是假装的，也很清楚那是恭维奉承，哪怕我们知道自己没那么好骗，但稍不留神，我们就会钻进销售设下的圈套。

那么，如何防止对方用"喜好原理"对自己产生影响呢？

其实我们没有办法去压抑产生好感的因素，因为这是人的本能，很难去拒绝，但是我们可以从心理上**把对方和他所销售的东西区分开来**。

我们把注意力放在自己关注的谈判目标上，而不是和我们谈判的这个人身上。也就是说，我们要把谈判本身和谈判的人区分开来对待，不管我们多么喜欢和自己谈判的人，也不要忘了自己的谈判目标。

我们要关注自己真正需要关注的利益！

5. 权威原理

大多数人习惯性地服从权威。

《圣经》开篇就讲到，因为没有服从上帝无上的权威，没有听从上帝的指令，亚当和夏娃只是偷吃了苹果就失去整个伊甸园。《圣经》后面还讲了一个伤感的故事，说只是因为上帝的吩咐，亚伯拉罕就把剑插进了自己小儿子的心脏，把他献给了上帝。

这些故事在很大程度上说明，在充满未知、判断困难的时候，更高权威的判断，直接影响着我们的判断。

很多时候，人们认为服从权威是有好处的，所以很容易就不假思索地服从。即使权威做出了错误的判断，我们还是会盲目地听从。

在生活中，这样的例子比比皆是。比如，我们去看医生，基本上只能听从医生的诊断，很难驳回医生对病情的判断，除非再找一个更高级别的医生。再如，我们在学校里基本都会听从老师的教导，甚至会有一些盲目。长大后变成了家长，可是家长在学校外面，即使地位再高，如果自己的小孩在学校里有什么事情，还是得听从老师的安排。

在日常生活中有几个象征权威的标志，对此我们要有清晰的认知。

- **头衔**。头衔越高的人，别人就会觉得这个人越厉害，不自觉地就有点崇拜。
- **穿着打扮**。穿着制服的工作人员，比如警察，总是有着更大的影响力和权威，让你不得不顺从他们。
- **代表身份的东西**。比如，你开一辆豪车和开一辆普通车，对人心理的影响是不同的。另外，某人戴着一块高档表或者住在一个高档小区，不管你的心里怎么想，但你所表现出来的，对这些人总是有别于其他人的。

为避免权威地位的误导，我们要做好心理准备，否则很容易低估权威原理对自己行为的影响。毕竟很多时候，采购容易碰到各个领域的专家，也就是我们所说的权威。

【精彩案例2-1】米尔格拉姆的服从实验

1963年，美国社会心理学家斯坦利·米尔格拉姆（Stanley Milgram）着手一项服从实验。实验的目的是被试者在遭遇权威者下达违背良心的命令时，人性所能发挥的拒绝力量到底有多大。这一典型的服从实验在社会心理学界产生了强烈的反响。

米尔格拉姆首先在报纸上刊登广告，公开招聘被试者，每次实验付被试者4.50美元的酬金。结果有40位市民应聘参加实验，他们当中有教师、工程师、邮局职员、工人和商人，年龄在25~50岁。实验者告诉这些应聘者，他们将参加一项研究有关惩罚对学生学习的影响的实验。实验时，两人为一组，一人充当学生，另一人充当教师。谁当学生谁当教师，用抽签的方式决定。教师的任务是朗读配对的关联词，学生则必须记住这些词，然后教师呈现某个词，学生在给定的四个词中选择一个正确的答案，如果选错，教师就按电钮给学生施以电击，作为惩罚。

由于事先的安排，实际上每组只有一个是真被试，另一个是实验的助手，即假被试。抽签结果，真被试总是充当教师，假被试总是充当学生。

实验开始，充当学生的假被试与充当教师的真被试被分别安排在两个房间。在学生的胳膊上绑上电极，这是为了在学生选择错误时，可由教师施以电击惩罚。而且，实验者把学生用带子绑在椅子上，向教师解释说是为了防止他逃走。教师与学生不能直接看到彼此，只能用电讯传声的方式保持联系。

给学生施以电击惩罚的按钮共有30个，每个按钮上都标有它所控制的电压强度，从15伏特开始累计，依次增加到450伏特，每四个按钮为一组，共七组零两个，各组下面分别写着"弱电击""中等强度""强电击""特强电击""剧烈电击""极剧烈电击""危险电击"，最后两个用××标记。

事实上这些电击都是假的，但为了使充当教师的真被试深信不疑，首先让其接受一次强度为45伏特的真电击，作为处罚学生的体验。虽然实验者说这种电击是很轻微的，但已使教师感到难以忍受。

在实验过程中，学生故意多次出错，教师在指出他的错误后，随即给予电击，学生发出阵阵呻吟。随着电压的升高，学生开始叫喊怒骂，而后哀求讨饶、踢打墙壁，最后停止叫喊，似乎已经昏厥过去了。教师不忍心再继续下去，问实验者该怎么办。实验者严厉地督促教师继续进行实验，一切后果由实验者承担。

在这种情况下，有26名被试者（占总人数的65%）服从了实验者的命令，坚持到实验最后，但表现出不同程度的紧张和焦虑。另外14名被试者（占总人数的 35%）做了种种反抗，拒绝执行命令，他们认为这样做太过分了。

米尔格拉姆在实验结束后，把真相告诉了所有参加实验的被试者，以消除他们内心的焦虑和不安。但是很明显，实验显示了成年人对于权威者有多么大的服从意愿，会去做出几乎任何尺度的行为。

6. 稀缺原理

物以稀为贵。

机会越少，它的价值似乎也就越高。人们对失去某样东西的恐惧，似乎比获得同一物品的渴望更能激发行动力。人们对潜在损失比对潜在收益看得更重。

因此在谈判中，销售总是会搞一些"数量有限"的把戏。他们会告诉我们现在这个东西供不应求，再不买就来不及了。即使我们有时候觉得"数量有限"和"过时不候"这种把戏很可笑，还是会受到影响，因为我们不知道这个信息到底是真的还是假的。

为了消除这种不确定性，暂且相信他吧。

同样的道理，如果一样东西遭到禁止，人们就会觉得它更有价值，这不仅限于各种消费品，信息更是如此。

另外，人们在追求稀缺物品时，如果碰到有人来竞争，那就更想要了。竞争会带来更大的刺激。

渴望拥有一件众人都想要的东西，几乎是本能反应。不知道还有没有人记得 2003 年"非典"时大家疯狂抢购食盐的事情，不记得的话可以看看 2020 年新冠肺炎疫情时日本、欧美疯狂抢购卫生纸的新闻。这些事情看起来非常可笑，可就这样发生了。

在采购谈判中，有一个利用稀缺原理和竞争双重手段来谈判的技巧，就是利用"荷兰式拍卖法"或"英式拍卖法"让供应商对标的公开竞价，价低者得。就这么一次机会，时间又极其有限，竞争对手时刻都可能把这个订单抢走，在这种紧张的压力之下，供应商很容易做出非理智的决定。如果竞争激烈,容易冲动地做出违背初衷的选择。人们在激烈竞争的情境中,往往会忽略自己的真正目标,为了获得竞标的胜利,经常会陷入狂热之中,他们会一而再再而三地接受在正常的谈判中绝对不可能接受的价格。在这样一场"胜利"之后,投标人往往会后悔不已,因为最后获胜的他们付出了过高的代价。经济学家将这种与投标胜利相伴的悔恨心理称为**"赢者的诅咒"**。

 小师妹插嘴

拍卖我听说过,不过什么是荷兰式拍卖法或英式拍卖法?

 学霸掉书袋

拍卖,大家在电影中见过很多,是主要用于出售各种珠宝、艺术品等的一种竞价方法。但是很多人可能不知道,我们也可以将这种拍卖的形式应用于采购活动。应用比较广泛的有荷兰式拍卖法和英式拍卖法。荷兰式拍卖法,是由高向低喊价,先接受出价的竞买人中标。英式拍卖法,是由低向高喊价,最后只有一家接受出价的竞买人中标。

不过,我们自己要深刻地认识到,稀缺的东西并不是因为它更好吃、更好听、更好看、更好用,其实很多时候仅是因为我们难以弄到手。我们的喜悦很多时候并不是来自稀缺事物本身,而是来自对稀缺事物的占有。

因此,我们一定要冷静地对待稀缺的东西,行动之前要问问,我们为什么要拥有这个东西。我们必须牢牢记住的一点是,这个东西不管是稀缺还是充足,其功能都是一样的,不会因为稀缺而变得跟以前不同。在采购谈判中也要如此!

(三) 心理偏见的影响

我们每个人在谈判中都会受到心理偏见的影响,都有可能做出不理智的决定,谈判失败有时很大程度上是我们的心理偏见造成的。因此,我们有必要单独讨论一下心理偏见对谈判的影响。

比如说固执己见。

我们在谈判中总是会碰到一些固执己见的人，甚至自己也会被很多人说"真轴""真固执"。那么，我们就要当心了。

固执己见会有什么问题呢？固执己见会让我们的眼光非常狭窄，只关注自己面前小小的一块儿，在实际谈判中也会只关注某一个议题，不能把眼光放长远，把其他很多相关的东西一起谈。固执己见的人只关注眼前的利益，而忽略了自己和公司的长远利益，更别说可能创造的额外利益了。有的人甚至会因为条件是对方提出来的，而想当然地觉得对自己不利，所以怎么也不肯接受。如果是自己提出来的条件，一旦对方接受得太容易，就又觉得自己是不是吃亏了。

比如说印象偏见。

印象偏见十分常见，每个人都难以避免。我们对人的第一印象一旦形成就很难改变。不过我们应该清楚的是，第一印象往往都是外在的显性信息，其实更多时候隐性信息，也就是一个人的内在更加重要。尽管如此，我们还是很难摆脱第一印象的影响。在后面的谈判技巧中，我们会具体讨论印象偏见对谈判产生的影响。

我们还容易受损失偏好的诱导。

这指的是我们想有所收获时，我们想要的就是确定的东西；当我们要遭受损失时，我们首先想到的是损失为零，或者一切都安然无恙。因此，我们在谈判中谈到额外利益分配时比较容易做出让步，但是谈到如何分担损失时，比如降低工资、减少奖金，或者供应商答应好的降价最后不降了，我们就有可能无法通融，甚至根本不在乎谈判是不是会形成僵局，反正就是不能接受。这也是为什么，如果出于供应商的原因导致我们卷入诉讼纠纷时，作为采购，我们很多时候就会尽量避免这种情况发生，总是到万不得已时才会进行这种谈判。

我们又无时无刻不受到心理偏见的影响。

比如不能解决"想要"和"该要"之间的冲突，比如以自我为中心，比如过分自信、乐观，比如容易产生优越感错位，比如容易把成绩归在自己身上等，不一而足。因此，在谈判开始时我们要预测并解决我们想做的和我们应该做的两者之间的冲突，避免受到心理偏见的影响。

还需要指出的一点是，很多采购在谈判中，都有很强的优越感。这种优越感来自自己的公司和部门，甚至自己的职位，觉得自己比其他人水平更高，从而轻视对方，结果让谈判变得非常艰难。

在谈判过程中，我们时时刻刻在和这些心理偏见做斗争，不仅自己要利用这些心理因素获得最大利益，也要防止被对方的心理偏见所影响。但是我们身为人，不管受过何等教育，影响总是在所难免的，特别是作为谈判的一方。正所谓，不识庐山真面目，只缘身在此山中。旁观者清，当局者迷。因此，必要时我们要引入第三方（比如咨询）谈判帮手来帮助自己整理资料、收集信息并分析谈判的过程，从而得出更客观的判断。

在大多数情况下，大家总是热衷于分析对手的心理变化，希望能够找出破绽，同时利用上述心理因素来影响对方，最终达成目标。然而，从长远来说，光在别人身上下功夫取得的成果还是有限的，而且所费功夫巨大，换一个谈判对象就得耗一遍神儿，这样还不如反求自己，多修炼内功，对自己的心理偏见和日常心理活动做深入的分析了解。

 小师妹插嘴

哇，这么多心理学知识啊！看起来好复杂啊！

 学霸掉书袋

不用担心，建议你把罗伯特·西奥迪尼的《影响力》这本书好好看一下，这可是关于"影响力"方面的经典著作。

另外，如果想进一步，更深入地思考心理和谈判成功之间的关系，我们不仅要了解这些心理影响原理，也要审视自己的内心世界。毕竟好多人说，如果我们连自己都无法说服，又如何去说服别人呢？这里推荐大家去阅读艾莉卡·爱瑞儿·福克斯（Erica Ariel Fox）的《哈佛谈判心理学》。该书中涉及的内容是关于坐到谈判桌之前，甚至是与人沟通之前，我们本身就需要思考的内容。

二、谈判是力量战

谈判，归根结底是力量的对比和博弈。这种力量，直白一点说就是谈判的筹码，英文为"power"，也可以理解为优势。

在谈判过程中，有力量的一方往往会使对方做出更多让步，比如垄断供应商。纵然作为采购，很多时候我们也不得不做出让步，接受自己并不想要的结果。

因此，在全情景采购谈判中，谈判的力量战是非常重要、非常关键的。力量的大小对双方的心理有着非常重要的影响，自然也会影响到谈判的结果。

一般来说力量唯有真实、可信、可靠的时候才能发挥作用，但是也不要忽略，如果别人"认为"你有力量，其效果其实与你具有真实力量一样，比如本来没有竞争却营造出竞争的态势。

（一）力量是什么

谈判的力量可以简单定义为：为达成某些特定目标和任务所具有的资源、能力的汇总，也可以理解为是控制他人行为、控制事件进展以及驾驭形势的能力。力量从本质上说是一个中性的东西，它更像是一种手段，而不是结果。

想要在力量上胜过对手，并不是一件容易的事情，所以谈判的双方都会努力收集各种资源、信息，增强自己的谈判筹码，以便能够影响谈判的结果。

谈判的力量又分为很多种，有的力量强大，有的力量微妙，有的力量需在特定的某个点上才能发挥作用，而有些力量则会有损于长期合作关系。当正常的谈判不能让对方同意某个成交条件或对方要求过高时，谈判者就需要策略性地使用力量进行沟通。所以，先行准备、合理使用、组合出击，才能将谈判力量发挥到最大化，最终为公司创造更多的价值！

举一个采购谈判中常见的例子。如果你们公司的现金流充裕，则可以发挥现金流的力量，通过缩短付款周期来要求供应商做适当让利。通过供应商的让利，降低采购成本，进而提高产品在市场上的竞争力。市场销量上升，反过来又推动了这款产品的订单量，从而实现良性的循环。

（二）常见的力量有哪些

对于采购而言，最大的力量莫过于竞争力。

保持竞争，这既是大部分公司对于采购的流程要求，也是在大部分情况下实实在在的最强大又容易操纵的力量。在任何谈判中，如果你有更多的选择，你的对手也知道他有竞争对手，你就会拥有更强大的力量，你就越容易达到自己想要的结果。

当然，在实际的采购业务中，我们会面临更多没有竞争的状况，这时就需要我们积极挖掘各种力量，将其运用到谈判中来。

举一个简单的例子。哪怕我们的优势不明显，光是持之以恒地坚持谈判，不达目的誓不罢休地谈下去，都会创造一种无形的力量，从而达到我们的目的。俗话说，只要功夫深，铁杵磨成针。只要双方还有合作的意向，在某些合同条款的谈判上，就可以采用好事多磨的战术，一方面表现出我们的诚意，多次进行谈判，另一方面在谈判中采取"饿其体肤、劳其筋骨、苦其心志"之法，久而久之，对方苦于时间和精力的消耗，有可能会先让步。

笔者就经历过这样一个谈判案例。

在某项消防工程的改造合作中，经过数十轮的谈判，合同的总金额、付款方式、施工时间、施工人员、项目进度、施工排程等已经确定，只是对于后期维保的项目及费用，双方僵持不下。大家从早上 9:00 一直谈到中午 12:00，眼看饭点都到了，就是不提吃饭的事情，继续就维保的项目让对方和老板协商。到了 13:00 大家都还饿着肚子，到了 13:30，对方坚持不住了，首先松口，最终同意了我们的要求。

这就是坚持的力量！

大家注意，坚持的力量，通常是在对方已经投入了很多的人力和精力的基础上，在中后期的一些条款沟通谈判时可以使用，这是因为对方已经投入了很多的精力跟进，如果此时放弃，前期投入都将变成沉没成本，对他们来说是非常惋惜的。

《优势谈判》中罗杰·道森特别罗列了胜过对手的十几种力量，比如头衔的力量、信息的力量、权威的力量等，我们就不一一说明了。

一般说来，我们认为对采购的行为有着重要影响的是以下三种力量。

1. 奖赏的力量

作为采购，可以认为给供应商下订单是对他们最大的奖赏，这也是他们孜孜以求和我们谈判的原因。对于缺少订单的客户来说，他们更希望的是获得一个长期稳定的订单，我们可以和他们沟通，如果价格上适当让利，可以获得每个月多少的订单作为奖励，他们可以用这些订单来稳定工人及正常的公司开支。如果本次洽谈的标的物有足够的吸引力，这本身就是一种强大的力量。订单本身的力量包含订单的数量、订单的总金额、订单长期的稳定性等，这也是采购最习惯使用的力量。

任何一位销售在每个月、每个季度甚至年底都有具体的销售任务，一份有足够吸引力的订单，会使他们趋之若鹜。有吸引力，当然谈判会事半功倍，并且可以平衡多方力量进行互相竞争，最终取得一个双向的平衡。

但是，当订单不足以有吸引力时，我们就要想办法整合订单来创造吸引力，比如可以把同一类型的项目集中采购，也可以对一些低值易耗品进行年度框架采购，甚至联合其他公司做联合采购，目的就是增强订单本身的力量。

我们会在后面的谈判技巧中针对奖赏的力量进行详细的阐述。

2. 惩罚的力量

惩罚的力量相对奖赏的力量，从名义上看起来是对立的，更多地具有一些消极的含义，通常这个部分适用于已经合作了一段时间的供应商，因为有合作，有稳定的订单交易，才会有惩罚的筹码。

惩罚的方式，有订单减少、质量扣款或者精神荣誉方面的收回等！例如，某个供应商不同意一些新的合同条款，我们可以单方面收回订单，或者引入新的竞争者，迫使其重新考虑是否尊重相关要求。

反复惩罚会对长期关系产生破坏性影响。当市场力量发生改变时，对方通常会采取报复行为，制造供应紧张的气氛，不提供优质的服务，甚至最后采取突然中断供应，所以使用惩罚的力量时，必要评估好相关物料是否有备用供应商，以及市场竞争是否充分等，多重考虑后方可使用。

3. 专业知识的力量

专业知识的力量在日常采购谈判中是极其重要的。

强迫和威胁有时很有效，但是使用范围很窄，而且会导致报复和不可预知的后果。奖赏的力量会随着时间慢慢衰减，相信大家对此都深有体会。唯有专业知识的力量会不断积累，所谓越老越吃香正是这个道理。

想象一下，在谈判过程中，你对一切信息都了如指掌，流程安排得体到位，不论谈到什么都能引经据典、有理有据，还夹杂着数不清的专业术语，这会给对方带来多么大的震撼啊！

当然，反过来说，你也不要被对方的专业知识轻易吓到，不是你的专业，你没有必要不懂装懂。

当然，还有更多的力量等待我们去挖掘。所有这些力量的汇集，是为我们能更好地谈判而服务。在本书的第三部分"谈判技巧之六脉神剑"中，我们会对各种优势的力量进行详细介绍！

（三）如何挖掘力量

挖掘力量的所在要从自己和对方两方面着手。

首先，我们要学会盘点手上的各种力量。

采购在整个商业体系环境中处于优势地位，采购决定权就是我们最大的力量，将这种力量再进行分解，可以发现我们手上的工具包括订单量、订单分配、品质要求、交期、价格、产品样品、供应商比价资料、供方市场信息等，将这些工具分时段抛出，借此来掌控谈判的整个局势。

除了订单本身带来的力量，你的职位吸引力、公司在行业中所处的地位、公司丰富的现金流等，都可以将它们发展成力量，以获得更多的谈判筹码。

其次，我们要学会观察对方相关的薄弱项。

对方薄弱的地方，就是我们可以利用的地方，是我们建立谈判筹码的地方。再强势的人，都有其软弱的一面；同样，再强势的企业，也有其薄弱项。从内部看，有些是资金链方面，有些是技术方面，也有一些是订单方面，针对这方面的薄弱，我们如果有资源能够帮上，可以给予一些支持，那么谈判就比较顺畅，而且会受到对方的珍惜和重视！

供应商还有一些薄弱项是来自外部的，我们也要善于利用。比如，他对竞争对手的信息不了解，不知道我们同时询问了哪些供应商。所有的行业，供应商都会分三六九等，有些同行是他们所惧怕的。我们在谈判前，不妨先对他们所处的行业做一个摸底，并将行业中比较有实力的几家公司的名字记下来，然后在谈判中，有意无意地低声和同事讨论一下他们竞争对手的名字，这种"犹抱琵琶半遮面"的效果，更让对方摸不着底，从而让对方感觉到压力，你再配合一些神秘微笑，有可能就突破他的心理防线了！

三、谈判是信息战

《孙子兵法》曰：知彼知己，百战不殆；不知彼而知己，一胜一负；不知彼不知己，每战必殆。

信息是一切行为的基础，怎么强调也不为过。我们在分析了心理影响和力量要素之后，还要尽量多地收集对方的信息，尽量少地暴露自己的信息。

（一）信息的重要性

信息战的一个基本原则是，必须在谈判前做好信息的收集。

信息收集越全的人，在谈判中越有优势，谈判的胜负在谈判之前就已经决定了很大一部分。当然，这不是说在谈判中我们就不需要收集信息。信息战应贯穿于整个谈判，直到谈判彻底结束。

信息战的胜负决定着双方谈判优势的高低。我们所说的信息，包括你有多了解你自己，你有多了解对方，你对整个谈判的形势有多了解。我们在谈判之前了解的信息越多，对我们的谈判就越有帮助。

比如，对方是谁来谈判？对方可能会不出现在谈判桌前吗？对方的谈判团队成员团结一心吗？对方的根本利益是什么？对方解决问题的替代方案是什么？对方的立场是什么？再如，你知道自己和对方有多少谈判筹码？哪些筹码会影响谈判的走向？有一些信息好还是不好？该不该用掌握的信息，该怎么用？这个东西的成本到底是多少，是高还是低？如果这些信息你都没有掌握，而对方都掌握的话，谈判的结果可想而知。

让对方觉得你掌握了所有信息也非常重要，即使你并没有真正掌握。当然，即使信息在手，如何利用信息使其发挥最大效用也是要考虑的问题。不然，很有可能偷鸡不成蚀把米，本来想利用对方信息的缺失达成一个好的谈判结果，却给了对方一个反击的良机。

在下面的精彩案例中，有关中韩的一笔交易，能很好地说明掌握信息并加以利用对于谈判成功的重要性。

【精彩案例 2-2】信息决定了谈判的走向

中方某公司向韩国某公司出口丁苯橡胶已有一年时间。第二年，中方公司根据国际市场行情将价格从前一年的成交价每吨下调 120 美元（前一年为每吨 1200 美元）。韩方认为可以接受，建议中方到韩国签约。

中方人员一行二人到了首尔韩方公司的总部。双方坐下来寒暄了几句，接下来谈了不到 20 分钟，韩方就说："贵公司价格还是太高了，请贵公司看看韩国市场的价格，两天以后再谈吧。"

中方这两位感到有点气愤，却也没有办法，回到饭店还是有一种被人戏弄的感觉。但人已来到首尔，事情还得做，谈判还得完成，不然没有办法交差。无奈之下，他们二人只好按照对方的建议，利用这两天时间去韩国市场上四处转悠，对相关材料的价格进行调查，看看自己的价格是否真的太高。

他们通过有关协会收集到韩国海关丁苯橡胶的进口信息，发现从哥伦比亚、比利时、南非等国的进口量较大，从中国的进口量也不小，只是他们公司是份额较大的一家。从价格方面来看，南非的最低，但高于中国产品的价格，哥伦比亚、比利时的价格均高出南非的价格。在韩国市场的调查中，他们还发现，市场上的批发价和零售价均高出他们公司现在报价的 30%～40%。市场价虽呈下降趋势，但他们公司的报价却是目前市场上最低的。

这一调查结果让这两位困惑不已，百思不得其解。怎么会明知对方价格市场最低，还让别人去市场上进行价格比较呢？这不是拱手把谈判筹码让给对方吗？难道韩国人员不了解市场价格吗？那也不应该啊，又不是只从中方一家来购买。

那为什么韩方人员还要这么说呢？他们两位分析，对方以为他们既然来了首尔，肯定急于谈好合同回国，因此可以借机再压些价。韩方本以为中方人员来到韩国后,人生地不熟,信息肯定会比较闭塞,即使想查也不知道从哪里查起。只是他们没有想到,中方两位人员这么认真,居然真的去市场上看了,经过调查还得到了很多有用的信息。

那么韩方会不会为了不急于订货而找理由呢?

中方公司这两位人员接着分析,韩方若不急于订货,为什么邀请中方人员来首尔呢?再说,韩方人员过去与中方人员打过交道,签过合同,一直执行得很顺利,对中方也很满意,这些人会突然变得不信任中方人员吗?从态度上来看不像,他们亲自来机场迎接中方人员且晚上一起用餐,谈判的气氛也保持得很好。

从上述分析中,中方人员一致认为,韩方意在利用中方人员的出国心理,很有可能不了解韩国的市场行情,于是对价格进行进一步压低。韩方之所以敢提如此要求,主要是认为中方的谈判人员已身在韩国,可能对韩国的市场行情并不了解。告诉中方可以调查韩国的市场,这实际上是将问题抛给中方。这里面暗含了给中方谈判代表施加压力的成分,因为谈判人员只有两个,又身在异国他乡,在给定的两天中进行市场调研谈何容易。可惜,他们打错了如意算盘。

根据这个分析,中方人员决定在价格条件上做文章,价格不降反升。

首先,态度应强硬(因为在来之前对方已表示同意中方的报价),不怕空手而归;其次,价格还要涨回到市场水平(每吨1200美元);最后,不必等几天给韩方通知,仅一天半就将新的价格条件通知了韩方。

一天半之后的中午时分,中方人员打电话告诉韩方人员:"调查已经结束,我们得出的结论是,我方来首尔前的报价太低了,应该涨回到去年成交的价格。不过,出于老朋友的交情,我们可以每吨下调20美元,而不是下调120美元。请贵方仔细研究,尽快通知我们结果。若我们不在饭店,敬请留言。"

韩方人员接到电话一个小时后,就回电话约中方人员到其公司会谈。韩方认为,中方已经报过价了,不应把过去的价格再往上调,这不符合商业道德。中方则认为,这一切都是韩方导致的。中方解释说:"我们首先根据国际市场行情的变化提出降低出口产品的价格，这充分表明了中方的合作诚意，但是当我们到达首尔后却面对你们进一步降价的要求。我们还不得不按照韩方的要求进行了市场调查，结果发现我们原来的价格已经是市场上最低的了。我们现在也没有涨价，只是恢复到原来的水平而已，何况还主动降了20美元。"韩方懊恼不已，只好希望中方多少降点价，中方则坚持认为原报价已降到最低。经过几回合的讨论，双方最终同意按中方来首尔前的报价成交。

中方谈判人员面对压力时表现出充足的耐心，沉着应战，在调研韩国市场的基础上分析韩方提出继续降价的真正原因，然后采取反抬价的策略提前进行回击，打了韩方一个措手不及，成功使韩方放弃了压价的要求。

最终，双方相互让步，按照最初中方提出的降价方案达成了协议。韩方人员虽然费尽心思，却把信息权拱手让出，还给对方充足的时间去收集整理信息。中方也顺势抓住了机会，打赢了这场信息战，赢得了最后的谈判。

（二）信息的种类

1. 公司层面的信息

对方公司层面的信息是我们首先要关注的，比如供应商的产品范围、内部股权结构、人员多少、营业额和利润情况、竞争对手、组织架构、决策流程、整个行业供应市场、市场价格等，所有这些公司层面的信息都可以帮助我们更好地去推测对方的优势、劣势、真实目标和底线。

我们可以通过内部已有的各种信息进行分析，比如历史资料、交易品类、历史交易价格、各种内部考察评估报告等。

我们还可以去市场上进行调查，看看同类公司的经营状况，同类商品和服务的市场价格等。如果供应商是上市公司，我们还可以去研究分析它的年报，看看它的经营状况、可能存在的风险以及未来几年的发展方向。

如若必要，还可以通过第三方公司或信息渠道进行调查，比如很多人熟知的邓氏编码。

 学霸掉书袋

关于供应商公司层面的信息收集方法，我们可以参考宫迅伟等著的《供应商全生命周期管理》第 2 章第四节"供应商评估的关键要素"，其中对邓氏编码有详细的介绍。评估供应商的过程也是对供应商各种信息收集的过程。

2. 谈判方的个人信息

我们要记住一点，不管对方是什么公司，我们具体谈判的对象都是一个个活生生的人，我们有必要对其进行一定的了解，资料收集就必不可少。了解谈判方的谈判风格、汇报对象、对他有影响力的因素，甚至是对方的个人喜好等，这些信息有助于我们选择合适的技巧去推进谈判。

对方认识的人、他公司的同事、他的朋友甚至和他谈判过的人，都是我们了解信息的渠道。另外，现在是网络时代，每个人都会在网上留下或多或少的痕迹，甚至在各种网站留下自己完整的履历，很容易搜索到，特别是有点名气的人物。我们要充分利用网上的资源。

有一个比利时的银行拍摄过一则公益广告。这个广告很有意思。

读心术大师戴夫在比利时布鲁塞尔的路边搭了个帐篷，他的助手就在路边邀请路人一起来参加读心的实验："我们的读心术大师能读心，大家来参加吧。"参加的志愿者走到了大师的帐篷里面，大师只不过跟他们随便说了几句话，问了几个简单的问题后，大师就开始发功了。没过多久，这大师立刻可以告诉对方，他最好朋友的名字叫什么，他知道他最近去过哪里玩，他还知道他这个月买了什么东西，他甚至知道一个美女的背后文了两只蝴蝶和另外一个人的银行账号，还当着她的面将数字报了出来。所有被他读了心的这些志愿者都吓坏了。

就在他们目瞪口呆的时候，忽然帐篷里面的一块幕布掉了下来。原来这个大师背后有一群工作人员，装扮成劫匪的样子，他们正在用电脑根据志愿者提供的有限信息在网上搜寻，看看他们在网上发布过什么动态，关注过哪些热点，搜索过什么东西，所以他们好朋友的名字、他们去哪里玩过、买过什么东西、参加过什么活动就全知道了。原来世上根本就没有什么读心术大师，都是骗人的。

所以大家看过这个广告之后，你一定要记得，就是谈判之前千万搜索一下对方在网上的信息。

当然，你自己千万别在网上贴出太多会泄露个人信息的内容。

 学霸掉书袋

针对个人信息的收集，在这里要注意欧盟的《通用数据保护条例》（General Data Protection Regulation，GDPR）的规定，特别是在欧洲企业工作的人。GDPR 是欧盟于 2018 年 5 月 25 日出台的一项全面的法律，为对欧盟公民数据的收集、使用和处理制定了严格的规定。GDPR 不仅适用于欧盟的组织，也适用于在欧盟拥有客户和联系人的组织。在执行业务活动期间处理个人数据要满足 GDPR 合规要求，即使是规模很小的公司也是如此，它还规定了对违规行为的严厉处罚。这些罚款是以行政罚款的形式出现的，可以对任何违反 GDPR 的行为进行处罚，包括纯粹程序性的违规行为。其罚款范围是 1000 万～2000 万欧元，或者企业全球年营业额的 2%～4%。GDPR 的条例对于中国出海企业而言，合规管理现在显得尤为重要，所以现在开始也必须符合 GDPR。

（三）信息收集的方法

1. 面对面收集一手信息

更加生动鲜活的信息往往要当面才能拿到。

我们要充分利用采购的优势，去供应商那里进行考察、拜访，通过观察和交谈收集我们所需的各种信息。

这里有一些小技巧要充分利用。

很多时候关键信息要通过一对一会面、交谈才有可能获取。只有一对一的时候，你看着对方的眼睛，对方才不好意思说假话。如果有多人在场，等于有了第三方，不管你怎么问对方，可能都不会得到你想要的信息。

在有些情况下，我们还可以用同一个问题问不同的人，或者用同一个问题在不同时间问同一个人，最后将收集到的信息交叉比对，自然会得出自己的判断和结论。

比如，你想知道供应商对某个条件的看法和意见，你可以对每个供应商都问一遍。不要嫌烦，诚恳地看着对方的眼睛，问出你的问题就好了。再如，有一个关键问题你想知道某个人的真实想法，你可以在谈判之前问他一遍，谈判中找准时机再问一遍，甚至过很长一段时间再问一遍，可能会有意外收获。即使没有任何新发现，至少可以证明对方的说法和看法是值得信任的。

不管怎么样，抓住一切机会，多问问题。但是，在别人发言时，一定要耐心倾听。

有效倾听非常重要，后面我们会讲到倾听技巧在谈判中的重要作用。

2. 利用"线人"收集信息

如果有必要，还要学会发挥"线人"的作用。

这里的"线人"指的是对方公司你能够接触到的各种不起眼但是很有可能了解公司最新状态的一些人员，比如前台、保安、现场的操作人员、清洁工和司机等。

有两种人我们要特别注意。一个是公司的前台，她们往往知道公司很多零碎的信息，顺口问问你所关注的人，说不定就有意外的收获。在前台登记的时候，注意快速看一下登记簿的名单，看是否有你关心的人或熟悉的人在上面。

另一个是公司的司机，他们天天按照公司的安排迎来送往，可以说是公司某种程度上的信息中心。多和司机聊聊天，你会有意外的收获，不能一上车就一副冷冰冰看起来像客户的样子。当然，如果我方几个人一起乘坐对方公司安排的车子，注意不要在车上谈论机密的信息。

以前发生过这么一件有意思的事情。

几个德国人和他们的中国同事一起去拜访一家中国供应商。经过一上午激烈的会议讨论之后，供应商的总经理安排他的助理和司机带这几位客户去吃午饭。上了车，几个德国人就开始讨论起上午会议的情况，不免会对这家供应商指指点点，有所评价。当然，他们还是很注意的，用的是德语。说得正起劲儿的时候，那位一直陪着他们的助理，突然插了一句："针对这个情况，我还是有必要解释一下。"所有人都惊呆了，因为这个助理说的是德语。大家完全没有意料到这家中国公司居然有人会说德语，气氛一下子尴尬得不行。这位助理不失礼貌地笑了笑，说起了她的留德经历，大家这才把话题转移到别的地方去。

要知道，真正知道秘密的人是不大会主动泄露秘密的，反而会处处谨慎小心。秘密大都是不经意泄露出去的，很多时候你都不知道对方是如何知晓的。

3. 利用"欲擒故纵"法收集信息

前面讲过，谈判之前我们尽量多地收集对方的信息，尽量少地暴露自己的信息。

不过有时候，我们也可以故意暴露一些自己的信息，从而吸引或促使供应商暴露我们想要了解的信息。

特别是，如果这个信息对供应商非常有用，很大可能供应商会做出相应的反应，我们就可以据此进行判断分析。毕竟谈判也是一个信息打探的过程，谈判时不仅要讨论对方需要什么，还要弄清楚他们的动机，从而有针对性地提出对双方都有利的方案。一个看似微不足道的信息可能就会导致谈判结果的不同。

比如，很多人会忽略谈判议程的重要性。其实在正式谈判之前，我们可以通过准备谈判具体议程的讨论，交换双方的想法，交换各自关注的信息，甚至故意暴露一些想让对方知道的信息，从而提前探知对方的反应，为谈判做好准备。而不是在谈判现场，突然得知某个信息，因为毫无准备而惊慌失措，导致谈判中止甚至失败。

小师妹插嘴
你说了这么多，有没有办法很快知道自己掌握了哪些信息呢？

学霸掉书袋
当然有办法。

有一个比较好的工具我们可以了解一下，这个工具就是乔哈里视窗（Johari Window），我们可以用这个模型来评估我们对信息的了解程度。

在谈判中，我们需要对自己掌握的信息进行梳理，从而做出相应的策略。我们需要知道谈判需要的信息，哪些是我们已经知道的，哪些是我们还不知道的。我们也需要对供应商的情况进行摸底，知道他们已经知道了什么，还有什么是他们不知道的。

这个模型其实是一种关于沟通的技巧和理论，也被称为"自我意识的发现－反馈模型"。这个理论最初是由乔瑟夫（Joseph）和哈里（Harry）在20世纪50年代提出的，所以简称"乔哈里视窗模型"（见图2-1）。乔哈里视窗模型将大家的信息比作一个窗子，它被分为四个区域，即开放区、隐藏区、盲目区、未知区，人们之间的有效沟通就是这四个区域的有机融合。

开放区是指一些谈判双方都清楚的公开信息。这种信息在谈判当中没有什么好隐瞒的，可以和对方进行坦诚的沟通。

隐藏区是指自己知道的信息，但是对方不大可能会知道，比如其他供应商的报价。这种信息你要么不能告诉他，要么要在关键的时候拿出来和对方交换，甚至作为谈判的筹码。

盲目区是指对方知道，但是自己不知道的，比如对方的底价。盲目区是我们要重点关注的，也是前面我们所讲的要去收集整理的信息。

未知区则是大家都不知道的，比如未来几个月原材料价格的变化、汇率的变化。

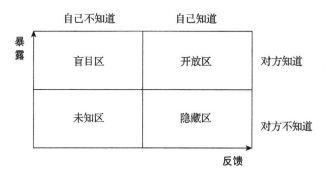

图 2-1　乔哈里视窗模型

在做完评估之后，我们大体就可以得知双方在信息掌握程度上的态势，对自己需要进一步了解的信息也会有更好的了解，从而更有针对性地通过各种渠道去收集所需的信息。

当然，我们也就可以根据各种信息制定相应的谈判策略。

思考题

1. 心理影响力的六大原理是什么？
2. 分析自己在采购谈判中能够使用的力量。
3. 针对供应商的信息收集，有哪些好的方法？

Chapter 3 第三章

采购谈判的四个锦囊妙计

 学习目标

1. 了解什么是我方的底线和目标,以及如何制定我方的底线和目标。
2. 了解什么是对方的底线和目标,以及如何了解。
3. 了解如何制定出价还价的起点。
4. 了解什么是谈判协议最佳替代方案,以及如何制定谈判协议最佳替代方案。

在大家正式开始准备谈判之前,我们给大家准备了四个锦囊。

第一个锦囊:我方的底线和目标。

第二个锦囊:对方的底线和目标。

第三个锦囊:出价还价的起点。

第四个锦囊:谈判协议最佳替代方案。

四个锦囊的作用在于将你带回到你当初定好的核心问题中来,而不至于在谈判中迷失方向。

当你在谈判中陷入僵局、面对困境甚至走入死胡同时,建议使用"暂停策略",出去透口气,喝杯咖啡,吃点东西,然后根据具体情况打开其中一个锦囊,相信你会豁然开朗,有种守得云开见月明的爽朗感,会回过头来继续以饱满的热情投入到谈判之中,获取自己所需的成功。

第一个锦囊：我方的底线和目标

目标通常指明了谈判的方向，是我们要努力实现的目的。

目标，通常指的是我们希望达到的最高期望值。以价格谈判为例，底线，可称"保留价格"（reservation price），也可称"免谈价格"或"走开价格"（walk-away price），是指在谈判中能够接受的最低警戒线，一旦低于这个价格，谈判过程会立即停止，因为总有一方不会接受，宁可放弃谈判也不会让步。双方不得不寻找时机重新来过，甚至考虑启用替代方案。

因此，制定一个合理的目标和找到自己的底线，是谈判中非常关键的因素，也是我们要准备好的第一个锦囊。

那么，如何了解我方的目标和底线呢？

首先，要考虑什么是我们真正想要的。对于采购合同而言，一个好价格在绝大多数情景下都是最重要的目标，是衡量我们业绩最直观的指标。但是我们不能忘了，在日常业务中，更多时候我们需要的是能够及时到位又保证质量的货物和服务，来为公司创造更大的价值，甚至有时候宁愿付出更高的价格以达到这些目的。

其次，我们要制定一个合理的目标和底线，而且目标和底线尽量要具体，并能够把目标按照 SMART 原则（S=specific，具体的；M=measurable，可测量的；A=attainable，可达到的；R=relevant，相关的；T=time-bound，有时限的）写下来。

如果你的目标是合情合理的，你就会有充足的理由去支持自己定下的目标和底线，也会相信自己的目标和底线。如果我们把目标和底线写下来，我们在谈判中可能会更加努力，因为如果目标达不成的话，我们最后还要跟同事和部门领导解释为什么没有实现目标。没有几个人愿意在别人面前解释自己为什么没有做到。

最后，我们要明白，目标和底线是可以随着情况的变化而变化，可以进行调整的。毕竟，清晰地了解自己的目标和底线不是件容易的事情，也不可能十分精确，特别是定义价格的目标和底线时。

通常情况下，我们可以广泛收集对方的信息，了解谈判的目的，对我方的预算、成本等进行详细的分析。我们还可以比较不同供应商提供的方案和报价，找出最优者，从而整理出我方的目标和底线。

如果项目比较复杂，作为采购，我们还可以召开**圆桌会议**，邀请项目所有的相关责任人甚至决策者，一起来讨论项目真正要达到的目的，一起制定我方的目标和底线。

圆桌会议，是从"圆桌骑士"演化而来的交流形式，本意是大家不分级别地平等对话，充分交流意见和想法，然后讨论协商出一定的结果。其实在现在的各种会议中，一般也没有真正的圆桌，就是大家坐在一起开会讨论，每个人都有机会发表自己的意见和看法，有什么需要现场决策的也能很快达成，提高决策的效率。同时，也可以避免事后项目的相关责任人以没有参与讨论决策、不知情为理由对采购的谈判结果进行质疑。这样做的方式，还有利于团结内部力量，获得大家的广泛支持，毕竟大家一起讨论后决定的事情，没有理由不去支持。

在圆桌会议中，你可能会碰到提出一个方案和建议后讨论了很久就是没有定论的情况，总有人觉得可能有更好的办法，还想继续讨论下去，把你急得要死。

那你怎么办呢？

建议你问在座的两个问题：

我们讨论了这么久，大家还有其他的替代办法吗？没有。很好！

那么，以我们在座各位的智慧，大家还有更好的办法吗？没有。

那好，我们就先这么办吧。

 学霸掉书袋

G.理查德·谢尔（G.Richard Shell）在《沃顿商学院最实用的谈判课》中把目标当成高效谈判的六大要素之一，用大量篇幅阐述了目标、期望和底线的意义所在，以及如何制定一个有效的目标。

第二个锦囊：对方的底线和目标

如果能够获取对方的底线和目标，谈判就可以事半功倍。

虽然在实际谈判中这一点比较困难，但我们还是要尽我们所能，尽可能地接近这两点。

最基本的工作是我们要对供应商的方案和报价进行详细的分析，同时和对方的竞争对手比较，找出差异部分。我们也可以利用我们的目标价格在谈判中一点点地去试探。

这里要注意的是，**不要用我方的底线为基准去和供应商谈判。**

为什么不能用我方的底线为基准去和供应商谈判呢？因为如果这样做，我们的底线就会变成焦点，变成谈判双方最关注的地方，谈判双方就会在底线附近来回拉锯。如果供应商连我们的底线都不能接受，我们自然会非常失望，谈判就会结束；如果供应商接受的价格只比我们的底线稍微好一点点，我们就容易感到满足，实际上离我们的目标还差很远，这不是任何一个真正的谈判者所需的。

因此，我们要清楚自己的底线，但是绝对不能把注意力集中于此。我们应该把目标甚至比目标更低的价格拿出来，对供应商进行试探，看看对方的反应，如有必要再慢慢朝目标方向移动。

那么，如何了解对方的底线和目标呢？有如下三个要点：

- 一是要有准备时间，也就是要调研和收集信息，尽可能了解对方，大概弄清楚对方的底线和目标区间。
- 二是要多问问题，通过提问捕捉对方的想法。
- 三是用较低价格进行试探。比如，在价格谈判中，可以用远低于目标价的价格来试探。但是注意，千万别暴露自己的底线。其实试探底线是一个过程，需要一步一步地报出价格。试探也是一个双向的过程，所以试探的过程一定要有耐心，切勿操之过急。

具体的谈判中，有一个小的技巧。

我们可以从对方让步的模式里去猜测对方的目标和底线。一般来说，大家在谈判时先会做出很大的让步，后面会越来越少，最后就不让了，然后大家就会知道已经接近对方的底线了。反过来说，我们可以用这种方法来故意制造一个假的底线，再用我们刚刚讲的技巧，先大幅让步，然后越让越少，直到最后不再让，以这样的方式来暗示对方，已经接近底线了，没有办法再让了。

我们也可以称这种让步模式为"321法则"，如图3-1所示。请记住，这里的底价并非你的底线。

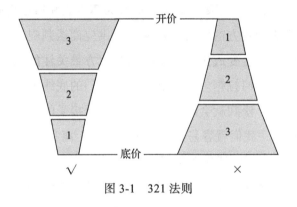

图3-1　321法则

第三个锦囊：出价还价的起点

如果谈判双方都知道了对方的底线和目标，那么谈判结果就很清楚了。可惜在绝大部分谈判中，谈判双方都很难知道对方的底线和目标。

这时，从哪一点开始出价还价就变得非常重要。大多数参加谈判的人会用对方出价还价的起点来猜测他们大概的底线和目标，所以，谈判中比较有经验的人会故意拉低或抬高自己出价还价的起点，希望通过这种做法让对方高估或低估他们的目标或底线。这也是我们经常会听到有人狮子大开口的原因。

我们一定要明白，供应商也有他的底线，即保留价格，其报价不可能是最低价格。谈判双方的保留价格决定着可达成协议的空间的界限，该空间存在于谈判各方的保留价格限度相互重叠的区域内。

可达成协议的空间（zone of possible agreement，ZOPA），简单说就是卖方的最低要价和买方的最高出价这个空间。如果卖方的最低要价都高于买方的最高出价，那这个协议就无法完成，谈判就会终止。

让我们来举一个很常见的例子。

我们去4S店买车，如果某台车4S店的开价是159 999元，我们的开价是120 000元，看起来双方好像要在159 999元与120 000元之间讨价还价，但是成交的关键其实不是这两个数字。因为，虽然4S店开价是159 999元，但那是官方定价，其真正的目标价或希望卖出的价格其实是135 000元，能接受的最低卖价是130 000元，所以底线其实是130 000元。至于我们，虽然开价是120 000元，其实希望真正能达成的目标是130 000元，但是我们能接受的最高价其实是135 000元。换句话说，4S店的底线是130 000元，而我们的底线是135 000元，双方就有了重叠的范围，使得我们有成交的可能，成交价就会落在130 000元和135 000元之间，其中的5000元这个空间就是我们所谓的ZOPA。

图3-2可以帮助大家理解ZOPA。

	4S店的底线			4S店的开价
	130 000元	ZOPA		159 999元
120 000元		⟷	135 000元	
我们的开价			我们的底线	

图3-2 ZOPA示例

如果这个空间存在，如何开始出价还价就非常考验谈判者的经验和能力了。首先要考虑的是，到底是我方先出价还是让对方先出价；其次要考虑的是，如果我方先还价，从哪里开始还价比较好。

相信很多人去买衣服，都有一开口还价卖家立即接受的经历。在这种情况下大部分人都懊恼不已，恨自己还得太少了。因此，很多谈判者就坚守"**绝不先开口**"的原则。事实上这在你不了解市场行情的情况下是非常有效的办法。如果你对你要购买的东西知之甚少，还是老老实实地坐着让对方先开价的好。因为你沉默，对方并不清楚你的状况，可能不敢乱开价或者一下子把价格降下来很多。你还可以通过对方的出价还价随时进行调整，尽量避免风险。同时，你也不会出现还价太过离谱，导致对方感觉受到了侮辱，从而不和你谈判的状况。

但是，如果你对市场行情、商品价格非常了解，就可以首先出价还价，充分利用你的优势锁定你们的议价范围，最终达成目标。因为这里有一个很重要的心理现象，我们称之为**"锚定效应"**。研究表明，人们在谈判中，非常容易受到对方首先报出的数字的影响，从而在后续的谈判中以此数字为基础进行价格的调整。

出价还价的起点确定好之后，我们要严格遵守。

在和对方讨价还价的过程中，一定要慢，不能太快让步，不能一下子让对方逼近你的目标，不然目标就白定了，也没有办法达成你的期望。如果不小心真的让步到了自己的目标点，也要确保不会被对方逼着一直达到自己的底线。如果对方步步紧逼，逼到你退无可退，已经到了底线附近，你可以考虑退出谈判，因为这个协议此时很难达成了。

在很多谈判中，谈判者没有搞清楚自己的底线，或者没有得到充分的授权指明底线在哪里，这时对方还了你一个非常不满意的价格，你是否该退出谈判呢？如果你不确定，应该立即向领导请示，否则你会进入一个进退维谷的局面。一旦底线不明确，你的退出或不退出的决定都很有可能被你的领导推翻，这可能是谈判者最尴尬的局面了。

因此，作为一个专业的采购，我们要把出价还价的主动权牢牢抓在自己的手里，对于从哪里开始还价也要有准确的判断，或者得到领导的充分授权。这就要求我们不仅对供应商和我们的历史交易记录一清二楚，也要对市场行情、商品或服务的价格有充分的了解，甚至对供应商的了解要尽可能同他们的销售了解的一样。

当然，掌握必要的谈判技巧也是非常有帮助的。

第四个锦囊：谈判协议最佳替代方案

谈判协议最佳替代方案（best alternative to a negotiated agreement，BATNA），指的是假如目前的谈判目标达不成，要达到目标还可能存在的其他方案和可能性。如果除了目前的谈判结果之外，其他可能性微乎其微，那么谈判者就应该尽量将谈判谈成而不是放弃。对BATNA的估计决定我们的谈判底线或临界点在哪里，在临界点之上，任何谈判条件都会超越我们的期望，都是可以接受的。

有时候没有一般意义上的BATNA，我们不得不接受一个所谓的BATNA，有人称之为"无交易选择"（no deal option），也可以理解为谈判不成的BATNA。在这种情况下，我们不得不抽身而去，接受没有达成协议的后果；或者不得不继续谈下去，期望获得更好的条件。

有些情景下，有没有BATNA本身不重要，对方相不相信你有BATNA很重要。很多时候能让对手觉得你有BATNA，相信你随时都可以退出谈判，做到这一点就能帮助你达到谈判的目的。

举一个简单的例子。

你在原来的公司待了几年，感觉没有更多的发展机会了。于是你决定出去找找，看看有没有更好的工作机会。

通过朋友的介绍，还有网上的各种渠道，你获得了不少公司的面试机会，最后有两个公司A和B都对你表示了兴趣，都决定录取你。可是，你经过了解后，更想去另外一家公司C。但是，这家公司刚刚给你面试机会，还没有来得及去谈具体的条件，不知道结果会怎么样。

你准备去这家公司面试之前，在心里比较了一下，觉得公司A给的条件比B好，但是又比C差了那么一点。公司C如果不要你的话，你去A还是能够接受的。这么一想，你心里就有数了。于是，你充满自信地跑到公司C去面试，和面试官大谈特谈你的经历和对未来工作的想法，同时也把你的条件自然地提了出来。

这其中的公司A，就是你的BATNA，也是能够让你充满自信去争取更好机会的关键因素。

通过以上的介绍，相信大家应该能够理解 BATNA 了。当然，找到自己的 BATNA 固然很好，实在没有也没有必要强求，关键是要提前做好准备，对自己的状况有充分的了解，避免在谈判中一时冲动或手足无措，做出错误的决定，甚至接受自己原本不可能接受的条件。

作为谈判人员，不应该仅把自己的角色定位在达成协议上，而是要学会根据情况相机做出合理的选择。如果你没有认真考虑过谈判失败后的其他选项，就等于你在毫无目的地谈判。

同理，你也要考虑一下对方的 BATNA，搞清楚对方的 BATNA 和可能达成的协议之间存在的关系。对供应商替代方案了解得越多，你对谈判就准备得越充分，甚至能找到办法改变对方的方案。

了解什么是 BATNA 之后，如何制订 BATNA 呢？

首先，要对谈判形势进行准确的分析和评估。对谈判形势的评估和分析可以包括以下内容：谈判是一次性的、长期的还是反复的？是必须谈判，还是可以选择不谈？谈判不成有其他后果吗？谈判必须达成一致吗？谈判结果必须获得双方领导的批准吗？谈判有时间限制吗？谈判还会有其他额外的花费吗？合同是正式的还是非正式的？在什么地方谈判？谈判是公开的还是保密的？第三方有可能参与吗？在谈判中，双方都只有一个议题吗？谈判双方的优势差别大吗？以前有没有类似的先例可以参考？

然后，按照以下步骤来制订 BATNA。

第一步，尽可能多地确定替代方案。假设你要购买一台设备，你的替代方案可能是公司 A、公司 B 或公司 C，也有可能是整体购买或租赁等，甚至从内部其他公司那里转移旧设备也是一种可以考虑的方案。不过这里有一个原则要注意，不管你有多少替代方案，在实际的谈判中，我们绝对不能接受比 BATNA 还糟的协议。

第二步，对每个替代方案进行准确的评估。找出谈判项目的至少四个评估标准，并对其分别确定权重，然后按照每个方案对这个标准的价值和重要程度进行打分和评估，得分最高的就是 BATNA。在不能掌握充分信息的情况下，需要保留两个或两个以上的 BATNA。

在此过程中，最困难的地方在于对风险进行评估管理。

谈判中有很多风险，任何谈判的最终结果都具有不确定性。在对方案进行评估的过程中，必须将自己的风险因素充分考虑进去。通常在做出涉及风险的决策时，会存在这样的模式：与盈利有关时，人们通常厌恶风险；与亏损有关时，人们通常寻求风险。因此，如果谈判的可预见结果包含的确定性因素占主导地位，那么倾向于风险规避的谈判者会有更高的谈判效率；反之，如果谈判的可预见结果包含的不确定性因素占主导地位，那么倾向于寻求风险的谈判者会有更高的谈判效率。

第三步，不断改进自己的 BATNA。还是以上述采购设备为例，在谈判过程中，根据所得到的最新信息，你需要采取实际行动对 BATNA 不断进行优化。比如，如果你发现对方设备的某些指标有问题，要及时反映在风险评估中。再如，你在市场中发现了一个更好的供应商，就要考虑在时间允许的情况下是否将其发展为新的 BATNA。

第四步，当 BATNA 确定后，就要决定自己出价还价的起点。仔细考虑自己出价还价的起点，以避免谈判中经常出现的三种情况。

一是谈判目标定得过高。这会导致出价还价的起点很低。不切实际的起点，要么直接吓跑对方，要么会导致对方态度强硬，使得谈判趋于破裂。

二是谈判目标定得过低。这会导致出价还价的起点比较高，很容易被对方一口接受而结束谈判。这样虽然赢得了谈判，自己在谈判中应该争取到的利益却没有争取到，这是一种典型的"赢家的不幸"。

三是谈判目标模糊。这是指谈判者不清楚何时以及在何种情况下退出谈判、进入谈判或达成最终交易，谈判的结果处于一种随机的状态。

总的说来，我们现在了解了什么是 BATNA，那么我们就要准备自己的 BATNA，在了解了自己的 BATNA 的情况下，不断地改进自己的 BATNA，让情况得到改善，这会让自己在谈判中获得更大的优势。

有时候，即使没有什么好的其他方法，我们也要想办法让对方相信我们有自己的 BATNA，或许也能起到意想不到的效果，让我们的谈判有一个好的结果。我们在谈判之前要牢记这一点。

思考题

1. 你在谈判中有制定过自己的底线和目标吗？如果有的话，是如何制定的？
2. 如何了解对方的底线和目标？
3. 在谈判中如何出价还价？
4. 在谈判中没有 BATNA 时应该如何应对？

第二部分

谈判准备之五环制胜秘籍

俗话说：磨刀不误砍柴工。

《礼记·中庸》云：凡事预则立，不预则废。言前定则不跲，事前定则不困，行前定则不疚，道前定则不穷。

在和供应商谈判之前，我们需要做充分的准备。前文我们已经对谈判是什么、谈判中非常重要的因素以及我们的核心关切做了详细的阐述，现在要开始进入谈判实操阶段了。

具体怎么准备？需要了解什么信息？都有哪些人参加谈判？要去哪里谈判？谈不成有什么弥补措施？

我们经过多年的谈判实践，思考总结了一套非常有效的工具来帮助你准备谈判，也就是本部分要重点给大家介绍的谈判准备之五环制胜秘籍。

这五环分别是：**力量环、议题环、参与环、团队环和环境环**。

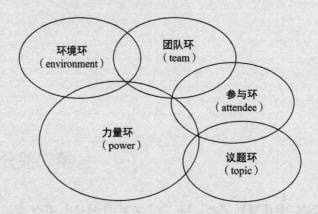

我们可以通过对这五环的详细分析，梳理对方可能的对策，并一一进行识别，是为识局；据此提前准备好我方的各种应对措施，是为布局。充分的准备犹如登高望远，总揽全局，到真正谈判时才能做到如庖丁解牛般游刃有余。

第四章

力量环

学习目标

了解谈判的三字真经：求、最、怕。

五环布局，环环相扣，却都围绕着力量展开。

力量就是谈判的筹码。

前文我们已经讲到力量战是谈判中最重要、最关键的部分，会直接影响到谈判的成败。因此，我们需要挖掘谈判的筹码，找到力量所在，从而掌握谈判的主动权。

那么，如何找到自己的谈判筹码呢？

宫老师在《如何专业做采购》一书中总结了**三字真经：求、最、怕**，直指谈判核心。这也是该书最有特色、最容易理解并掌握的谈判秘诀，可以应用在采购谈判的全情景中。

下面我们就每个关键字来一一详细说明，让大家在谈判准备阶段能够快速厘清思路。

一、求

宫老师在培训课堂上经常说："同学们，大家参加两天的课程，其他东西如果全忘了也没事，但一定要记住一个字：求。"供应商和我们做生意，他求的是什么？我方求的又是什么？

对于销售来讲，成交是最大的"求"，永远摆在第一位。

通常，我们非常关心自己"要"什么，甚至把自己的目标和底线研究得清清楚楚，然后看着供应商虔诚的脸，希望能够得到快速满足，却忘了对方的"求"。但是，礼下于人，必有所求。供应商如此热情，我们是否认真想过，他们究竟想"求"什么呢？我们的"要"和他们的"求"合在一起，才是我们天天挂在嘴上的"要求"。

因此，"求"字非常重要，值得我们好好研究。有很多的"求"，除了获取利润以外，你只要仔细听、仔细看、仔细观察，都很容易发现。比如，有的供应商是为了和你这家全国500强知名企业合作的名声，有的是为了学习技术，有的是为了提高公司的管理水平，有的是为了利用闲置产能。有些就不是那么容易发现了，是为隐形的"求"，很有可能是为了某个意想不到的原因，甚至自己都没有意识到，比如对某个地方、某个品牌的情感。

更有甚者，有些"求"连你或你的对手都没有想到。这就需要你开阔思路，创造或激发对方的"求"了。这方面最典型的案例莫过于苹果手机了。苹果手机横空出世之前，谁会觉得自己需要这样一部手机呢？

有求放大求，没求创造求。

如果能够充分发掘出对方的"求"，而且一一罗列出来，将事半功倍。要明白，如果供应商对我们毫无所求的话，他是不会坐在谈判桌前的。也就是说，所有能够坐下来谈判的，必然都是有所求的。

我们谈判的时候，并不一定是和事实在谈判，而是和对方的认知在谈判。 再大的企业、再大的公司，背后总是有很多普普通通的员工，在为了满足企业或公司的某种目标、需求而努力工作，想要同这些对象进行谈判，就一定要准确地了解、判断、识别他们的真实需求（包括物质的和精神的），然后尽可能地去满足他们的这些需求，甚至更高级一点的做法是：创造他们的需求！

比如，曾经签一项安防协议，在合作谈判到关键时刻，大家主要的合同内容都谈得差不多了，但对方就是卡着付款条件不松口，好像总缺了点什么。经过反复沟通、多方了解才知道，原来客户是一家国企，前来沟通洽谈的人员也很看重与我们公司的合作，但是在交流中却隐隐约约流露出希望举办一些见证的仪式。我们察觉到这项细节后，马上主动提出增加一项签约仪式，并拍照留念！对方谈判团队稍做沟通后便爽快地答应了付款条件！

学霸掉书袋

克尔德·詹森（Keld Jensen）在《高难度谈判》中，按照马斯洛的需求层次理论将谈判的需求分为五类，我们也可以在采购谈判中加以参考。

- **自我实现需求**：完成预定指标，开拓新市场，试用新技术，自主地工作。
- **社会认可需求**：获得他人的认可、尊重和推崇。
- **安全需求**：避免技术损失或商业损失，避免因使用新技术、起用新供应商或签订激励协议而造成损失，宁可遵守预算也不会铤而走险。相信大家对此情景都不会陌生，特别是负责固定资产采购（如设备采购）的人。
- **回击需求**：回击对手的恶意竞争。
- **自我主张需求**：渴望变得更大、更强、更机敏，从而影响他人。

二、最

"最"是什么意思？就是分析我们身上什么地方最值钱。

换句话说，就是我方身上最牛的地方，即优势所在，比如我们公司规模行业第一，我们公司某项技术独一无二，我们公司的某个产品销量最好，我们公司历史悠久等。每家公司、每个人都是与众不同的，我们总能找出几个"最"出来。找到这些"最",我们就有了诸多谈判筹码,就有了气势和力量,在谈判中就不会轻易落下风。

因此,我们要在谈判之前尽力收集我方的优势,不管是相对于他人的比较优势,还是拥有的绝对优势,越多越好。只有真正做到这一点,我们谈起来才有底气。

另外,我们要记住,再小的优势也是亮点,要尽可能放大。

同一事物从不同的角度看可能结果完全不一样,进一步分析,又有可能在某一点上强于常人。比如,供应商经常说"我们售后服务超级好",可能只是指他们的反应速度快,维修技术能力却有可能很一般。

三、怕

怕什么?其实是怕不确定性。

供应商怕什么?怕丢单,怕失去未来的合作机会,怕名声受损,怕投诉,怕未知……

采购怕什么?怕老板批评,怕同事议论,怕失业,怕供应商不能按时交货,怕供应商甩手不干了……

我们不希望每天担惊受怕,可这是生活的常态。没有供应商愿意来和我们谈判,除非他有求于你或者怕你有能力伤害到他。

"怕",某种程度也可以理解为前面所提的那种推力,供应商不谈的话会失去什么,但是包含的意味更多。供应商想做生意,自然就会琢磨,不谈的话会失去什么,谈的话能得到什么。正常情况下,供应商肯定是愿意和我们谈的,因为作为乙方,他们一定是以客户为中心的。

但有时候,采购会觉得供应商对自己公司的需求并不重视,看起来也不紧张,好像并不怕失去什么,能做成交易自然好,做不成也无所谓。这是因为,供应商在市场上拥有更多的主动权。比如,对方有核心技术或研发能力,不能轻易取代;对方是垄断企业或寡头垄断企业;对方的市场占有率高,成本方面有绝对优势,你找不到更低的价格等。

市场经济的规律是等价交换。如果我们的采购量或其他方面的吸引力不突出,对方期待交换的"求"就不强烈,反而是我们必须买人家的东西,选择范围有限。但是,对方既然还在和我们做生意,就必然还是有求或者有怕的,我们要做的,就是更深入地发掘信息,对我方所处的谈判状况有清醒的认识。

比如,我们可以把不配合的供应商放入黑名单,把他们的供货量转移到另外一家,通俗一点讲就是威胁。从另外一个角度讲,我们也可以把这个称为消极的优势。

但是,我们要记住的是,我们不一定非要使用这个力量,如果非要用的话,一定要小心谨慎,防止搬起石头砸自己的脚。

【精彩案例】创造痛点,赢得谈判

特朗普成为美国总统之后,他当年的谈判故事和各种谈判策略开始为世人所知。收购位于弗吉尼亚州占地1000多英亩[一]的克鲁格葡萄酒庄,就是特朗普成功谈判的一个典型案例。

这座酒庄原来的主人克鲁格家族在20世纪90年代曾经花两亿美元对酒庄内部进行装修改建,装修后酒庄内部金碧辉煌、奢华无比。但是,克鲁格家族受生意惨败的影响,被银行债务压得喘不过气来,花了很长时间也没有找到解决的办法,最后导致整个酒庄被银行强行没收。

不过,银行没收的仅仅是酒庄建筑,而不包括酒庄周围的约200英亩的土地。为了挽回损失,银行决定将酒庄标价1600万美元挂牌出售。特朗普知道这个信息后,非常感兴趣。

特朗普立刻行动起来。不过,他并没有急着去找银行谈具体的购买意向。特朗普首先做的就是对整个事情的来龙去脉进行详细了解,特别是这个酒庄的周边环境,很自然发现了上面所说的情况。经过仔细计划,特朗普决定去谈判之前先做两件事。

第一件事,他先找到克鲁格家族,提出愿意帮助他们缓解目前的困

[一] 1英亩=4046.856平方米。

境，然后想办法让他们把酒庄周围200英亩的土地以50万美元的价格卖给了他。第二件事，买下土地之后，特朗普在土地上立起非常醒目的标牌——"私人财产，禁止穿越"。

这样，整个酒庄就被这200英亩的土地围了起来。想要进入酒庄，必须要从一条狭长的小路开车很久，而这一路都是特朗普的"私人财产，禁止穿越"的标牌。不仅如此，特朗普还禁止对土地进行维护，结果没过多久，四周就杂草丛生，看起来破败不堪。很多感兴趣的买家看到这样的景象都望而却步，银行自然被气得火冒三丈，却也无计可施。

当银行已经被折腾得几乎要崩溃的时候，特朗普来了。谈判进行得很迅速，原来标价1600万美元的酒庄最后居然被特朗普以360万美元买走。现在这座酒庄已经转手给了特朗普的儿子艾瑞克，生产专供特朗普集团的高档葡萄酒。

特朗普没有直奔自己的关注点，而是先从外围入手。他先是拿下酒庄周边200英亩的土地，再以此为谈判筹码，光明正大地对酒庄的正常运转和转卖出售造成不好的影响，让庄园的新老板银行焦头烂额，头痛不已。毕竟，银行只是想挽回自己的经济损失，而不是去运营这个酒庄，这种状况实在太可怕了。

特朗普牢牢抓住了银行的痛点，控制了其中的要害，掌握了谈判的主动权，在和银行的谈判中取得了明显的价格优势。

 小师妹插嘴

想了解"求、最、怕"的精髓，怕还是要向宫老师当面请教哦！

 学霸掉书袋

关于如何挖掘力量，找到谈判中的"求、最、怕"，我们可以使用SWOT分析法和波特五力模型法。具体内容我们可以参考宫迅伟等著《供应商全生命周期管理》第一章第四节"做好供应商管理计划的七个方法"。

SWOT 分析法

所谓 SWOT，S（strengths）是指优势，W（weaknesses）是指劣势，O（opportunities）是指机会，T（threats）是指威胁，如图 4-1 所示。其中，优势就是我们要寻找的力量来源。通过对目前谈判态势的分析，就是将与谈判对象密切相关的各种内部的优势、劣势和外部的机会、威胁等，通过调查列举出来，并依照矩阵形式进行排列，把各种因素相互匹配并加以分析，从中得出一系列相应的结论，而结论通常带有一定的决策性。

优势 (strengths)	劣势 (weaknesses)
机会 (opportunities)	威胁 (threats)

图 4-1　SWOT 分析法

优势或力量的结论自然是其中最重要的。

波特五力模型

波特五力模型是由迈克尔·波特（Michael Porter）于 20 世纪 80 年代初提出的。他认为产业中存在着决定竞争规模和程度的五种力量，这五种力量综合起来影响着产业的吸引力以及现有企业的竞争战略决策。五种力量分别为同产业内现有竞争者的竞争能力、潜在进入者的进入威胁、替代品的替代威胁、供应商的议价能力、购买者的议价能力（见图 4-2）。

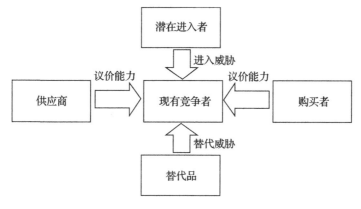

图 4-2　波特五力模型

在采购谈判中，我们可以对自己公司的这五种力量进行初步分析，对所购买品类在市场中的地位进行界定，从而对于自身的综合力量有所把握。

思考题

举一个你在谈判中挖掘出"求、最、怕"的案例。

第五章

议题环

学习目标
1. 了解谈判议题的内容,需要谈什么和不谈什么。
2. 学习在谈判中如何控制议题的顺序,先谈什么,后谈什么。

在谈判的准备阶段,关键的工作之一是考虑双方需要谈哪些议题。

议题就是双方要谈的具体项目。规定需要谈判的事项以及谈判议题先后顺序的过程,我们一般称之为"议程"(agenda)。

很多时候,是否认可议程本身就是谈判的重要议题之一。

围绕议题谈判,积极推动议程,都是为了把谈判的主动权积极地抓在手里。这里说到议题环,主要就是在讲两件事情:

- **谈什么,不谈什么。**
- **先谈什么,后谈什么。**

一、谈什么,不谈什么

这个一定要提前想好,谈判前做好策划。

我们可以利用思维导图把要谈的议题分门别类地列出来,甚至在每个议题上都找到预设的解决方案，让一切都一目了然。

我们需要谈的议题自然是自己认为重要的。如果需要，甚至可以提前把这些议题发给对方，让对方提前得知我们的诉求，做好相应的准备，也为正式谈判创造了一个公平合理的氛围。这样，双方就对谈判有了一个坚实的基础。如果对方想增加或减少议题，我们也有反应和准备的时间。这样双方都能很清楚地看到交易所需要谈判的具体事项。

与此同时，对方在正式谈判的时候，也不好突然插入别的议题。即使想插入，我们也可以义正词严地拒绝，强调新议题并不在这次谈判的范围之内，尤其是有其他人员参加谈判的时候，非常有助于我们坚持立场。**换言之，我们一开始就要让对方明白，这次是以议题为中心进行谈判的，我们也可以将其称之为"焦点谈判"**。不论对方提出什么新议题，我们都不要接受，按照计划好的思路往下谈，这样就能抓住主动权，谈判也比较容易达到自己的目标。

那么，如何分析自己的议题呢？

这就需要你仔细思考自己的要求，非常具体的要求。**一般来说，我们可以把要求分成三大类：必须要的、想要的、可要可不要的。**

什么是必须要的呢？就是一定要满足的要求，如果供应商达不到，那么我们就没有必要浪费时间谈下去了，少了这个要求就不是我们想要的东西了。比如，购买一台设备，必须达到 0.001 毫米的重复定位精度要求，不然没有办法达到工艺要求，也就没有办法保证产品的质量。不仅如此，因为客户要得急，供应商还必须在三个月内交货，如果货交晚了，质量再好也没有用。因此，这两个要求就是供应商必须满足的要求，达不到的话不可能谈成协议。在某种程度上，也可以理解为我们的底线。

那什么是想要的呢？就是我们希望达到的要求，能够达到的话会给我们带来很大的好处，甚至降低很多隐性成本，购买之后的整体满意度也会高出很多。仍然以上文提到的设备采购为例。我们运气不错，现在有三家供应商都能达到我们的要求，不过其中有一家特别突出，不仅设备外观美观、设计精巧、占地面积小，还特别考虑到人机工程学，方便工程师对设备进行检修和保养。如果买了这家供应商的设备，整体运行成本还能降低很多，这个就是我们特别想要的结果。因此，我们也要把这些要求放到议题中去。

至于什么是可要可不要的，也就是说，有也行，没有也没关系，甚至自己都不太关心这个要求。比如有一家供应商说，"我们这台设备虽然贵一点，但用的是防静电漆"。可是，我们生产的产品和生产工艺根本没有防静电这个要求，设备是不是防静电漆根本就无所谓。

所以，我们必须要想清楚自己的要求，同时也要从对方的角度考虑他们的要求，才能相应地去准备详细的议题，才好决定在谈判中谈什么，不谈什么。不然，我们把"可要可不要的"说成"想要的"，把"想要的"说成"必须要的"，谈起来就会比较吃力，甚至付出不必要的成本。

当然，在具体的谈判中，我们有时会故意把想要的说成必须要的，来增加让对方让步的谈判筹码。

这里有一个形象的案例。

热播剧《精英律师》中，男主角罗槟成功升为律师事务所的主任，也就是这家律所的最高管理者。他的秘书栗娜找他，她以罗槟曾经的许诺为借口，要求罗槟给自己一间独立办公室、一个合伙人身份，并晋升为首席运营官。

栗娜这种高情商的人其实很清楚，她不是律师，又怎能担得起合伙人的职责。更何况，罗槟若是真的给了栗娜合伙人身份，律师事务所也就没有了公平竞争的环境，很多人就会失去斗志，这对平台的发展非常不利。她之所以对罗槟有这么高的要求，纯粹就是想要间独立办公室而已。但是，如果她刚开始只对罗槟说想要间独立办公室，罗槟就有可能只给她小一点的空间，比如给她一个较大的工位。但是，她很聪明地把她要不到的、想要的都说成了必须要的，最后，她获得一间独立办公室，并被任命为行政总监。

谈判的结果实质上是许多议题的不同组合，而且很多时候不止一种组合。我们必须头脑清晰，分析清楚双方的要求，知道哪个议题是对我们最重要的，哪个议题是对对方最重要的，知道如何加入对我们有利的议题，满足我们必须要的，减少对方必须要的。

有时候，可用一些小议题试探对方的反应再做打算。

比如，加入一些其实并不重要的议题留作谈判让步用；加入难度极高的议题，实际上是要达到其他谈判目的；把几个议题挂钩一起谈，谈好了一个，另外一个自然就好谈了。

至于议题本身，每次谈判可以只谈一个议题，也可以同时谈多个议题。议题可以是非常具体的，也可以是很抽象的（比如未来的合作关系）。

我们要注意的一点是，很多议题会随着时间的变化而发生变化。一个月前非常重要的议题，可能一个月后根本就不用谈了，比如交货时间。

还有一些议题，完全是无用议题，可能只是一些形式上的东西，也可能跟这个谈判毫无关联，最好不要拿到谈判桌上来浪费大家的时间。

这里列出一些采购谈判中会碰到的具体议题供你参考：

- 价格；
- 满足要求的质量；
- 付款条件；
- 项目交期；
- 交付条款；
- 合同期限；
- 运输方式；
- 后续安装；
- 质保期；
- 售后服务；
- 违约金；
- 罚款；
- 索赔条款；
- 争议的解决等其他商务条款。

二、先谈什么，后谈什么

按照不同的顺序对议题进行商讨，结果会有天壤之别。

有些话先说和后说效果很不一样，给人的印象也大为不同。

一般来说，为了避免风险，从比较容易的部分开始谈是一个基本原则。把容易达成共识的议题放在前面谈，容易获得信任。分享信息和交换一些不是很重要的点，有助于推进谈判，特别是针对初次合作的供应商，这样更合适一些。如果不这样的话，很容易一开始就针锋相对，对立起来，如果情绪再控制不好，就会纠缠于立场，让谈判陷入僵局。

我们也需要考虑对方满足我们要求的可能性有多大。把我们的要求罗列出来，按前面讲的分成三类。必须要的，没有什么好谈的。想要的，哪些供应商达到的机会大，哪些达到的机会不大，我们是否应该先从机会大的要求去谈？如果有收获的话，我们再花时间去啃比较难啃的骨头。至于可要可不要的，自然一般都放到最后去谈。

与此同时，我们一定要考虑对方的具体要求是什么。

什么是对方必须要的？什么是对方想要的？什么是对方可要可不要的？

想清楚了对方的这三个要求，我们就可以给出相对应的三种对策：哪些是肯定不能满足的，哪些是看情况能够满足的，哪些是不需要怎么考虑或汇报就能够满足对方的。

比如，有些公司不会给供应商预付款，凡是必须要求预付款的就不要往下谈了，谈了也肯定无法满足对方。针对这一点，我们可以先拿出这个议题问对方是否能够接受，接受的话再往下谈。

当然，我们不能太生硬地告诉供应商，如果可以的话，要解释为什么，看看能不能说服供应商。也可以问问供应商需要预付款的原因，资金不够还是信任不够，看有没有可能提出替代方案。总之，要善于在谈判中开阔思路去解决所遇到的难题。

如果是对方想要的，我们在必要时可以让步加以满足。我们在谈判过程中最好相机而动，不主动提及，可以准备好但不列入议题，静待时机。一旦对方提出此类具体议题，我们可以要求额外的让步补偿。比如，供应商想将付款周期从90天减到60天，我们当然不能马上答应，要强调其中的难度，告之除非有足够大的价格折扣才能去和领导特别申请。

其实有些供应商和我们很多采购一样，并没有想清楚哪些是自己必须要的，哪些是自己想要的，哪些是自己可要可不要的。有些销售甚至只管拿单，把很多重要的东西都放弃了。作为采购，如果有时能够帮助供应商厘清思路，把他以为必须要满足而实际只是想要的东西解释清楚，会给双方都带来益处。

当然，对于长期合作的供应商，双方已经彼此了解，可以直接上来就谈关键议题，比如价格、质量和交期等，然后再慢慢处理那些小的细节。

思考题

1. 谈判中，我们有哪三类要求？
2. 什么情况下先谈容易谈的议题？为什么？
3. 采购谈判中，一般会有哪些议题可以拿来谈判？

第六章

参与环

学习目标

1. 了解谈判中相关联的职务对谈判的影响。
2. 了解谈判中具体的人对谈判的影响。
3. 了解谈判的五种风格。
4. 了解如何对人物风格进行分析。

谈判的时候我们不光要关注直接的谈判者,还要关注隐藏在背后的人,也就是通常所说的利益相关者,甚至要关注不怎么相关的第三方。

这些人虽然不直接参与谈判,但会直接或间接地对谈判产生或大或小的影响。他们有可能会提供有用的信息,有可能会给谈判制造障碍,也有可能会影响最终的决策,甚至改变力量的方向。实际上他们都多多少少参与了谈判,所以我们不能忽视他们的存在。

搞清楚参与环要掌握两条:**职务和人物**。

分析参与环的人时,我们要注意的是,要具体到人。

一、职务

我们要搞清楚对方的决策流程,然后顺藤摸瓜找到相关职务的责任人。

项目的发起者是谁？项目的负责人是谁？谁是使用者？谁负责技术把关？和我们直接谈判的人在其中是什么职务、什么地位、有多大的权力？

把这些调查清楚，就能有的放矢地去了解他们在整个项目中的影响力，关键时刻能够直接找到有决策权的人谈判。

一般来说，销售总是被授予某种产品的价格及其他销售条件的谈判权。不过，很多时候，大公司的销售反而比小公司的销售自主权更少。一般来说，产品越单一的公司，销售对价格控制的自由权越少。

所以，我们在谈判前的一项重要准备就是，首先要摸清楚谈判的对象，是本地销售代表，还是大区销售经理，还是最高决策者，或者三者全部包括？

不能忽视的是，我们最好也要对自己内部的参与环了如指掌。

对于采购来说，赢得内部利益相关者的支持非常重要，不然很多时候会碰到不配合、不参与的情况，甚至有些决策不执行，给后续的谈判造成很多困扰。有时，内部谈判先于外部谈判，甚至更耗我们的精力。

作为采购，要积极与内部相关人员分享必要的信息，进行相应的沟通交流，鼓励大家参与，必要的时候拿到更高层级的授权。这些做法对于内部参与环的稳定和支持不无裨益。

二、人物

不管我们对谈判做了多少研究和准备，最终我们都是在和一个个活生生的人进行谈判。

不同年龄、不同性别、不同国家、不同文化的人，谈判风格都很不一样，不用说我们每一个人了。每个人都有自己的性格，自然会形成自己的谈判风格。

因此，换一个人，我们的谈判策略可能就要发生改变，所以谈判的时候我们要针对具体的人进行分析，制定相应的策略。

这里有一个简单的人物性格分析工具（见图6-1），可以帮助大家对参与环内的人物进行分析。

外向型的人既情绪化，做事也很果断，敢于迅速拍板做决定，风风火火，不拖泥带水。什么叫果断？果断，就是你跟他说一个事，他马上说行或不行。外向型的人希望大家对他刮目相看，都注意到他的存在，喜欢被人关注。

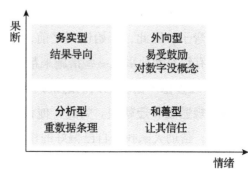

图6-1　人物性格分析工具

务实型的人不怎么情绪化，做事却很果断。这样的人凡事追求结果，不特别关注过程。务实型的人在谈判中目标非常清楚，他追求的就是要获得胜利。但是，他关注一个事情一般时间很短，精力高度集中，时间一过事情就结束了。

和善型的人非常情绪化，做事也不果断，但要是让他信任你了，什么事都好办。和善型的人追求的是你好我好大家好，不过正因为如此，不容易做决定，很多事情很难往前推进，还不知道从何入手。

分析型的人既不情绪化，做事也不果断，做任何决策都必须有合理的理由，看数据说话。分析型的人希望任何事物都有一个明确的秩序，有很多事情都要按照规范、条例来做，这样才会让他比较舒服。

不管怎么分析，我们谈判的时候一定要把参与环中的人物都研究清楚，这是非常重要的。

三、谈判风格自测

《沃顿商学院最实用的谈判课》中，把个人的谈判风格作为谈判六大要素的首要因素，也就是让我们要先对自己和对方的谈判风格进行分析了解。

毕竟，即使掌握了再多的谈判策略和技巧，还总是有很多人并不愿意谈判，甚至害怕谈判，躲避谈判。有些人谈判时直来直去，有些人总是在绕弯子。因此，开始谈判之前，了解自己和对方属于哪种风格，我们才会有针对性地采取一些措施来帮助谈判。

G. 理查德·谢尔把人们的谈判风格分为五种：竞争型、合作型、妥协型、规避型和迁就型。为此，他设计了谈判风格测试表让大家进行自我评估，帮助大家找到自己偏好的谈判风格。

大家不妨先测试一下，以对自己的谈判风格有初步了解。

谈判风格测试表

在较短时间内思考下面所述内容，然后在每组选项中选择一个，不要因为任何原因修改答案。你认为面对谈判或者与他人存在分歧时，哪个选项能更准确地反映你的风格，就选择这个选项，即使你认为两个选项都不是很准确或者都很准确，也必须选择其中一个。将下面列举的情境扩展开来，不要仅局限于工作或生活的情境。

不要选择你"应该"同意的陈述，你内心深处认为哪些陈述大部分时间里更符合自己的风格，就选择它们。虽然有些陈述重复了，但不用担心答案是否前后一致，继续回答，所有答案都是"正确"的。

1. E. 我尽量保持与对方的关系
   B. 我试图确定潜在的问题　　　　　　　　　　　　我选＿＿
2. D. 我设法缓和紧张的局面
   A. 由于我坚持立场，对方做出了让步　　　　　　　我选＿＿
3. E. 我关注如何解决对方的问题
   D. 我试图避免不必要的冲突　　　　　　　　　　　我选＿＿
4. C. 我寻求公平的妥协
   E. 我努力维持与对方的关系　　　　　　　　　　　我选＿＿

5. C. 我建议达成公平的妥协
   D. 我避免个人对抗 　　　　　　　　　　　　　　　　我选＿＿
6. C. 我谋求在双方立场的中点达成共识
   B. 我探寻导致分歧的症结所在 　　　　　　　　　　我选＿＿
7. D. 我巧妙地解决了很多分歧
   C. 在谈判过程中我希望"有付出，有收获" 　　　　我选＿＿
8. A. 我清楚地表明了自己的目标
   B. 我集中注意力考虑对方的需求 　　　　　　　　　我选＿＿
9. D. 我更希望避免与他人发生冲突
   A. 我拿出强有力的论据说服对方 　　　　　　　　　我选＿＿
10. C. 我通常愿意妥协
    A. 我喜欢迫使别人让步 　　　　　　　　　　　　　我选＿＿
11. B. 我坦率地说出双方存在的分歧
    E. 与迫使对方做出最后让步相比，我更在乎关系 　我选＿＿
12. D. 我试图避免不必要的个人冲突
    C. 我寻求公平的妥协 　　　　　　　　　　　　　　我选＿＿
13. C. 我做出让步，期望对方同样如此
    A. 我努力实现所有的谈判目标 　　　　　　　　　　我选＿＿
14. A. 我喜欢迫使对方让步，而不是自己让步
    E. 我尽力维持关系 　　　　　　　　　　　　　　　我选＿＿
15. E. 我迁就对方的要求，以便维持关系
    D. 只要有可能我就会和对方发生对抗 　　　　　　　我选＿＿
16. E. 我试图满足对方的需求
    A. 我努力实现所有目标 　　　　　　　　　　　　　我选＿＿
17. A. 我一定会和对方讨论我的目标
    D. 我强调双方的共同之处 　　　　　　　　　　　　我选＿＿
18. E. 我总在寻求建立关系
    C. 我做出让步，期待对方同样如此 　　　　　　　　我选＿＿

19. B. 我指出双方的所有分歧，并和对方讨论
    D. 我试图避免冲突　　　　　　　　　　　　　　　我选___
20. A. 别人做了让步
    E. 我尽力维持与对方的关系　　　　　　　　　　　我选___
21. B. 我指出双方的所有分歧，并和对方讨论
    C. 我寻求也许能缩小分歧的妥协　　　　　　　　　我选___
22. E. 我与对方建立良好的关系
    B. 我提供包含双方利益的选择　　　　　　　　　　我选___
23. C. 我寻找双方立场的中点
    A. 我尽力在谈判中实现目标　　　　　　　　　　　我选___
24. B. 我指出双方所有的分歧，寻求解决方案
    D. 我试图避免不必要的冲突　　　　　　　　　　　我选___
25. E. 我试图与对方保持关系
    C. 我寻求公平的妥协　　　　　　　　　　　　　　我选___
26. D. 我强调双方在哪些问题上取得共识
    B. 我说出双方未能取得共识的问题　　　　　　　　我选___
27. A 我努力实现目标
    B. 我关注对方的需求　　　　　　　　　　　　　　我选___
28. C. 我寻求公平的妥协
    B. 我试图确定所有潜在的困难　　　　　　　　　　我选___
29. D. 我避免不必要的争论
    E. 我集中精力解决对方的问题　　　　　　　　　　我选___
30. A. 我努力实现目标
    B. 我设法满足对方的需求　　　　　　　　　　　　我选___

将前文所有选择的结果的 A、B、C、D、E 答案次数相加，并记下总数：

A=____

B=____

C=____

D=____
E=____
总数____（必须等于30）

如果你选的A比较多，表明你是竞争型谈判风格，更重视自己的利益，而不是与对方的相互关系。竞争型谈判者喜欢把谈判当游戏，视谈判为享受，喜欢赢的感觉，对自己的优势非常了解，喜欢用强硬的手段。

如果你选的B比较多，表明你是合作型谈判风格，既重视自己的利益，也重视与对方的相互关系。合作型谈判者天生擅长通过谈判发现表象背后隐藏的利益，甚至找到新的解决方案，只是有时会把本来很简单的谈判搞得很复杂。

如果你选的C比较多，表明你是妥协型谈判风格，一直试图在利益和关系之间找到某种平衡。妥协型谈判者通常在谈判中急于弥合差距，为了尽快达成协议而过快做出让步，也很容易满足。

如果你选的D比较多，表明你是规避型谈判风格，既不重视自己的利益，也不重视与对方的相互关系。规避型谈判者善于拖延和避开谈判的矛盾，也喜欢通过电子邮件或中间人的方式来降低面对面谈判的必要性，这无疑严重限制了信息的传递，有时候会变成谈判中的障碍。

如果你选的E比较多，表明你是迁就型谈判风格，你更重视与对方的相互关系，而不是自己的利益。迁就型谈判者十分乐意解决对方的问题，说他们关注自己的利益倒不如说他们更关注谈判中双方的关系。

当然，不可能存在正确或最佳的谈判风格，也没有谁只是其中一种风格，大多是某方面强一些，其他方面弱一些，或者兼具几种风格。

每个人的谈判风格只不过是在谈判时采取某种行为的倾向或喜好。这些倾向有许多来源，比如家庭、早期职业经历、导师、道德系统或信念等，并且这种倾向能够随着谈判知识的增长而改变。但是我们大部分人都有一套核心的个性特征，使我们基本的谈判偏好难以发生根本性变化。

因此，对自己和对方的谈判风格进行评估还是对谈判有所帮助的，至少知道对方是一个什么风格偏好的人，才好做出匹配的策略。

思考题

1. 谈判对方的职务会对谈判带来哪些影响？
2. 谈判对方的性格会对谈判带来哪些影响？你主要是什么性格的谈判者？举一个例子。
3. 你主要属于哪种谈判风格？你觉得这会对你的谈判有什么影响？

第七章

团队环

  学习目标

1. 理解团队谈判并了解如何进行团队谈判。
2. 学习如何判断对方在团队中的角色。

什么叫团队?

有分工才叫团队。

派到现场的谈判人员,即使只有两个人也能成为团队,是团队就必须有分工。你谈什么,我谈什么,谁主谈,谁辅助,各个角色必须提前确定好,做到主辅分明、分工协作。**团队中的人有不同的视角和技能,会观察到不同的信息,发挥不同的作用,朝着同一个目标迈进,这就是团队往往比个人能取得更大收获的原因。**

我们要记住团队的英文"team",这代表着"大家齐心协力才能获得更多"(Together Everybody Achieves More)。

一、如何进行团队谈判

在采购谈判中,团队的领导就是主导谈判、掌控局面和提出各种要求的人。这一决策者是团队中地位最高的人,是团队的掌控者,他承担着更多的责任,承受着更大的压力,大多数人的注意力也会集中到这个人身上。

团队的专家可以是工程师、技术员、公司内部的律师等。不管在哪里,专家都是很重要的。在公司里,在我们的采购谈判中,专家就是我们的技术人员。他们在相应的技术上一言九鼎,但是在其他方面可能就人微言轻了。

对于专家,团队谈判的领导要非常注意,要清楚地告诉他们什么时候可以说话,什么时候不能说话。因为往往会存在这样一种风险,你设计了一个问题抛向对方,结果自己团队的专家却脱口而出回答了这个问题,搞得气氛非常尴尬。这样的行为对于专家而言,有时候是自然而然的反应,因为他要展现自己的专业程度,但是他的这一行为却可能会破坏谈判的节奏,所以一定要和他们特别强调这一点。

在谈判的过程中,可能还需要有一个人对整个谈判的过程进行观察,做好后勤工作,对谈好的各种事项进行详细的记录。同时,可能要完成在谈判中被临时安排的各项任务,比如去关上被风吹开的门,比如准备的水喝完了,需要再去弄一些水过来。

当然,除非进行非常重要的谈判,一般的谈判,特别是采购谈判,团队成员要尽量少而精,只邀请必要的人员参加。作为采购,我们要明确认识到自己在团队中的定位。当然,不同的时候可能我们扮演的角色是不一样的。实际采购谈判中,一个人往往担任了上面所说的好几个角色,比如很多情况下采购就承担了所有的工作,最多再加上一个技术人员就去和供应商谈判了。前面已经讲过,邀请技术人员参加谈判一定要注意,提前交代好什么可以讲,什么不可以讲,相互做好配合工作。

还有,作为采购,要不要邀请自己的领导参加,要看情况。比如,有时候要邀请大领导增强谈判气势,或者在谈判中需要领导快速做出决策时,就要邀请领导参加。

在团队谈判中,必须力求内部意见一致,这样才能齐心协力。 正所谓,上下同欲者胜。大家不仅有分工,也要有协作,不能成为对手期望的乌合之众。在任何一次谈判前，内部一定要先沟通协调好，统一意见，明确一个方向，这样组织内部才能拧成一股绳。团结一心，其利断金！

反过来说，如果对手通过你们的言谈举止，发现你们组织内部不合，意见有分歧，那么对方就会通过某个点切入，扩大你们内部之间的分歧，最终瓦解你们内部的信任，从而左右谈判。

比如，你和同事代表公司与一家机构进行一项谈判，当你们正在与对方就某一点谈判时，因为你们内部对这个点没有提前进行沟通，你的同事突然做了一个让你意想不到的让步，而对方立刻接受了他的让步。这一慷慨大方的行为，使你们在接下来的谈判中一直处于被动应对的局面，甚至你可能会怀疑那位同事是不是和对方存在某些特别的关系。

之所以会出现这样的问题，是因为谈判前内部没有沟通好，该同事做出的让步，事先并没有获得其他同事的同意与确认。一定要让相关人员提前提出相关意见，谈判前内部要进行充分沟通，切忌一人武断做出决定。

所以，团队之间的相互认同、统一意见、设定目标，是对外谈判的先决条件。彼此认同，获得谈判的力量；彼此分歧，削弱谈判的力量！

当然，如果想给对方造成自己团队不和的假象，我们可以用到"黑白脸分工"的谈判技巧。谁扮白脸，谁扮黑脸，也是很有讲究的。领导在场或不在场，质检和技术人员在场或不在场如何处理，后文的"谈判技巧之六脉神剑"中会对此有详细的阐述。

二、如何判断对方在团队中的角色

在谈判的准备环节，对对方团队的角色定位进行判断十分必要，哪怕对方只有一个人也是如此。我们最重要的是辨别出对方团队中的领导，即谈判的主导者。那么，怎么才能看出来呢？

首先，看座位。一般来说，领导会坐在团队的中间，指挥谈判的进程；或者坐在旁边比较好的位置，可以对整个谈判现场一览无余。

其次，观察对方参与讨论的程度。有的领导喜欢夸夸其谈，进了谈判室就说个不停，充分展示其作为领导的魅力和气场。当然，对于我们亚洲人而言，特别是日本人，真正的领导在谈判中往往是选定一个好的位置，然后一言不发地看着全场，一直到谈判结束时才做出同意或否定的指示。

最后，还可以观察对方的眼神。向对方提出一个问题，然后看着他们的眼神。一般情况下，所有人的眼睛看向的地方才是真正的决策者所在的地方。

对专家或者对方的技术人员而言，大家应该很容易判断。我们要注意的是，不要轻易挑战对方专家的技术权威，一旦他感受到了敌意，会有很多借口和办法对谈判形成阻碍，特别是对方聘请的律师。因此，和对方的技术人员建立良好的关系是十分必要的。

识别出谈判团队中最重要的两个角色后，对团队中的其他角色也不要忽略，保持基本的礼貌是应有之义。如果在合适的时机，给对方的工作以认可，有时候会有意想不到的收获。

思考题

1. 列出在团队谈判时需要注意的事项。
2. 有什么好办法可以干扰对方对自己团队角色的判断？

第八章

环境环

学习目标

1. 了解环境对谈判的影响。
2. 学习如何安排面对面谈判。
3. 理解电话谈判的特点并掌握电话谈判的技巧。
4. 熟悉网上谈判的特点和处理方法,特别是电子邮件谈判的注意事项。

《孙子兵法》曰:善战者,求之于势。

同样的力量,放在不同的环境,产生的效果是完全不一样的。同样,对于时间、地点和位置的安排,也会对谈判的结果产生各种影响。

环境环,关注的就是我们如何营造一个合适的主客观环境,以有利于我方谈判的开展。

我们掌握了所有的力量,安排好了所有的事情,但是随着时间的变化,很多东西都在发生变化。到底什么时候利用什么力量,抛出哪些谈判筹码,用什么方式抛出,这些也不得不随着情况的变化而变化,都需要我们对谈判的环境做出敏锐的观察和判断,然后相机做出调整。

当然,不管怎么安排,环境环起的主要是辅助作用。在力量足够强大的情况下，能够锦上添花；优势不如人的话，如果太过刻意，反而容易弄巧成拙。

我们这里介绍三种典型环境下的谈判情景，以及可以提前准备的应对技巧，供大家参考。

一、面对面谈判

（一）谈判现场的安排

面对面谈判是在一个地点、一种氛围、一定的时间内开展的。

谈判时需要安排好座次。靠窗坐、对面坐还是并排坐，会对谈判产生影响。有的时候对于谈判现场的布置也很重要，特别是在你的主场时。在客场的时候，基本是由对方布置。

对于采购谈判而言，一般建议选择在主场进行谈判，可占据地利优势。在主场进行谈判，最大的目的其实是帮助采购人员创造谈判的优势地位和心理优势。因为在自己的地盘上谈判，相对舒适并且能让自己游刃有余，除了有心理上的优势外，还可以随时得到其他同事、部门或主管的必要支援，同时还可以节省时间和旅行的开支，提高采购员人员的时间利用率和工作效率。相对于几百公里乃至更远距离的谈判而言，主场谈判可以有效地避免水土不服对身体、精神造成的影响。

需要注意的是，如果在谈判中，你需要向对方示好或者需要让对方看到你的诚意，那么选择到对方的办公室谈判也不失为一种好的方法。

除了办公室，一些休闲、娱乐的场所也被很多销售人员作为谈判的场所之一。在这种场合下，受到环境氛围的影响，人更容易放松警惕，也更容易做出让步。作为采购人员，在这种场合下，我们就要提高警惕，或者说应该在更早的时候就杜绝这种情况发生，掌握谈判的主动权，把谈判场所选在有利于自己的主场。

小贴士

在谈判的过程中,如果对方需要带你去某个地方看样品,最好用你自己的车和司机,因为那样会让你有更多的控制权,同时也方便自己后面的行程,不至于被供应商牵着鼻子走。

如果对方带你吃午餐,尽可能选择你比较熟悉的餐厅,而不是他们经常光顾的餐厅,因为在那里他们会觉得更有控制权,特别是当双方还没有合作,你也不确定是否需要跟他产生合作时,这样更便于你提前买单,避免陷入人情陷阱。

(二) 谈判礼仪

面对面谈判时,不可避免在见面时要考虑如何接待对方,如何对待对方的问题,整个过程中的礼仪就变得很重要了。

礼仪更是一个人修养的反映,在商务谈判中,也是影响谈判气氛与进程的一个重要因素。跟对方打交道,特别是跟高层交往时,如果一些细节不注意,对方就会觉得不受尊重,或者认为双方差距甚大,不值得交往。

在谈判中要合理运用商务礼仪。不管谈判以何种方式进行,都要让对方多开口,从对方的角度看待问题,让对方感受到被尊重,最大限度地满足对方的合理要求,使谈判更加具有信服力。这对于赢得对方的尊重和信任,推动谈判顺利进行,能起到积极的作用,特别是在关键场合、同关键人物谈判时。

在谈判中,我们还可能会遇到来自世界各地的行业佼佼者,因此,在取得对方基本信任的前提下,要了解对方谈判人员成长过程中对其影响较大的风俗文化,尊重对方的谈判人员,用"差异化"的商务礼节面对谈判过程中不同的谈判人员,让对方在感受到被尊重后,再进行谈判活动。

知晓礼仪、尊重对方是一个谈判人员对谈判所做的最小投资,由此获得的回报却常常是难以估量的。注重礼仪还有可能使谈判人员在谈判破裂时给对方留住面子,不伤人感情,并为以后的合作与交往留下余地,做到"生意不成情义在"。

【精彩案例】一条围巾带来的诚意和长远的合作

在中国第一汽车制造厂（简称"一汽"）和德国大众、美国克莱斯勒进行合资谈判的过程中，接待礼仪起了很大的作用，直接导致的结果就是，1986年一汽谈判代表团在寻求自身利益得到合理保障的目的下，把合作的谈判对象由克莱斯勒变成了大众。

怎么会发生这样的事情呢？

当时，一汽考察团在老厂长的带领下来到克莱斯勒考察发动机造型。在双方的几轮谈判之后，一汽引进了克莱斯勒轻轿结合的发动机，并随后准备引进克莱斯勒的车身。但在当时的一汽总经济师带领代表团重返底特律时，克莱斯勒突然改变了与一汽合作的态度，提出了非常苛刻的条件，还把购进生产线的价格提到了一个意想不到的高价。

克莱斯勒之所以这样做，是由于它们获得了我国批准一汽要上轿车的信息，认为无论自己提出的条件多么苛刻，一汽为了迅速实现轿车的生产，肯定会做出妥协。但是，权衡了一番得失之后，一汽觉得如果同意克莱斯勒提出的条件，那我方的利益就会受到极大的损失。因此，一汽老厂长毅然决定中断与克莱斯勒的谈判，而且非常生气，心里窝了一肚子的火。

虽然做出了中断谈判的决定，一汽面临的问题却依然没有得到解决。正当一汽苦于寻找出路之时，时任大众董事长哈恩博士到一汽进行礼节性拜访。老厂长为了寻找更多的机会，决定冒着严寒亲自到机场迎接哈恩。哈恩十分感动，见老厂长没有戴围巾，还把自己的围巾解下来，亲手给老厂长戴上，而且盛赞老厂长"是一个伟大的汽车人，血液里面流的都是汽油"。这让老厂长非常高兴。

哈恩对一汽提出的条件感到十分满意，于是他试探性地向老厂长提出了合作意向。对于哈恩的意见，老厂长本来对双方的合作存在很多顾虑。因为一汽未来轿车的发动机是克莱斯勒的生产线，这个事实是无法改变的。但因为双方相谈甚欢，气氛很好，老厂长决定把自己的困惑坦言相告：若与大众合作，其车身和整装技术能否与克莱斯勒的发动机协调呢？在老厂长巧妙地将自己的顾虑向哈恩说明之后，哈恩很快就做出了明确的承诺。四周后，一汽总工程师飞抵德国，此时大众已将克莱斯勒的发动机装进了加长后的车身，充分显示了自己与一汽进行合作的诚意和效率。

克莱斯勒几乎在一汽总工程师飞赴德国的同时，就得到了这个重要信息，时任克莱斯勒总裁艾柯卡感到了这一信息的压力和内涵，立刻通知其谈判代表团向一汽做出大幅度让步："如果一汽和我们合作，我们将象征性地只收一美元技术转让费……"克莱斯勒这次确实充分考虑到了一汽的利益，可惜已经晚了。

经过反复论证和比较，一汽还是认为和大众的合作更有利于双方利益的合理分配，于是大众终于成为一汽的合作伙伴，开始了一段在中国的传奇之旅。

二、电话谈判

电话谈判就是利用电话这种工具进行沟通交流，期望达成交易的一种方式。在现代的工作生活中，电话用得非常普遍，频率非常之高。有些销售手拿两部电话，一天的工作基本都是在打电话。电话非常方便，可以让我们随时随地联系他人。

（一）电话谈判的特点

电话对于提高谈判的效率很有帮助。

毕竟电话谈判所用的时间肯定会比面对面谈判的时间要少得多。你不需要特别安排大段的时间去坐飞机、坐火车，打出租车，也不需要在旅途中花费大量的时间等待，然后筋疲力尽地出现在对方的面前。有什么事情你只需要打个电话，5～10分钟就解决了，实在需要，半个小时也是可以的。不过，你不要期望像面对面谈判一样，能够同时探讨很多问题或者和对方有更多深入的交流。

在电话谈判中，因为只能听到对方的声音，没有办法从对方的表情和肢体语言上猜到对方的意思，所以集中精力倾听是唯一能够做的事情，不然很容易造成误解。如果在电话中对方有任何话语你听得不是很清楚，或者有疑惑，要及时提出来让对方重复一遍，千万不要不好意思。我们也要学会问问题，通过对方的回答听出对方的意图。

很多时候，对于在电话中提出来的要求也容易简单地被人拒绝，甚至都没有解释的机会。但是，如果我亲自去找你，你就没有那么容易甩开我了。想象一下，我走进你的办公室，一边喘着气一边跟你说，求求你了，我好不容易找到你，也就跟你说两分钟的话，说完了我就走。这个时候，我站在那儿汗流浃背，双目含泪在恳求你的帮助，我相信在那种情况下，你是不大可能拒绝我的。

当然，如果你是一个有着很大优势的谈判者，有着很多可以利用的力量，你主动打电话要求立即谈判，对你而言还是很有利的。我们大多数见到的，都是处于不利地位的人，才会想尽一切办法要求和你面对面沟通，把他的想法、提议甚至请求当面讲给你听，这就很能说明一些问题。

（二）如何进行电话谈判

不管什么类型的谈判，匆忙都是导致失败的主要原因。

如果你在一个十分嘈杂的环境里，比如火车站，接到一个要求谈判的电话，恐怕心情不会很愉快；或者你正在匆忙地做着其他事情，这个时候接到一个电话，要你立即对某个事项做出决定，失败恐怕也是大概率的。

因此，如果非要在电话这种环境中进行谈判，我们要做一个主动打电话的人，而不是被动接电话的人。

作为主动打电话的人，我们在打电话之前必须有周密的计划和充分的准备。我们在打电话之前要准备一份备忘录，上面写出电话中要讨论的重点问题。我们要仔细考虑一下在谈判过程中对方可能会问的问题，然后准备相应的答案。在打电话之前，我们要把所有相关的资料放在手边，以便在需要时可以随时查阅。打电话的时候，我们要集中注意力，避免分心。如果涉及价格谈判，最好手边有一个计算器，需要的时候随时可以使用。

一切准备就绪之后，找一个安静的角落，挑一个自己方便的时间，给对方打那个至关重要的电话。打电话的时候，还要记下要点，时不时地知会对方你正在记下双方谈好的条件，回头总结好发给他。

无数的例子告诉我们，一个口头的君子协定往往会变成一个非常不君子的协定，所以我们有必要把电话谈判中谈成的共识记录下来。至于是什么格式的并不是很重要，重要的是你是这个电话记录的起草人。你可以在电话谈判之后，给对方发去你所记录的大家谈好的条件。毕竟，谁起草文件，谁才可能有真正的解释权。相信大家和外国人（特别是德国人）谈判的时候，往往电话之后会收到他们的电话总结邮件。他们通常在邮件的开头会这样写道：根据某年某月某日，某某和某某的电话谈判，双方同意如下事项……

万一你在很不合适的时候毫无准备接到了要求谈判的电话，不要慌张，也不要匆忙，找个理由挂断电话，然后准备好再打回去就好了。

当然更多的时候你可以跟对方约定一个时间，然后大家互相打电话。现在的电话谈判，很多时候并不是一对一的。很多比较复杂的项目和有难度的电话交流，都是双方很多同事一起交流的。现在的技术条件完全可以支持这种做法，即需要的时候可以发起一个电话会议，然后大家一起进行谈判。在这种电话会议中，会议结束以后的会议纪要是必须要做的。

在电话谈判中，如果你发现自己准备得还不是很充分，或者有很多东西需要确认，对方提出的条件你并不能够当场做决定，建议立即停止电话谈判。

要有耐心，你要准备好之后再重新开始。

三、网上谈判

网上谈判，简单来说，就是把以前面对面谈判的各种形式搬到网上，利用线上工具进行谈判，比如微信、QQ 和电子邮件等。网上谈判有个很大的优势就是，谈判双方不必依赖固定场所，随时随地都可以安排谈判，从而极大地提高了谈判的效率。

网上谈判比面对面谈判更容易说不，或者更容易规定很多条款，如果对方想继续进行谈判，可能不得不接受。

网上谈判还可以消除时区和距离的障碍，即使对于一些文化上、组织上和性别上的壁垒也比较容易绕过，让我们与商业伙伴更好地进行沟通。不管他身在哪里，是否有空，属于哪个时区，处于什么级别，我们都可以很容易地进行联系。

网上谈判相对于面对面谈判还有一些意想不到的优点。

网上谈判的一个优点是，能够降低由谈判者的个性冲突而导致谈判破裂的风险。因为网上谈判是在一个人人平等的互联网平台上进行的，即使个性强的谈判者也不是很容易影响到对方。

网上谈判的另一个优点是，让谈判双方都觉得自己具有主场优势。因为，除了节省出差费用之外，还可以让双方都在自己的办公室里非常舒服地进行谈判，如果需要，还可以随时调用相关文件，咨询同事寻求帮助等。

网上谈判还有一个优点就是，可以一对多地同时进行谈判，而不是传统的一对一。同时，在和多方进行谈判的时候，从一方获取的信息可以迅速从另外一方得到验证，或者去网上进行调查和核实，从而提高自己谈判成功的概率。

当然，网上谈判也有很多风险，其中之一就是谈判双方容易互相对立起来，因为双方不是面对面谈判，容易互不让步，很难达成一致意见。因此，如果想和对方签订长期合同时，不适宜采取这种网上谈判，而是以面对面谈判为主。

为了获得网上谈判的全部好处，我们建议还是要把网上谈判与面对面谈判结合起来。尽管现在我们每个人都离不开网络沟通，每天也有很多的讨论和谈判发生在网上，而且网上谈判有不太容易受个人情感影响的优点，但我们在网上谈判往往不太注意人际关系和长期合作，比较容易使用刺激性或否定性语言去和对方沟通。在这种环境下，我们没有办法通过对方的面部表情和肢体语言真正理解对方，容易产生误解。如果处理得不好，我们可能什么交易也做不成，毕竟对方只需要轻轻点一下鼠标就可以结束谈判或者转向别的地方。

 小师妹插嘴

哇，网上谈判你讲了这么多，我还是有点晕。你能不能讲个具体的网上谈判形式和要注意的沟通方式啊？比如电子邮件。

好的，既然如此，那我们就单独讲讲**电子邮件谈判**吧。

现在，全世界很多人都离不开电子邮件，很多公司完全依靠电子邮件而生存。作为采购，利用电子邮件进行沟通也是日常必做的动作。那么，利用电子邮件进行谈判有什么特点呢？恐怕大家都会说，很糟糕。

原因之一是，电子邮件不包含任何语气，你也没有办法去调整自己的语音语调。电子邮件的语气有时候视收件人当时的心情而定。如果收件人当时处于不高兴的状态，他们也许会认为你在攻击他们。相信大家都有这样的经验。所以，如果可能的话，还是亲自和对方见面或进行电话交谈。

电子邮件是一种单向的沟通方式，一般不能得到及时的反馈，对方会不会回复，你完全也不知道。当然，电子邮件有一个很大的优势，就是保存各种文字记录。电子邮件以书面的形式发出，都是有据可循的，后面谈判碰到什么问题，大家就可以查阅过往的邮件，避免不必要的争论。

作为采购，估计大部分人每天都不得不使用电子邮件进行谈判。那么，怎样做才能使问题最小化呢？下面是一些小小的建议：

- 添加语气。开头添加各种寒暄、表示友好的词汇，会使收件人更有可能以你所期望的语气阅读电子邮件，至少负面反应会因此减弱。
- 千万不要根据你收到电子邮件后的第一反应回复电子邮件。大多数人都知道要避免这一点，但很少有人能做到。事实上，与立即回复邮件，然后再花几个小时或几天时间来纠正给对方造成的错误印象相比，先克制自己，半小时后再看一遍邮件然后再回的做法会节约更多时间。
- 在发送电子邮件之前，重新阅读一遍，想象一下对方在心情最糟糕的情况下阅读这封电子邮件的情况。大多数电子邮件给对方留下的印象比你想象的要更加咄咄逼人。
- 发送电子邮件前，检查有没有不应该放在收件人地址栏的地址，防止把邮件发给不该发给的人，否则可能会泄露机密，也可能误以为邮件已经送达，造成误会，耽误谈判。
- 进行角色互换。在电子邮件中首先提一些与对方有关的事情会让你更富有人情味，也会使其更像一次有着更多人际交流的面对面会谈。
- 心烦或生气的时候千万不要发送电子邮件。因为你会说出原本不想说的话。如果可以，先写好电子邮件并保存为草稿，过些时候重新读一遍后再来决定要不要发送。
- 尽量使电子邮件简短些。如果你要提一些需要花很长时间进行检查的复杂建议，电子邮件并非最佳手段。如需发送报告，请以附件形式发送。
- 如果你正在写一封特别敏感的电子邮件，在发送之前请找一位同事或朋友先检查一遍。他人的视角通常会对你有很大帮助。
- 如果不得不在心情不好的时候发送电子邮件，应主动向对方说明。邮件开头可以这样写，"我现在的心情真的非常糟糕，所以请原谅我的语气"，或是其他任何需要对方谅解的话。

最后，想想对方的沟通方式，尽可能与其接近，比如幽默。幽默风趣的语句会像聊天一般令人感到轻松。这并不是要你刻意模仿他们，而是在为对方做出转变。

利用电子邮件进行谈判的关键是，确保对方看到了你想让他们看到的内容。你采用的沟通方式在此会起很大作用，对谈判的影响更是重要。

思考题

1. 环境对谈判有哪些重要的影响？
2. 面对面谈判有哪些我们要注意的方面？
3. 在谈判中，如何将面对面谈判、电话谈判和网上谈判结合起来，以达到最好的谈判效果？

第三部分

谈判技巧之六脉神剑

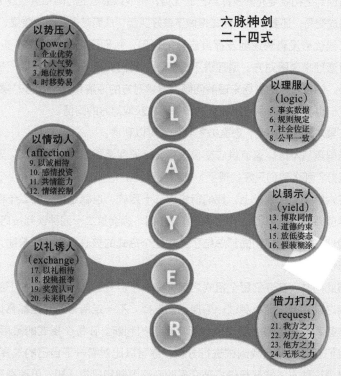

在前面的章节中，我们已经阐述了很多谈判的理论、谈判的框架和准备谈判所需的方法。相信读到这里，大家的内力都有了很大增长，现在是时候来学习如何把这些知识在实际的

采购谈判中灵活、策略性地发挥出来了。

经过多年的实践总结，我们提炼出六大采购谈判技巧，也就是我们所说的"六脉神剑"(PLAYER)模型：

- 以势压人（power）；
- 以理服人（logic）；
- 以情动人（affection）；
- 以弱示人（yield）；
- 以礼诱人（exchange）；
- 借力打力（request）。

经过充分的准备，对谈判对象、谈判目的等各方面都有了清楚的把握，那么谈判之初就要充分发挥自己的优势，争取以最短的时间和最低成本完成交易，还要让供应商觉得做了笔好买卖，从而带来双赢的效果。

如果优势没有快速地发挥其应有的作用，我们还可以通过摆事实、讲道理来说服对方。道理讲不通的话，我们要更进一步，发挥同情心，站在对方的立场来理解问题，寻求对方的谅解和支持。有时候，我们也要摆出一副自己很弱的样子，以获取对方的同情。

如果对方软硬不吃，怎么办？我们还可以利诱。

结果运气不好，这家供应商很厉害，威逼利诱都不能发挥作用。怎么办？那么我们只好找帮手，"借力打力"。

在六脉神剑的基础上，我们衍生出二十四式，也就是具体的二十四种谈判技巧。为了便于大家更好地学习、领会这二十四种谈判技巧，我们在每个招式前面都总结了一句这个招式的核心思想，以帮助大家快速领悟。

与此同时，在介绍每个招式之前都有一个自我测试。大家在往下阅读之前，可以简单测试一下自己的选择。不一定所有的问题都有标准答案，关键是你要快速地得出自己的判断。在每个招式的最后，我们会对每个自我测试进行分析，你可以比对看一下自己的选择。希望这种方法能够帮你打破众多的心理限制和日常认知，迅速提高你的谈判技巧，并能够将其直接运用到日常的采购谈判中，开启一轮又一轮的成功。

Chapter 9
第九章

以势压人

 学习目标

1. 掌握如何利用企业优势进行谈判。
2. 掌握如何建立个人气势进行谈判。
3. 理解什么是地位权势以及相关的谈判技巧。
4. 理解时移势易对谈判的影响并学习相关的谈判技巧。

特朗普说：所谓优势，就是你掌握了对方想要的东西，如果是他们缺乏的就更好了，而最好的就是他们离不开的东西。

优势作为一种力量，如果能够利用好它，则有助于我们顺利地达成协议。善用优势的一方往往表现得信心十足，如果优势的力量被充分发挥出来，其他方面的劣势很大程度上可能会被淡化甚至忽略，尤其是在紧张的谈判中，它往往可以起到先声夺人的作用。

一、企业优势

永远记住，你不是一个人在战斗，你的背后是一个"强大"的公司。

【自我测试 9-1】

你是业内一家数一数二的汽车零配件加工厂的采购主管,工厂有上百台的加工中心,每年需要采购很多刀具。你们最大的一家刀具供应商跟你说,明年1月1日开始,所有的刀具都要涨价5%。你们公司跟这家刀具供应商每年的采购额在3000万元左右。此时你会:

A.面带微笑,对他说"不行"

B.同意

C.询问原因,找出折中建议

我们身处不同的公司,为不同的公司服务。公司有强有弱、有大有小,管理有好有坏,工作环境也千差万别,企业文化更是多姿多彩。

这些公司中有经营众多跨国业务的外企,制度完善但流程很长;有财大气粗的国企,人事稳定但是变化缓慢;当然也有贡献了大部分就业岗位的民企,重视效益但对价格敏感。这些公司各自的特点映射到日常采购决策上的差异更是明显。

因此,我们在日常的采购谈判中,对于谈判对方要做充分的研究,对自己所在的公司也不例外。其中首要的工作,便是充分了解自己公司各个方面的优势,并将其应用到谈判中去。

(一)行业地位

如果有幸你们公司刚好属于行业的龙头企业或位居前三,这本身就是一种影响力,可以把这种影响力转化为谈判的力量。

通常这样的企业本身就自带光环,在谈判中会占据一定的有利地位。这是因为很多发展中的中小企业,市场开拓对它们非常重要,为了开拓市场,获取标杆项目、标杆客户是它们开拓市场很重要的一种手段。与龙头企业合作,不仅给这些发展中的中小企业带来更多的经验,更重要的是有助于它们的市场推广。

在前期树立一些标杆项目的时候,它们会找出所处行业中处于标杆地位的企业，想尽一切办法与其达成某种合作，以获取一些经验，从而在与这个行业的其他客户交流时，可以提供有足够吸引力的实际案例。这些合作案例，可以使其他客户更信赖它们，从而获取更多潜在客户的机会。

如果你们公司在某个行业的整个供应链上处于主导地位，甚至可以称为"供应链链主"，很多时候利用这种强势地位，要求供应商配合你们各方面的要求是非常容易的，不能达到要求的，则不得不退出。当然，为了达到双赢的谈判结果以及长期稳定的合作关系，我们建议要谨慎利用自己这方面的优势。

比较典型的例子，比如各大著名汽车主机厂，它们的供应商为了业务，不得不接受主机厂各种苛刻的技术要求和商务要求，还要完成每年的降本目标。

【精彩案例 9-1】一汽强势要求零部件供应商降价 20%

2017 年，汽车行业出了个大新闻，新上任的一汽集团董事长徐留平明确要求："一汽 – 大众和一汽 – 丰田的零部件供应商必须支持一汽自主品牌，在现有供货价的基础上降价 20%，否则退出一汽集团供应商体系（含自主品牌和合资品牌）。"

消息传出后，引发业内震动。一汽零部件采购挤水分的空间有多大？要求零部件供应商大幅降价，又会带来什么后果？对于一汽要求供应商"降价 20%"的消息，一汽 – 大众供应商博世（中国）投资有限公司（简称"博世"）的内部人士表示，目前还没收到降价通知，并认为"一汽应该不会这么雷厉风行"，但谈到博世对此有何看法时，该人士表示，"不能有看法，不敢有看法"。

2016 年，一汽 – 大众成为中国第一个营收超过 3000 亿元的单一车企，纳税近 500 亿元。一汽 – 丰田全年销售 65.88 万辆，超额完成年销量目标，盈利颇丰。通过这组数据可以看出，一汽合资板块拥有较为丰厚的利润，供应商是否会因要顾全与一汽 – 大众和一汽 – 丰田的关系而愿意降价 20%，不得而知。

其实，每年年初，汽车厂商都会提出降价6%～9%的要求，只有技术较为先进的核心零配件才能暂时躲过被压价的命运。20%的降价要求，即使不能全部实现，其效果也显而易见。

资料来源：搜狐网，http://www.sohu.com/a/194887671-571323。

（二）公司品牌

品牌就是一切！

公司品牌是给拥有者带来溢价、产生增值的一种无形资产，其载体是用于和其他竞争者的产品或服务相区分的名称、术语、象征、记号或设计及其组合，增值的源泉来自消费者心中形成的关于其载体的印象。几乎所有公司都在追求、打造自己公司品牌的影响力。世界500强的品牌影响力在这里就不用多讲了。

因此，如果你们公司拥有一个强有力的品牌，不管是世界500强[①]还是中国500强，或是行业中的龙头企业，都让你在谈判中拥有了一个强有力的优势。公司的品牌载体只有短短几个字，但是威力无穷，很多供应商都希望能和你们公司建立合作关系，再以此作为他们的谈判优势去开拓别的业务。

很多世界知名的品牌涉及很多行业，但不是在所有行业都占有很大优势，甚至旗下某些产品还表现一般。这个时候，对于在这些表现不怎么好行业的采购，更要学会利用公司的品牌打造自己的谈判优势。

很多采购很多时候对自己公司品牌的影响力认识不够，也很少用它做筹码换取谈判需要的东西，这是很可惜的。

（三）集中采购

量大从优！

很多大型公司会采取集中采购的方式，这种方式会对采购品种进行

[①] "世界500强"是对《财富》杂志每年评选的"全球最大500家公司"排行榜的一种约定俗成的叫法。

分类管理，然后集中公司所有业务部门的需求，大大提高了采购的金额。毋庸置疑，这让采购在谈判中相对供应商的优势显露无遗，同时还会减少供应商数量，消除每个项目反复谈判的时间和管理流程，极大降低公司的运营成本。

即使是一些小公司，或者公司没有采取集中采购战略的大公司，对于负责的采购来讲，依然可以在局部或战术层面做到集中采购。

不难发现，不同的时间段、不同的部门很多时候有着相同或类似的需求，即使需求不同，也可能需要的是同样的供应商。这些都是我们的机会和优势，可以充分发掘利用。

【精彩案例 9-2】中国铁道部集中采购"二桃杀三士"

经过长期的自主研发，中国高铁技术仍然不能满足商业运营的要求。2004 年，面对日益增长的交通需求，政府决定引进国外技术。

2004 年 1 月，在国务院发布了《中长期铁路网规划》之后，铁道部（现为"中国国家铁路集团总公司"）启动了"时速 200 公里铁路动车组项目"。该项目计划采购 140 列时速 200 公里的动车组。招标工作于 2004 年 7 月开始。

为了谈判顺利，铁道部首先和所有国内机车厂商约定，所有厂商都不允许单独与外商谈判，所有谈判必须由铁道部完成。同时，铁道部要求：

第一，投标企业必须是在中国境内合法注册的。

第二，这个中国企业必须有国外合作方作为技术支持。

第三，这个国外合作方必须拥有成熟的时速 200 公里的铁路动车组设计和制造技术。

据说，铁道部一开始对西门子的技术很感兴趣，德国西门子的 Velaro 全球业界口碑最佳，是铁道部最中意的车型，后来的 CRH3 和 CRH380B/BL 都是从西门子的技术路线发展出来的。但是，为了增强自己的谈判竞争优势，铁道部同时引入了法国阿尔斯通、日本川崎重工和加拿大庞巴迪。其中，法国阿尔斯通意大利厂的车型，不成熟，稳定性差，铁道部不是很满意；日本川崎重工等六家公司联合体只愿意转让200公里新干线技术，不愿意转让300公里的技术；加拿大庞巴迪已经在中国有合资工厂，自动获得投标资格。

刚开始，西门子非常清楚中方的偏好，开出的价格是每列动车3.5亿元人民币，技术转让费3.9亿欧元，并且在技术转让和生产方案中有约50项未能满足标书要求。

中方于首轮竞标揭晓前与西门子密切接洽，希望西门子能把整车价格降低到每列2.5亿元人民币、技术转让费降低到1.5亿欧元。但是，西门子一直到揭晓前夜仍然拒绝满足中方的要求，于是中方宣布西门子直接出局。西门子股票应声下跌，谈判负责人引咎辞职，整个谈判团队随后都被裁掉了。

接下来是法国阿尔斯通。中方要求阿尔斯通降价15亿元人民币，阿尔斯通拒绝了。中方在随后谈判中宣布由于法方无法满足中方要求，中方不得不退出谈判。然后，法国屈服了，降价15亿元人民币。

这后面的谈判就容易了。

这里值得一提的是，这四家之中庞巴迪最积极，所以基本是中方要什么技术就给什么技术，非常干脆，国产化做得也干净利落。这有效地削弱了其他三家的谈判地位，因此中方给庞巴迪的回报也十分丰厚。

2005年展开第二轮竞标，是时速300公里的动车组。这一次西门子就知趣多了。西门子与中国北车股份有限公司（简称"中国北车"）唐山车辆厂合作，技术转让费仅为8000万欧元，每列车2.5亿元人民币。日本在第二轮竞标中也转让了很多技术。

在这个案例中，中国中车（由中国南车和中国北车合并而成）旗下机车车辆工厂数量众多，有四五十家，如果放开口子，允许大家谁都可以跟国外企业进行技术引进谈判，可以想见，必然会出现一窝蜂上马的情况，谁愿意错过这么好的一次机会，谁愿意放过这么大的一个蛋糕呢？如果是这样，谈判的主动权肯定会牢牢地掌握在外方手里，想拿到真正的技术，势必难如登天。所以，铁道部"咔嚓"一刀，将所有的路都给断了，只留下了一个小口子。要想进入中国市场，只能通过这仅有的一个渠道。

中国高速动车组这次技术引进就完美地利用了集中采购的力量，同时辅以现代版的"二桃杀三士"。二桃杀三士的典故出自《晏子春秋·谏下》，指的是晏婴唆使齐景公将两个桃子赐给公孙接、田开疆、古冶子论功而食，并致使三人因为分配的问题弃桃自杀的事情。后世多指晏婴借刀杀人，其在"荣耀"的名义之下，借助两个微不足道的桃子杀掉了三个勇冠三军的武士。铁道部在每个领域都只给了两个"桃子"，让众勇士来抢。在动车组领域，铁道部指定，只有通过跟中车长客股份公司（以下简称"长客"）和中车四方股份公司（以下简称"四方"）进行合作并完成彻底的技术转让才能进入中国市场。在大功率电力机车领域，指定的是中车株机公司和中车大同公司；在大功率内燃机车领域，指定的则是中车大连公司和中车戚墅堰公司。

加拿大庞巴迪早在多年前，就和中国企业在青岛成立了一家合资公司——青岛四方庞巴迪铁路设备有限公司，通过与铁道部的沟通交流，已经确定这家合资企业具有投标资格了。

于是，紧张的气氛一下子就起来了。面对长客与四方这两个"桃子"，想进入中国高铁市场的德国西门子、法国阿尔斯通、日本川崎重工三位勇士开始磨刀霍霍！后面的故事大家也就知道了。

自我测试 9-1 解析

你是业内一家数一数二的汽车零配件加工厂的采购主管，工厂有上百台的加工中心，每年需要采购很多刀具。你们最大的一家刀具供应商跟你说，明年1月1日开始，所有的刀具都要涨价5%。你们公司跟这家刀具供应商每年的采购额在3000万元左右。此时你会：

A. 面带微笑，对他说"不行"。（**这是比较推荐的做法。你还面对微笑呢，毕竟这是你能做出的最佳选择了。你们是业内数一数二的**

汽车零配件加工厂,跟这家供应商每年的采购额也达到了3000万元左右,占了他们销售额的30%。这个年头对于刀具供应商来讲,这么大的客户已经不多见了。不论是什么原因引起的涨价,"不行"就是你的态度,是对他们提议的否定。)

B.同意。(同意?你为什么要同意?这是一个错误的做法。除非你想给供应商机会,让他们每年都会涨一次价,然后你好跟他们讨价还价,不然绝对不能同意。)

C.询问原因,找出折中建议。(**还没开始就在价格上做出妥协,这不是个很好的选择。至少可以先按照 A 选项的方式进行应对,然后再在这个基础上进行谈判。再说,除了价格以外,还有其他很多别的解决办法,比如说缩短付款周期等。**)

二、个人气势

第一印象往往决定了谈判的走向,你强他就弱,你弱他就强。

【自我测试 9-2】

因为一个项目你到苏州去拜访一家供应商。等你到了他们公司大厅时,供应商王总已经西装革履地在那儿等你了。你不禁脱口而出:"没有必要这么正式吧!"话音没落,你低头看了看自己落满灰的皮鞋,顿时有点不好意思了。王总先把你带进了他们闪闪发光的展厅,映入你眼帘的是各种各样关于王总的照片:有和各级政府领导合影的照片;有和外国客户合影的照片;有在车间忙碌视察的照片;有出席各种大会的照片;有领取各种奖项的照片,比如优秀企业家等。这时,你觉得王总:

A.非常厉害,你佩服得不行

B.天天忙这些事情,业务实力行不行啊

C.是不是在吹牛啊

（一）个人魅力

如何能在气势上"高"人一等？个人魅力不可挡！

上面讲到，要充分利用公司品牌的影响力优势进行谈判，但没有人喜欢大企业、大公司那种盛气凌人的样子，所以很多时候我们要充分利用个人魅力来根据环境调整谈判气氛，从而掌控局势。

如果你感觉到谈判气氛对谈判产生了障碍，那就回到你个人身上，利用你个人的魅力和影响力，让对方对你个人产生认同，从而做出有利于你的决定和承诺。个人魅力越大，谈判双方之间的谈判气氛越好，谈判双方保持忍耐力的程度也就越强。双方的相似性越多，越有利于促进双方谈判气氛的融洽。因此，我们应从各方面提高自身魅力，争取给对方留下一个良好的印象，这样有利于谈判气氛的融洽。

在实际谈判中，幽默会使人更有魅力。如果你感到你的优势不明显，或者局势对你不利，或者气氛比较紧张的时候，千万别忘记了运用幽默的沟通方式。

这样的例子比比皆是。

美国前总统里根到加拿大访问时，双方的会谈受到室外反美抗议示威的干扰。加拿大前总理皮埃尔·特鲁多感到十分尴尬和不安。此时，里根却幽默地说："这种情况在美国时有发生，我想这些人一定是特意从美国来到贵国的，他们想让我有一种宾至如归的感觉。"几句话使得在场的人都轻松下来。

幽默对缓和谈判双方的僵局也是十分有效的。

卡普尔曾经担任过美国电话电报公司（AT&T）的最高行政领导。在任职期间，他有一次主持股东会议，会上人们对他有许多质问、批评和抱怨，会议气氛颇为紧张。其中有一个女董事不断质问，说公司在福利方面的投入太少了。这位女董事质问道："在过去的一年中，公司用于福利方面的钱有多少？"她认为应该多花些钱。当她听说只有几百万美元时，说："我真要晕倒了。"卡普尔诙谐地回答："我看那样倒好。"会场上爆发出一阵难得的笑声，气氛也随之缓和了下来。

【精彩案例9-3】史上最有魅力的谈判高手：空客的雷义

空中客车公司（简称"空客"）的销售主管雷义（John Leahy）可以算得上是史上最牛的谈判高手。他的东西卖得贵，卖得多，连同行都害怕他，却备受客户尊敬。空客的竞争对手经常会问自己："雷义在哪里？"他们会试图确定这位空客的超级销售员当下所在的地方，以及接下来他会与哪家航空公司进行谈判。

雷义有一句名言："卖产品就是卖自己。"

他的意思是，谈判常胜的人，一定是精力最饱满、最有魅力的人。没人愿意和一个看起来半死不活、一无所知，甚至看起来还没睡醒的人谈生意，做交易。雷义熟知空客机型以及竞争对手机型所有的相关数据，机智而聪明，喜欢演讲时脸上挂满了开心的笑容，并快速地说出空客在与其来自"西雅图的朋友们"的竞争中所取得的所有成功。他看起来信心十足，对胜利确信无疑。雷义其实是一个非常害羞而又谦虚的人，他同时又雄心勃勃，严于律己。

因为工作，雷义一年有200多天都在世界各地出差。为了保持精力充沛，他从不喝酒，吃饭也是以清淡为主，每天坚持健身一小时。每次下飞机后，他不会直接去见客户，而是先做20分钟有氧运动。由于自律，雷义一直保持着非常好的精神状态，客户们都说，每次雷义出现在他们面前都是神采奕奕，举手投足很有感染力，很容易就会被他的话所感染。

所以，虽然他推销的东西是世界上最贵的商品之一——飞机，平均每架售价8000万美元，约合人民币5.2亿元。但过去23年，他为空客卖出了1.6万架飞机，平均每天卖出2架。空客的对手是鼎鼎大名的波音，前后换了8名销售总监和雷义竞争，但没一个能赢他。《华尔街日报》称雷义为"活着的奇迹"，在位期间个人至少为公司挣钱超过1万亿美元。

纽约飞行俱乐部给他颁发杰出成就奖，相当于航空业的奥斯卡奖。

当他快要退休的时候，阿联酋航空一口气向他订购了30架每架2.4亿美元的飞机，只为"给他送一份退休礼物"！

他是一个当之无愧的充满人格魅力的谈判高手。

（二）虚张声势

相信大家在谈判中或多或少都有过这样的经历，和供应商说："其实这样的产品我们已经找过很多家了，你们家不是最贵的也差不多快变成最贵的了。"如果你说这个话的时候，语气坚定、神态自信，就会对供应商形成极大的压力。

也许你是在虚张声势，但是谁知道呢。市场上竞争激烈，难保你没有找到更好的。

当然，我们在谈判中也会碰到很多"大人物"，总是会说他上头有人，他跟谁谁很熟。特别是有些销售，会悄悄跟你说："你知道吗？昨天我刚和你们的领导吃过饭，打过招呼了。放心吧，一切都有数。"你去供应商那儿参观，你也许会看到很多公司老总和许多公司高管、各级政府领导合影留念的照片，让你感觉他好厉害的样子。可能你的心里就犯嘀咕了，也不知道那些是真的假的。所有这些，有可能都是供应商在虚张声势，我们要特别注意。

《三国演义》中，虚张声势最有名的莫过于张飞大战长坂坡。当时，糜夫人和刘禅被曹军围困，糜夫人投井自尽，赵云护送刘禅逃回。张飞仅率二十多骑负责在长坂桥断后，阻挡曹军。在长板桥上，张飞凭借其粗中带细的性格，先派人把柳条系在马尾巴上，在桥后来回奔跑，掀起漫天灰尘，貌似千军万马在集结。然后，张飞骑马立在桥前，露出愤怒的眼神，横握长矛，大声吼道："吾乃燕人张翼德也，谁敢与我决一死战！"曹军无一人敢前进，夏侯杰还被张飞大喝惊吓，坠马而亡。刘备集团这才因此得免于难。

不过，大家需要明白的是，这招管用的本质，是因为它调动了潜在的最佳替代方案，让对方不得不有所顾忌。

不管我们如何"虚张声势"，都要深刻地理解这一点，不然可能会给我们带来一些问题。如果只是一锤子买卖，也还好说，如果是我们采购日常的长期合作伙伴，老是"虚张声势"会对你的声誉造成影响，从而伤害双方的合作关系。

这里的关键还是要对自己的最优替代方案有深刻的理解。像上面提到的张飞，在曹操退兵之后，立马断桥撤退。这一举动坏了大事，反而明确地告诉曹操，张飞在虚张声势，现在胆怯了，根本没有大军和埋伏，因此迅速掉头，追赶过来。要不是关云长半路杀出，结果还难以预料。

【精彩案例9-4】物流公司虚张声势，迅速搞定棘手问题

物流公司的A几个月前遇到一件十分麻烦的事情。

物流公司第三个仓库的竣工日期意外延期了，从而导致客户的产品及新生产的产品无处存放。这时，物流公司想暂时租用另外一个场地，于是联络了一家地产中介帮忙寻找合适的仓库。

当时物流公司心急如焚，根本没有任何退路。因为它们需要的是一个非常特殊的仓库：

- 要有非常高的天花板。
- 离物流公司不能太远，运输时间最好控制在10～15分钟。
- 能立即搬过去。

当然A心里非常清楚，因为情况紧急，只要能同时满足以上三个条件，无论对方提出多高的条件，公司都可能答应。

这场谈判从地产中介电话开始。A先跟地产中介说了以上三个要求，然后说愿意按现行的租金价格来支付租金，当时预估每平方米大约20元，但对方回复，在物流公司附近很难找到这个价格的仓库。物流公司电话中这样回答对方："我们还在找其他中介帮忙看看有没有合适的仓库，当然我们更愿意在这附近找。但如果价格和条件太离谱的话，我们也会

考虑去其他地方。"

事实上物流公司并没有去找其他的中介公司，只不过是虚张声势而已。因为时间和区域的限制，除非价格太离谱才有可能放弃周边的仓库。

几天后地产中介约 A 一起去看一个仓库。A 非常满意这个仓库，因此就价格和条件开始了谈判。地产中介提出了两个条件：价格每平方米 40 元；签约时间 5 年。

"怎么这么贵！我们已经了解过了，这周边的仓库价格最多也就每平方米 15 元。"A 非常生气地喊道。虽然他们在意的不是价格而是签约时间，表面上却非常认真地把谈判的所有力量都全部集中在价格上，让对方觉得谈判的问题就是出在价格上面。

在接下来的时间，双方的争议全部都集中在价格上。最终，地产中介提出，每平方米 25 元的价格是底线，这个价格不能再让了，此时 A 顺水推舟地说："那好吧，如果我们接受这个价格，那么我们只签一年的合同，可以吗？"

最终，物流公司以较好的价格以及一年的合约时间顺利地解决了目前棘手的问题。

（三）永远不要接受第一次报价

永远不要接受第一次报价，这是一个非常简单的谈判技巧，也是一种容易摆出的个人气势。

可是很多人在谈判的过程中都不会想起这一点。很多人可能担心拒绝别人的报价会产生两个后果：忽略对方的好心报价导致双方关系受损；或者不立即接受当前报价可能会丧失眼前的机会，尤其是觉得这个报价比自己认为的还低时，特别容易一口答应。千万不要先入为主地这样认为。

其实你一口答应通常会带来两个后果：别人可能觉得报少了或者觉得肯定哪里出了问题。

想想你去买衣服的经历。别人报了一个价，然后你狠狠心，本着对半砍的原则还了一个价，结果人家一口答应。你顿时惊慌失措，摸摸胸口，有没有感觉到心有点儿疼？你肯定后悔还少了，而且开始怀疑这衣服是不是有质量问题，甚至有点不想要了。即使买回去了，十有八九也会反复检查，看看有没有问题，生怕上当受骗。

所以，永远不要接受第一次报价，这样做既是为了让对方感觉他没有因报低价而后悔，也能极大地增强你谈判的气势，对方可能会在你的气势下惊慌失措，提出另一个让你目瞪口呆的报价。这时，该轮到你不要过于吃惊了，要保持你的气势，不放松警惕，将谈判进行下去。

【精彩案例 9-5】悔不该一口答应供应商的报价

一家工厂的采购，准备与一家刀具制造商的销售代表谈判。以前供应商的老旧设备出了问题，一时半会不能提供合格的刀具了，他们迫切需要从这家新供应商处购买刀具。经过快速评估，加上以前的经验积累和当前的样刀测试，他们发现这家是能在市场上唯一找到符合采购方所有条件的供应商，毕竟他们对于刀具的技术要求非常高，不是一般刀具厂商能够做到的。不仅如此，这家新供应商的技术水平比以前的供应商看起来还领先不少。

刀具的损耗很快，对产品的质量有着很大的影响，因此，价格本身显得就不是那么重要，何况在这种情况下。以前的供应商的供货价是每片2100元。据此，采购希望能把价格降到每片2000元以内，底线是能维持原价。但是他又有点不好意思，也不知道到底该出多少钱，就让新供应商报价。新供应商上来给出了每片1800元的报价，并等着他的砍价。哪知道这个采购见状，惊喜万分，生怕有所变化就立刻答应了下来，并很快签订了购货合同。

正在他洋洋得意的时候，知道此事的同事却责备他太着急了，至少应该再砍对方一刀。对方的销售代表后来碰到他，说他其实知道采购方原来的价格，他们能比原来的供应商便宜只是因为原来的供应商技术落后，成本太高。不过，为了长远合作，他们其实也没有多报，利润非常有限，因此非常感谢这位采购没有继续压价，让他的日子好过了不少。

这让这位采购很受伤，也很自责，认为自己的工作没有做好，不应该这么容易就接受对方的第一次报价。

自我测试 9-2 解析

因为一个项目你到苏州去拜访一家供应商。等你到了他们公司大厅时，供应商王总已经西装革履地在那儿等你了。你不禁脱口而出："没有必要这么正式吧！"话音没落，你低头看了看自己落满灰的皮鞋，顿时有点不好意思了。王总先把你带进了他们闪闪发光的展厅，映入你眼帘的是各种各样关于王总的照片：有和各级政府领导人合影的照片；有和外国客户合影的照片；有在车间忙碌视察的照片；有出席各种大会的照片；有领取各种奖项的照片，比如优秀企业家等。这时，你觉得王总：

A. 非常厉害，你佩服得不行。（你看到的这些都不能够证明这家供应商非常厉害，更不能代表他们的产品很厉害，这些"道具"如果他们稍微用心一点都是可以"做"出来的。你可千万不能受此影响，一开始就被表面的现象蒙蔽了。）

B. 天天忙这些事情，业务实力行不行啊。（你的怀疑完全是合理的。很多供应商业务能力不行，产品质量不怎么样，为了让他们看起来很有实力，就四处出席各种会议，逮着机会就和各种领导和有影响力的人合影，说得严重一点，纯粹属于拉大旗做虎皮。如果你来自一个很有名的公司，职位也不低，去对方公司参观的时候，小心被合影，因为你也有可能变成对方的"道具"。）

C. 是不是在吹牛啊。（你眼睛看到的未必都是真实的，一定要多个心眼，仔细观察，认真判断。）

三、地位权势

谈判的时候，你是想和销售员谈还是和销售总监谈，或者是想和对方的律师或专家谈呢？

【自我测试9-3】

有家公司的销售来拜访你。大家来到会议室后，开始互相介绍，交换名片。你拿出了自己"采购员"的名片，接过对方印着烫金的"销售总监"的名片，这时你会想：

A.销售总监啊，那一定很厉害

B.销售总监啊，见得多了，无所谓，该干什么干什么

C.销售总监啊，权力到底有多大呢

（一）职务头衔

大家往往看到的是，采购拿出小小的采购专员名片，总是会碰到无数的销售经理、销售总监、大客户经理甚至总经理。相比之下，还没有开始谈判呢，气势似乎都弱了一大截。

为什么会这样呢？

这主要是职务带来的影响力。企业职务，通俗来讲，就是头衔，能够集中展现你的经验、专业和公司地位，增加你的信誉，自然会对谈判带来影响。如果你有一个好的头衔，一定要抓住这个优势，印在你的名片上。在现今的企业活动中，大家都会觉得，副总裁比总监更有影响力，总监又比经理有更大的权限。

不同的职位、头衔有不同的影响力，这里的头衔，不仅指你自己的头衔，还包括你下面的同事、你的主管甚至公司总经理等与你在同一条战线上的人的头衔。如果你的头衔一般，也可以借助自己老板的头衔来给对方施加压力或吸引力。当然，前期需要与老板等相关人员进行沟通，获得他们的支持。

不过，虽然头衔肯定会对人产生一定的影响力，但是大家也要明白，有些头衔并不能说明什么问题，可能只是个符号，有些头衔也没有你想象中那么大的影响力。我们要利用头衔的影响力，关键是头衔带来的影响力，而不是头衔本身。比如，很多小公司的老板明白这个道理，就会任命一大堆各种总监，实际上只是处理一些日常事务，在公司的影响力也并不大。

相反，我们很多采购的头衔并不高，只是一个普普通通的采购员，但是没有几个老总会忽略这个职务带来的影响力。

很多时候，采购是采购决策参与环中非常关键的一环，我们不仅要自己明白这一点，更要让供应商明白这一点。

当然，下面这种状况，我们也要了解。

估计你见过很多名片正反两面都印不下他的所有头衔的人，但是也会见到有些人的名片上没有任何职务，或者实际上是老板，却只印一个销售经理的人。

一般情况下有两个原因：一个比较特别的原因是，有少数公司不希望具体的某个人对业务产生很大的影响，希望客户依靠的是公司，而不是跟客户打交道的人；还有一个原因是，有些老总比较低调，其实职务比较高，反而用一个比较低的头衔，希望借此拉近双方的距离，用另外一种方式对对方产生影响。

对采购来说，我们要能够通过对方谈判人员的头衔，来判断对方对这次谈判的重视程度，也就是谈判成功对他们的重要性。同时也要通过这些职务头衔，来了解来跟你谈判的人是不是最终做决定的那个人，然后灵活调整运用我们的谈判技巧。

不要被对方的头衔吓到，对采购来说，同样是尤为重要的。记住我们反复讲到的，你是在跟谈判对象的认知在谈判，并不是跟他们的职务头衔在谈判。如果真碰到了头衔远高于自己的谈判对象，那么甲方心态在这里就显得尤为重要，把注意力放在谈判目标上，同时也要善于借助前面所讲的企业优势来强化自己的个人气势。

【精彩案例 9-6】"假总经理"搞定真客户

上海一家公司新来的销售找到一个安徽的客户，前前后后谈了多次，基本上谈得差不多了。这时，对方的老总提出一个请求，希望上海这家公司的总经理能过来一趟，谈谈未来的合作，也指定了具体的日期。这个销售一口应承下来，马上回去和总经理汇报，安排时间。

不料，那个时间总经理已经有安排了，要去国外出差，没办法前往安徽，往后安排时间的话可能要两个月后了。这个销售非常着急，他可不想给对方的老总造成不好的印象导致生意泡汤。冥思苦想之下，他想起公司内部有一个老工人，和总经理长得比较像，也是上海本地人，腔调十足，关键也能说会道。于是，他自作主张，说服这个老工人冒充总经理，然后帮他置办好行头，拿着原来总经理的名片，和他一起奔赴安徽，参加会议。

对方的老总拿着这位"总经理"的名片，和这个上海老工人相谈甚欢，生意自然也就搞定了。

不过，我们不是很赞成这种方法，如果是长期合作更是会造成严重的伤害，但是相信大家能从中看出头衔对人的影响力。

（二）技术权威

现今社会分工越来越细，知识更新换代也越来越快。但是，对于技术权威、专业人才的敬畏和尊重一如既往，专业力量的影响力其实还在逐渐增大。拥有这些力量的人，我们称之为"专家"。

所谓专家，是指在学术、技艺等方面有专门技能或专业知识的人，特别是在某一学科或某项技艺上有较高造诣的专业人士。在谈判过程中找到让对手认可的专家，也是找到了赢得谈判的筹码。

专家的专业能力，体现在各个方面，比如律师、程序员、机械工程师等。研究某个行业或东西长达数十年的人，比如管理学博士、天文系教授，一般的人碰到之后会立即产生一种敬畏感，会自然而然地尊重他们。有些行业和职务，如果有社会行业协会的认证和背书，比如中国采购商学院的"中国好采购"案例大赛冠军、各个知名培训机构的培训证书，也会对人产生这方面的影响力。

因此，只要有可能，你要在谈判之初就让别人知道你是某方面的专才，要透露出你的强大背景和某方面别人难以企及的能力。你这样做了以后，别人很有可能被你镇住，甚至完全放弃争论，按你的要求去做。

如果碰巧你不是这方面的专家，但是专业知识在谈判中又非常重要的话，你要做的就是快速学习，掌握这方面的基础专业知识。如果你这也没有办法做到，谈判中真碰到你不懂的专业，你最好保持沉默，不要随便发言，或者不说没有把握的话。

一般而言，在谈判中体现专业优势的关键是，你知道在什么时候应该发问，什么时候应该沉默，也明白别人的回答是否正确，这样对方说什么都得思量一番。在谈判过程中，专家的建议容易被双方采用。如果你不是专家，也没有办法快速变成半个专家，那么在谈判过程中能请到专家来帮忙也是谈判成功的关键手段之一。

反过来说，在我们日常的采购业务中，进行真正的商务谈判时，我们要尽量避免和对方的专家进行谈判，比如律师、工程师等。

这里有一个小技巧，可以在谈判的时候灵活使用。针对每个具体谈判的项目，我们可以快速研究一下其中的专业术语，然后在谈判中跟对方讲，如果能用对方的母语讲术语，那是最好不过了。如果你能够在谈判的时候说出一大串专业上通用的英文缩写术语，对方自然就会认为你对这方面的专业知识非常了解，也就不敢随便唬你了。

假如对方非常专业，你也不是毫无办法。毕竟我们是采购，人家有求于我们才会来和我们谈判。你可以时不时打断别人的发言，反复要求对方的专家用通俗的语言、用外行话解释，直到你明白为止。很多时候，对于专家而言，这是一个莫大的打击，也是一件很让人泄气的事情，而你在气势上说不定可以略胜一筹。

但是，切记，千万不要不懂装懂。谁也不傻，特别是在专家面前。

【精彩案例 9-7】靠专家的帮助赢得谈判

十多年前，小曹还是一个刚毕业不久的小销售，一直幻想着谈成人生中的第一笔大生意。

机遇来了。一天，小曹遇到了一个大客户，需要的产品碰巧是他负责销售的某一款产品，但是对方一点儿也不认可小曹的能力，一直提出各种刁钻的专业问题。在对方眼里，小曹只是一个初出茅庐的小子，什么也不懂。因此，这个客户提出了很多苛刻的条件，不满足的话都不愿意进一步谈下去了。

小曹意识到这一点后，跟对方说："其实有一个非常资深的专家是我的合作伙伴，但是很抱歉，他今天有事不能来，我把您提的条件跟他讲了，他觉得不能同意您提出的条件。"小曹说完后，就不再说话，静静地等待对方的回复。不一会儿，客户就对小曹说："好吧，既然这样，等我回去考虑一下。"当时小曹感觉对方并不是特别信任他，也不可能立即给出他想要的回复。但是，小曹也不愿放弃这次难得的机会，就和对方约定第二天继续商谈。

为了争取这次难得的订单，小曹通过朋友的帮忙，终于找到一位这个行业的专家陪同他一起去谈判。在第二天的谈判过程中，这个专家坐在小曹的旁边，在谈判关键时刻针对小曹销售的产品给出了非常专业的建议，打动了那个客户，双方很快就协议部分达成了共识。

最后，那个客户同意将订单下给小曹。小曹也终于完成了他人生的第一笔大生意。

自我测试 9-3 解析

有家公司的销售来拜访你。大家来到会议室后，开始互相介绍，交换名片。你拿出了自己"采购员"的名片，接过对方印着烫金的"销售总监"的名片，这时你会想：

A. 销售总监啊，那一定很厉害。（**销售总监，自然比较厉害，但**

是千万不要露出怯意,感觉对方比自己高了一级,要不卑不亢。关键是要在沟通中了解对方具体负责的范围和实际的权力大小来做出自己的判断。有可能对方只是个销售经理,却挂了一个总监的头衔而已。你若受此影响,就说明对方的名片印对了。)

B.销售总监啊,见得多了,无所谓,该干什么干什么。(如果你这么想,说明你已经见过很多大世面。真也好,假也罢,你都不会受到这个头衔的影响。你会关注真正的问题,去和对方沟通交流。)

C.销售总监啊,权力到底有多大呢?(如果你这么想,说明你的谈判经验已经非常丰富。头衔不是关键,关键是他负责的范围大小和实际的权力,这些才是对谈判产生实质影响的重要因素。)

四、时移势易

时势造英雄,英雄亦造时势。英雄要能明白时移势易,做到审时度势。

《孙子兵法》曰:善战者求之于势。时势,可以理解为当时的形势、情势、态势以及不久将来的趋势。在采购谈判中,我们要利用时势的变化或者引起时势的变化,来影响谈判的走向和结果。随着时间的变化,很多事情都会发生变化。

【自我测试9-4】

你在帮公司购买一批应用软件,在和工程师反复比较选择之后,你们选定了一家国际知名的软件公司。这家公司也给你提供了报价,只是对方的销售说已经在标准价格的基础上给你们公司打了九折,不能再降了。你当然不会满意于目前的价格,你希望的成交价是希望对方能打七五折。你和这个销售谈了很久,价格还是没有降下来。两周之后,这个销售突然给你发了一个报价过来,价格打八五折。但是,他用黑体字在报价上面强调，这个报价的有效期只有三天，因为这是跟公司管理层特批过的，以表合作的诚意。过了三天之后，如果还没有决定下单的话，将会把价格恢复到九折。这时，你会：

A. 立即同意这个报价，准备下单

B. 忽略这个三天的期限，告诉对方你们的需求并不急，在八五折的基础上继续和这个销售谈判

C. 告知对方三天时间太短了，请对方延迟报价有效期，你需要和领导协商。

（一）创造时间压力，做出最后通牒

每当人们遇到时间压力时，就会变得更加灵活，很多事情就有了转圜的余地，决定也会做得很快，毕竟形势不允许再耽搁了。各位采购在日常工作中，怕是没少遇到这种情形。是不是觉得很头疼，毫无办法呢？

我们要从心态上学会接受时间压力，就像我们最终要接受死亡一样。很多时候我们没有任何优势，只能接受对方的最后通牒。有时候我们也可以在接受时间压力的形势下，继续有耐心地去和对方谈判，慢慢改变对方的想法。

对我们而言，我们要有效利用时间压力。按照帕累托法则，我们可以发现，很多谈判最初 80% 的让步都是在最后 20% 的时间里完成的。

因此，我们要尽量了解对方的时间期限，然后根据形势，我们甚至可以把时间拖到最后几秒钟，做出最后通牒，让对方做出决定，特别是在还价的时候。

反过来，在谈判中，任何时候都不要透露自己的时间期限。同时要明白，只有自己有更多的选择，有更大的优势时，才能更好地制造时间压力。不然的话，最好给自己留够充足的时间，尽量避免在自己的时间期限临近时和对方谈判。

要注意的是，在实际操作中，**我们不能把自己的期限变成期待，让对方觉得还有时间**！

【精彩案例9-8】运用最后期限，创造时间压力

在谈判中，日本人特别善于运用最后期限，创造时间压力。

德国某大公司应日方邀请去日本进行为期四天的访问，准备洽谈一笔生意，并希望最后能够签订意向协议。双方都很重视这次谈判，德方公司更是派出了由公司总裁带队，包括财务、律师等部门负责人组成的庞大代表团。

代表团抵达日本时，在机场就受到了对方的热烈欢迎。在前往酒店的途中，日方社长询问德方总裁："这次是你们第一次光临日本吧？"总裁说："确实是第一次。我们对日本文化仰慕已久，真希望有机会领略一下日本悠久的文化和风土人情。只是，非常遗憾，我们已经订了星期五返程机票，没有多余的时间安排其他活动，有机会下次再看了。"

日方知道这个情况后，巧妙地在每日短暂的会议之后，把大部分时间都花在了外出吃饭，招待德方。吃饭的地点基本都在城市中心和著名景点附近，所以吃完饭后就很自然地提出顺便带他们去那里参观，反正都在附近了。德方代表团一开始很兴奋，自然应允。后面两天也是如此，德方虽然有点着急，不想去了，却又不好意思拒绝对方的好意。

一直拖到星期四，实在没有办法了，在德方的强烈要求之下，双方才开始进入正式的谈判，午餐、晚餐也变成了快餐。此时，日方又搬出了堆积如山的资料，"诚心诚意"地向德方提供所有信息，"诚惶诚恐"地提出各种问题。尽管德方代表团每个人都竭尽全力地工作，商讨协议，尽量避免对自己不利的条款，但还有大约5%的合同条款无法谈妥，就已经到了签约时间。

德方进退维谷，签不成协议，如此高规格、大规模的代表团兴师动众地来到日本，最后却空手而归，不仅会名誉扫地，回去也无法交差；就这样妥协签约，却又十分不甘，也不是德国人的做事风格，毕竟还有

许多条款尚未仔细推敲，存在很多隐患。

思来想去，万般无奈之下，德方代表团只好选择了后者，匆忙签订了协议。

（二）利用拖延战术，等待形势变化

在谈判中，拖延是一种比较常见的做法。很多时候，当谈判陷入僵局，不知道怎么处理的时候，谈判的一方就开始没有任何理由地拖延起来。拖延的借口说起来是五花八门，比如时间还早、老板出差了、技术问题还要再确认等。

拖延很多时候算是一种残酷的拒绝，但这种战术有时候非常有效。

作为采购，我们在谈判中要善于使用拖延战术为我们的谈判目的服务。我们可以主动拉长谈判的时间，利用其中的间隙继续收集各种信息，观察各方面的变化，特别是市场行情的变化，如汇率、市场价格等。因为各种情况的变化，可能造成谈判形势的变化，一旦有利于我方，就要迅速行动，反之亦然。

我们要善于拖延，但不要变成了拖拉，更不能消极等待。

有时候，销售也会对我们使用拖延战术。比如，各种要求的回复比较慢，价格一直说要调整，也正在找高层做特别申请，却一直没有任何结果，弄得我们非常恼火。这个时候一定要冷静，不要冲动，说不定这就是对方想要的结果，故意拖延来给你施压，激怒你，特别是在你有时间压力，想赶快把这个项目结束的时候。毕竟，人的意志就像一块钢板，在一定的重压下，最初可能还会保持原状，但随着时间的慢慢流逝，再硬的钢板也会逐渐弯下来。

有一个比较有名的案例。

1986年，日本一个客户与我国东北某省外贸公司洽谈毛皮生意。日本客户对产品非常满意，就是价格一直没有谈拢，但是他们也不着急，就一直拖着。转眼两个多月过去了，原来就一直兴旺的国际毛皮市场里

堆满了从世界各地蜂拥而来的各种毛皮。自然地，价格开始出现暴跌的趋势。直到这个时候，这个日本客户才开始真正地和这家外贸公司进行谈判，最终以很低的价格收购了他们的大部分毛皮，大赚了一笔。

（三）造成沉没成本，为形势所累

设想一下，你跑到一个手机专卖店，看中了一款手机，标价2599元，你直接把店员找过来说："帅哥，我想买这款手机，1999元卖不，不卖我就走了。"当你转身离去时，你觉得店员有多大概率会追上你呢？我想大概率是不会的。因为他没有投入任何的时间和精力，还不清楚你到底想干什么，也没来得及想清楚怎么应对，你就已经转身离开了。

谈判的放弃率和双方投入的精力是负相关的。面对已经付出的成本，大多数人往往会表现得不够理性，害怕浪费已投入的资源，憎恶损失，无法果断舍弃，我们可以很好地利用这一点。进行任何谈判，有耕耘才有收获，要想有所收获，就要想办法让对方投入时间和精力，造成不可挽回的沉没成本，最终对方为形势所累，难以放弃，只好接受我们提出的要求。

换句话说，对方之所以付出很多最后还能接受，是因为这一切都是自己辛苦得来的，值得自己做出承诺。谈判越难，遭遇的挑战越多，对方就越看重这份承诺，就越不会轻易放弃谈判。

【精彩案例9-9】让店员失去耐心，你就成功了

又要找工作了，你准备去置办一套西装。上次穿西装记得还是结婚时的事了，不知道现在流行什么款式，也不知道多少钱才够。总之，不能太丢人。

"先生，你准备买西装吗？"当你走进一家服装店时，热情的店员立即迎了上来。

"当然，当然。先随便看看。"你漫不经心地回答，看也没有看她

一眼。

你头脑一片空白。这么多西装，这么多牌子，看起来都不错，这可怎么办？你深吸一口气，决定先了解情况再说，反正你有的是时间。你在这些衣服之间转来转去，一会儿看看衣服标签，检查是什么材质的，好像羊毛的比较贵一些；一会儿问问这套多少钱，有什么折扣；一会儿又叫店员取下一件上装来，穿上照照镜子。不知不觉，已过去三个多小时，你总算有点儿感觉了。店员看你这么认真，一直都没敢离开你的身旁，一会儿要回答你的各种问题，一会儿要帮你取衣服试穿，累得够呛。到了中午，她都有点儿着急了，看起来耐心快要耗尽了。正好，你肚子也叫了起来，便顺势说道："不好，肚子饿了，早上出来还没有吃饭呢。要不我先去吃个饭，顺便想想要买哪一套，下午再过来。"你看到她一脸的不情愿，但也无可奈何地说："那我等你哦。""放心。"你说完就走了。

吃饱之后，你还去喝了杯咖啡，才慢吞吞地回到这家店里，跟那个店员说："嘿，你还记得我吗？我回来了。""当然。"她貌似又有点喜出望外。然后，你告诉她你已经选好了牌子，但是款式和颜色还需要她帮忙参谋参谋。接着，你一连试了十几套西装，终于在她快要崩溃之前，说道："就这套了。"在她终于松下一口气时，"如果你能再便宜200元的话。"你补了一句。她还能说什么呢？"服了你了。"她没好气地说道，代表了她的认可。

她正在给西装包装的时候，你转过头来问："有没有好看的领带呀？送条领带应该没问题吧？"这位美丽的店员当场定在那里，不知道此时此刻她会想到什么：恨自己花了一天时间在这个倒霉的顾客身上，才卖了一套西装；还是心想自己有限的佣金被他谈掉了一大块儿，最后还要送条领带给他；不给好像又不行，万一他不买了，自己这一天的劳动不就全都泡汤了吗？

你心满意足地走了，这个店员有没有在背后骂你就不知道了。不过可以肯定的是，她所做的一切都是因为形势所迫，并非心甘情愿地付出，更不是出于对你的好感。

（四）造成既成事实后再来谈判

很多时候，因为各种原因，你很难和谈判对手达成协议，所有的招儿都用了，还是没有办法。你非常烦躁，甚至想和他正面起冲突，直接施压。这时，你可以去想想其他办法。每个人都不是孤立存在于这个世界上的，都会受到周围人的影响。你可以试试看能不能从他周围的人入手，获取他们的支持和承诺，造成既成事实后，再回来和他谈判，最终达到自己想要的效果。

你这个时候告诉对方，事情已经得到了其他人的支持和承诺，希望对方现在也要这么做。即使他很生气也于事无补，但由于形势所迫，木已成舟，他不得不同意你的要求。

俗话说，求得宽恕总是易于求得允诺。你也只能这么做了。

【精彩案例 9-10】万事俱备，只欠"东风"

经过艰苦的谈判，一家供应商和某家世界 500 强公司的采购小刘初步达成了采购协议。

这家供应商对目前这个项目非常重视，前前后后花了很多时间和人力在上面。如果能和这家世界 500 强公司合作，不仅意味着后面源源不断的订单，更是对他们能力的证明，对以后在市场上拿下其他客户也有莫大的帮助。现在项目就要成功了，虽然在价格上已经做出了很大让步，但供应商还是非常高兴。

这个时候，正好政府要邀请这家供应商去参加一场大型招商活动，可能的话和自己的几个意向客户签订一些协议就再好不过了。这家供应商灵机一动，觉得要创造更大的影响力，索性就和这家世界 500 强公司在现场来一个真正的签字仪式，来宣传自己的公司，而且这可是实实在在的项目啊。

只是现在时间有点紧张，不知道谈判能不能提前完成。于是，这家供应商一方面开始准备签字仪式的各种流程，另一方面开始和小刘沟通，表达了这方面的想法。

其实，供应商不知道的是，小刘这个时候正在为这个项目烦恼呢。供应商各方面都比较配合，就是价格不给力，降了好几次也没有达到公司要求的目标。这下可好，机会来了。

"可以啊。只是这价格你是不是再考虑考虑，我们都要去帮你站台了。"小刘和供应商的老板说道。供应商早就有所准备，一口气降了50万元。小刘有点儿喜出望外，差点想说"那就这样吧"。最后还是忍住了，说道："谢谢你的合作。那就先这样吧，我回去看一下，也和领导汇报一下，约约他的时间。如果有问题的话，我会再联系你。"

时间一天天过去了，很快就到了签字的日子。供应商把签字现场布置得非常隆重，横幅已经挂好，鲜花也摆上了桌子，庆祝的气球围绕在四周，就等小刘和他们领导的到来了。在签字仪式正式开始的一个小时，供应商突然接到小刘的电话，大概意思是，他们经过内部反复激烈的讨论，希望供应商能再将50万元，以满足产品成本的要求。供应商茫然地看了看周边，无奈地答应了。

他们宁愿再付50万元，也不愿意临时取消签字仪式，不然项目飞了不说，也太丢面子了。

当然，小刘他们公司这么做合不合适，不同的人可能会有不同的看法。

自我测试 9-4 解析

你在帮公司购买一批应用软件，在和工程师反复比较选择之后，你们选定了一家国际知名的软件公司。这家公司也给你提供了报价，只是对方的销售说已经在标准价格的基础上给你们公司打了九折，不能再降了。你当然不会满意于目前的价格，你希望的成交价是希望对方能打七五折。你和这个销售谈了很久，价格还是没有降下来。两周之后，这个销售突然给你发了一个报价过来，价格打八五折。但是，他用黑体字在报价上面强调，这个报价的有效期只有三天，因为这是跟公司管理层特批过的，以表合作的诚意。过了三天之后，如果还没有决定下单的话，将会把价格恢复到九折。这时，你会：

A. 立即同意这个报价，准备下单。（**如果你这么做，你就上了对方的当。对方给你设了一个三天的最终期限，就是想给你制造时间压力，让你感觉到，如果不马上接受目前的折扣就会立即造成损失的幻觉。**）

B. 忽略这个三天的期限，告诉对方你们的需求并不急，在八五折的基础上继续和这个销售谈判。（**正确。销售最大的动力就是拿单，很多时候他们用这招只是想逼你接受目前的价格。如果你直接忽略这个时间期限，并不会对你的谈判产生什么实际的影响。**）

C. 告知对方三天时间太短了，请对方延迟报价有效期，你需要和领导协商。（**并非明智之选，不仅告知对方你上当了，还告知对方你没有决定权。同时，你还将谈判的权力和责任转移到领导身上去了，那你的领导会怎么看待你的谈判能力呢？**）

思考题

1. 列举你目前所在公司的企业优势。
2. 如何在谈判中打造个人魅力？
3. 头衔会对谈判产生什么影响？
4. 拖延战术在谈判中有什么缺点吗？

Chapter10
第十章

以理服人

学习目标

1. 了解事实数据对于谈判的帮助。
2. 学会利用规则规定进行谈判。
3. 理解惯例和社会权威对谈判的影响,并且学会如何利用这些影响。
4. 学会利用"公平理论"的谈判技巧。

俗话说,有理走遍天下,无理寸步难行。

讲事实,摆道理。以理服人,事实胜于雄辩。

以势压人不是永远有效的,因为我们不会永远处于有利地位,而且如果总是以势压人,会给人一种不合作的感觉。以理服人会让人更喜欢,不管供应商处于强势还是弱势地位,人们都是喜欢讲道理的。用专业的方法说服人,大家比较容易接受。

一、事实数据

以事实为依据,用数据来说话,应是我们谈判中最重要的原则之一。

【自我测试 10-1】

你一直都是从一家包装厂采购纸箱。一天早上，该厂新来的销售打电话给你，说是你们公司要的那个定制版纸箱从下个月开始停止供货，因为老板说价格实在太便宜了，做了很长时间也没有赚到钱，简直无利可图。这个时候，你会：

A. 直接告诉对方，不要玩这种无聊的把戏
B. 建议重新开始谈判，协商新的价格
C. 立即向其他包装厂询问类似纸箱的价格和供货的可能性
D. 要求对方提供详细的成本分析和期望的价格

以事实和数据为依据，主要是指充分运用事实和数据进行分析，如利用采购额、市场份额、成本和毛利等进行横向和纵向的分析比较。

作为采购人员，在谈判过程中，需要明确并坚持企业的目标和原则。准确掌握对方信息，用事实说话，运用数据分析以及专业的职业素养，是在谈判中占据有利地位的前提。同时，要把各种谈判条件按照优先顺序列出，以便在谈判时随时参考，不至于遗漏。

（一）数据分析

在采购谈判中，价格谈判是非常重要的一环。

价格受到多种因素的影响，每个因素对谈判者来说都不是那么容易攻破的防线。这些因素包括：由于垄断，价格可能不顾市场需求情况而被人为地固定在一个水平上；当需求增长时，供应商总是试图提高价格，尽量触及客户还能忍受的极限；当投标者众多，竞争激烈时，如果有哪家供应商想中标，就会把价格定得足够低，这也是竞争环境中正常的经济行为；供应商总会制定一个税前或税后的销售利润率，或投资利润率目标。

不过，一个经验丰富的采购，如果熟知成本构成，又能举出一系列确凿的、有说服力的成本数字，那么他在和供应商谈判时，一定会处于

有利的位置。但是，成本统计中各方面的数字很多，所以可钻的空子也很多。有时供应商故意夸大原材料的使用量和废品损失，有时过多统计高价格原材料的用量，如此等等，花招儿很多。稍不留神，就会被假的数据所迷惑。

因此，在采购谈判中，一个基本功就是利用数据分析的方法，对市场上的各种价格数据及对收集到的供应商的成本信息进行分析，比如分析上市公司的财务报表。在公司内部，更为实际可行的数据分析行为，是对供应商的历史成交数据进行收集整理，然后从各个维度进行分析，检查是否和目前的报价有差异。如果有差异，进一步分析原因，同时内部讨论能否接受供应商的报价或是需要进行调整，重新制定新的谈判策略。

这些历史数据不仅是指价格，还包括付款条件、保质期、安装、培训、服务甚至保险等。当然，数据分析的前提是，公司对这些信息都有相应的流程和规定进行定期的收集。

一般来说，拿出书面的历史成交分析数据总是很容易说服供应商的，除非他能拿出更加强有力的书面原因来解释差异，比如原材料价格的上涨。不然，我们完全可以要求以历史成交数据为基准或者在数据分析中发现的价格差异进行谈判，从而为公司获得更好的市场价格。

 学霸掉书袋

关于供应商成本分析的详细内容，可以参考宫迅伟等著的《全面采购成本控制》。我们这里简单介绍 VA/VE 价值分析法和总体成本分析法对谈判的影响。

VA/VE 价值分析法

我们购买商品，是买那个物体吗？其实是买它的功能（function），功能又和它的成本（cost）有关。商品的功能（性能）和成本（价格）之间的比例，就是我们都熟知的性价比，也就是所购物品或服务的价值（value），$V=F/C$。大家很容易明白，要想使价值变大，无非是让 F 变大，或者让 C 变小，或者让 F 变大和 C 变小同时发生。**谈判时要牢牢抓住这两个方向，看可以从哪边突破。**因此，详细的价值分析十分有助于谈判。

进一步说，价值分析（value analysis，VA）关注现有产品和系统的管理流程，它协调运营中的全部功能，着眼于生产和销售的整体成本。价值工程（value engineering，VE）关注新产品的功能性需求，应用于生产的设备设施和流程以及组成它的原材料，从而降低成本，但不损失原有功能、质量或可靠性。

我们在准备谈判的时候，把价值分析透彻，把各个环节的功能、成本考虑到位，在谈判中自然能够做到有理有据、游刃有余。

总拥有成本分析法

总拥有成本（total cost of ownership，TCO），是公司经常采用的一种技术评价标准，它的核心思想是，在一定时间范围内所拥有的总体成本，包括初始采购成本、每年运营成本、产品从采购到后期使用、维护的成本。

在某个项目采购的初期，人们对其将来可能要投入的成本尚不清楚，要利用这种方法对所有可能发生成本的环节进行分析。如果我们有多个供应商，应用总体成本分析法就能更方便地对各个环节的成本进行比较，将获得的信息和数据用于谈判。

具体说来，我们可以把总体成本分为以下几类：
- 一次性购入的成本，比如购买设备的成本。
- 一次性投入的额外成本，比如要导入新供应商所花的评估成本。
- 日常使用成本，比如分摊的场地成本、水电等能源消耗成本、维护保养的成本。
- 各种风险成本，比如可能因为质量不达标或者出现严重问题导致的内外部损失。

【精彩案例 10-1】设备折旧费分析

某公司在跟供应商制定长期采购产品的年度价格时，因为数量比较大，就要求供应商按照"实际成本"（should-cost）模型提供详细的成本构成。

在成本构成中，设备折旧费的占比较高。供应商一直强调他们的关键工艺在国内是非常先进的，全国范围内拥有此工艺的设备非常少。此设备是国外进口过来的，还专门从马来西亚雇了一个外籍员工来操作，所以价格就比较高。

在对供应商考察期间，采购就问其生产经理，设备购买了多久，生产经理说大概有10年了，工厂建立时，买的都是很先进的设备，到现在都没有添加过新设备。回来后，采购就让供应商的销售提供财报，果然设备折旧一栏已经是零了。

就这样，因为这个采购了解了对方的成本构成，经过具体分析，辅以实际考察，轻松地就把这部分费用谈下来了。

（二）行业报告

行业报告的内容是商业信息，是竞争情报，具有很强的时效性，一般都是通过国家政府机构及专业信息调研组织的一些最新统计数据及调研数据，根据合作机构专业的研究模型和特定的分析方法，经过行业资深人士的分析和研究，做出的对当前行业、市场的研究分析和预测。行业分析报告的编制撰写一般由企业内部市场部或专业的市场研究公司撰写，市场研究公司在数据采集、资料归类、观点提炼和报告撰写方面具备独特的专业优势。

一份标准的市场研究报告包括行业概况、产业格局、竞争分析、历史、现状、趋势分析等。数据占30%~45%的价值比例，分析研究占50%左右的价值比例，其他占少于10%的价值比例。

作为采购，我们要对某个行业的情况进行整体、综合和深入的了解，行业报告是非常快捷的获取渠道。在谈判中，如果我们表现出对行业很了解，不仅能够提高自信心，同时也能给对方造成压力；我们也可利用报告中的各种数据、事实，挖掘对方的弱势和自己的优势，作为谈判的筹码和手段。

（三）从直觉到推断

科学是发现的工具，直觉是判断的工具。

直觉是人们在生活中经常应用的一种思维方式。小孩亲近或疏远一个人，凭的是直觉；男女"一见钟情"，凭的是直觉；军事将领在紧急情况下下达命令，首先凭直觉；足球运动员临门一脚，更是毫无思考余地，只能凭直觉。日常生活中，素未谋面者相遇，往往会觉得对方心胸开阔或城府深不可测，一般都是凭直觉。

科学发现和科技发明是人类最客观、最严谨的活动之一。但是，诺贝尔奖获得者、著名物理学家玻恩却说："实验物理的全部伟大发现，都是来源于一些人的'直觉'假设推断。"有些生物学家解释说，所谓感觉，特别是直觉，其实是经过了人类成千上万年演化后千锤百炼形成的算法，目的是帮助我们快速地做出正确决定，在残酷的自然环境中生存下来。当然，我们的直觉不一定总是正确的，但是已经比大多数其他分析更为可靠。

因此，我们应该聆听、相信自己的直觉。很多情况下，我们会基于对未来、市场和价格的分析，对买卖双方力量的分析等，做出许多非常富有逻辑的推断，甚至想利用这些来说服对方。如果这时你的直觉告诉你，好像哪里出了问题，那么你就一定要当心了。要怎么办才好呢？前面的推断都出了问题吗？是不是哪里遗漏了什么？

小心地思考，把你的直觉变成富有逻辑的推断，说服了你自己，才能用同样的逻辑去说服对方。

【精彩案例10-2】真的要取消合同吗

某公司有一款定制的产品，需要从国外进口。在这款产品上它们有一个长期合作的供应商，过往一直合作都不错，但是今年却因为市场变化，有几个订单出现了不同程度的延期发货，因此双方在沟通上出现了一些小摩擦。

这次又有一个订单,刚下单没多久,终端客户(公司的直接客户)就要求把海运改为空运。采购的同事赶紧联系供应商做了更改。在还有30天要出货时,终端客户又突然说交期不急了,可以重新改回海运。采购的同事又赶紧联系供应商,供应商方面答复说:"根据公司的规定,出货前40天是不可以改变交货方式的,所以现在没法改了。"采购将此信息反馈给了自己公司的销售,销售与终端客户多次交涉后,终端客户还是坚持海运,毕竟空运的花费还是非常大的。

采购只好又去找供应商协商,但供应商的态度比较恶劣:"要么空运,要么就取消合同。"采购非常着急,就找到了自己的领导。领导听了情况后,就说了一句:"先放一放吧,不用急着回复供应商。"采购说:"难道不管了吗?""放心吧,没事的,相信我的直觉。"他的领导安慰他。

果然,半个月后,供应商急着联系采购确定后续的出货事宜。在这个案例中,产品是定制的,所以供应商的目的肯定不是取消合同,取消合同会给供应商造成很大的损失。供应商不愿改变装运方式,就是因为近期已有订单出现不同程度的延期,他担心此单也会延期,供应商不想因为延期造成库存,他只是在试探。如果当时采购顺着供应商的思路去解决取消订单的事情,那么谈判的结果很可能就是不取消合同,改为海运,但改为海运的同时,很可能需要加入一些限制条件,比如必须在什么时间装运等。

自我测试 10-1 解析

你一直都是从一家包装厂采购纸箱。一天早上,该厂新来的销售打电话给你,说是你们公司要的那个定制版纸箱从下个月开始停止供货,因为老板说价格实在太便宜了,做了很长时间也没有赚到钱,简直无利可图。这个时候,你会:

A. 直接告诉对方,不要玩这种无聊的把戏。(**这么说比较粗鲁,也不能显示你比较聪明,一眼就看出了对方的心思。你认为对方找这种不能供货的借口,是想和你谈涨价的事情,所以你不接招儿。可**

是，这样做对事情有什么帮助呢？只可能让事情越来越糟糕。供应商已经出现问题了，你没有提前发现问题，也没有任何准备，现在又把路堵死了，对情况进一步恶化也不打算做任何准备，你想干什么呢？）

B. 建议重新开始谈判，协商新的价格。（错误。你这么快就上了人家的当。即使你真的需要这些纸箱，也不用这么快就接招，从而失去谈判的主动权。）

C. 立即向其他包装厂询问类似纸箱的价格和供货的可能性。（你不觉得这样有点太晚了吗？如果你一时半会儿拿不到这些信息，你怎么办？乖乖按照对方的要求做吗？你这么做说明你还知道一些应对危机的办法，虽然知道如何利用他的竞争对手，但是你要把这些事情做在前面，或者至少在事情没有发生时就要做好，这样你才能有备无患。当然，这需要你对供应商和整体市场的供应情况非常了解，能够预见这种情况的发生。）

D. 要求对方提供详细的成本分析和期望的价格。（这是当前情况下比较正确的做法。在行动之前先把事实数据弄清楚总是没错的，我们可以根据对方的反应来找出真正的问题所在。与此同时，我们要立即开展选项 C 所说的行动，然后把所有收集到的信息进行比较分析，从而制定合适的谈判策略。）

二、规则规定

人们都不愿意做一个破坏规则规定的人，也从心里面认为规则规定很难被打破。但是，规则规定真的不能打破吗？如何利用规则规定给自己筑起一道防线呢？

【自我测试 10-2】

你正在和一个韩国供应商谈付款条件的事情。按照公司最新的规定，所有供应商都要接受 120 天的付款周期，而不是原来的 30 天。这家韩国供应商非常生气地说:"我们韩国的法律规定了,最多只能接受60天的付款周期。这一点没有什么好谈判的,也没有任何可以商量的余地。"你接受这家韩国供应商的说法吗?

A. 接受

B. 不接受

规则规定,或者说准则,是关于某项决定合理性的一个参照点、惯例或政策,也可以是以前通行的某种保证、常用规则,甚至可以是谈判中双方都同意的一种做法。人们往往会被动地接受既定事实,不愿意节外生枝,制造异常,也不愿更改一条既定路线,更不会说别人成功的例子是错的,这是因为我们习惯遵从原有的规章制度。

(一) 客观标准

客观标准是指独立于各方意志,被社会公认为合乎情理和切实可用的准则。这些准则可以表现为法律规定、通则、商业惯例、行业标准、科学的计算方式、公认的评估方法以及第三方鉴定等。

谈判中也可遵循双方提出的客观标准。在谈判中,当双方就某一问题争执不下、互不让步时,使用双方认可的客观标准就能起到非常重要的作用。这也是比较公平公正的做法,比较容易被双方接受。

有时候不知不觉创造新的大家认可的"标准",起到的作用也是一样的。比如,销售经常说,给所有客户的条件都一样。这是因为,人们在需要别人帮忙的时候,要是能给一个理由,成功的概率就会变大,大家觉得这样才公平,这是和动物类似的自动反应模式。

在谈判中,我们需要供应商在某一条款上让步,或者要求他们满足某个条件时,如果解释这么做的理由,往往能够谈判成功。站在供应商的立场,特别是各个销售经理的立场,他们做出让步的话,有一个理由也好回去和老板解释或是交差。

要给别人一个让步的理由!

【精彩案例 10-3】建立客观标准，助力谈判成功

三一重工与德国普茨迈斯特展开收购谈判。

成立于 1958 年的普茨迈斯特有限公司是一家拥有全球销售网络的集团公司，总部设在德国斯图加特。1968 年，普茨迈斯特开始大规模生产混凝土泵车，并拓展出丰富的产品种类，被人们称为混凝土机械行业的"隐形冠军"。普茨迈斯特的混凝土泵车从 20 世纪 70 年代初开始畅销全球，该公司也逐渐成为世界混凝土输送设备市场的领袖企业，无论是市场占有率、区域覆盖、技术领先性还是产品覆盖等，普茨迈斯特都处在世界同行的前列。相关数据显示，普茨迈斯特的全球市场占有率长期在40% 左右，而且 90% 以上的销售收入来自海外，海外市场遍布全球 110多个国家。截至 2011 年，该公司共有 3000 多名员工，实现销售收入 5.7亿欧元。

20 世纪 70 年代，普茨迈斯特通过中国香港代理将产品引入中国内地市场。在 20 世纪 90 年代中期，以普茨迈斯特等泵车品牌为代表的进口产品占据了中国混凝土机械市场的绝对优势。但是，其高昂的价格让人却步，加之混凝土泵车的需求量小，普茨迈斯特在中国发展的步子相对较慢。直到 1995 年年底，普茨迈斯特终于在上海松江建立了它的全球第三家生产厂，表明其对迅速增长的中国市场非常重视。但与此同时，中国本土泵车厂商的实力迅速增长，尽管普茨迈斯特在中国的销售额在随后几年不断增长，但是市场占有率增长较为困难。

三一重工是中国最大的工程机械制造商和全球第六大工程机械制造企业，当时在全球 150 个国家拥有 7 万多名员工，2010 年销售收入超过500 亿元人民币。如果本次合并谈判成功的话，普茨迈斯特将得到三一重工资金上的保证，而三一重工将获得代表顶尖技术的"德国制造"产品标签，以及普茨迈斯特在中国以外的全球销售网络。

在三一重工董事长梁稳根即将赴法兰克福签约之前，普茨迈斯特创始人施勒希特突然发来一份文件，提出四个问题：

- 你们是否诚实可信？
- 此次交易对所有参与人来说是否公平？
- 谈判的成功是否足以增进双方的友谊？
- 此次交易能否提升所有参与人的福利？

施勒希特要求梁稳根确认并回答这四个问题，并表示如果中方不能对这四个问题给予明确回复，就取消进一步的谈判。

梁稳根立即召开了谈判团队会议，对所要签署的协议进行研究，对普茨迈斯特进行估价的依据和方式以及对己方核算的财务报表进行认真核对，也对违约金数额以及对收购后保持员工稳定和维持福利待遇进行了合理安排，最终双方于2012年1月29日在德国共同宣布，两家公司已达成正式协议，完成合并。

普茨迈斯特通过"四问题扫描"的方式，试图给双方的谈判建立一个客观标准，这个标准就是双方必须诚信、公平、形成长期关系并给参与人带来福利。普茨迈斯特创始人施勒希特在即将签署正式协议前用"四问题扫描"抛出最后通牒，给三一重工董事长梁稳根施加压力。三一重工也对这样的客观标准冷静地做出判断，采取了真实、科学的评估依据和估值方式让施勒希特信服，并且承诺，如果三一重工违约，其愿意支付交易总额的20%作为违约金，以维持员工稳定，这些措施赢得了对方的信任，促成了双赢的谈判。

通过这次合并，普茨迈斯特得到三一重工的资金支持并获得新的发展机遇，而三一重工也获得混凝土泵车制造领域全球第一品牌和销售网络，成功实现了国际化战略。

（二）公司规定

公司规定就是一种公司准则，是对方关于某个事项的规定。对于供应商而言，他们几乎都有自己制定的服务准则和售后保证，和你谈判的人，都受到这些规定的约束。如果你利用这些规定和对方谈判，一般对方不得不遵守公司的这些规定。你要做的，就是熟知对方的规定。对方发过来的文件、报价和各种合同模板等，你要仔细阅读，找到和谈判或者与我们的关注点相关的规定。

很多时候，和你谈判的销售可能自己都不记得自己公司的这些规定了，如果你能够指出来，他们不得不遵守，毕竟是自己公司制定的政策，不好发表什么意见。即使有什么意见，他们一般也不会给自己找麻烦，因为他们担心，违反这些规定可能会给公司带来麻烦，也给自己带来不必要的麻烦，也有可能会惹恼当时定下这些规定的老板，让他们背上"不守信用"的名声。

我们要注意的是，应当尽量避免受过往经验和公司规章制度的限制，而应该将它转变为我们谈判的优势！在谈判中，我们要牢记公司的各种规定，在谈判陷入僵局或者谈判失利时，把它拿出来，会使自己处在一个非常讲理的有利位置。然后，根据对方的让步情况做适当的交换，灵活运用，以增加我们的谈判筹码！

如果对方在谈判中提出一些不合常理的要求时，我们该怎么处理呢？通常来说，公司规定就是一件非常好的武器。

比如，很多公司对付款都有详细的规定，哪些是能够被公司接受的，哪些是公司不允许的，哪些可以用但需要特别批准。比较大的公司甚至都不接受预付款，如果想接受，需要内部管理层的批准。作为采购，我们很多时候就可以说这是公司的规定，没有办法或者很难改变，如果要和我们做生意，恐怕供应商就不得不接受这个条款了。

有个故事，细节很难查证了，不过也很好地说明了公司规定的妙用。

1776年7月4日，美国《独立宣言》在独立宫签署，使得费城成为美利坚合众国的诞生之地。四天之后，独立宫钟楼上的自由钟被敲响，以召集费城民众来听约翰上校宣读独立宣言。在这之后的200多年里，独立宫和自由钟成了美国独立自由精神的象征。不过，由于质量问题，自由钟使用没多久钟面就裂了。经过数次重铸和修补，自由钟的裂痕终于在1846年为华盛顿的生日鸣钟之后扩大到无法修复，再也无法鸣响。

据说，美国费城的自由钟是由英国伦敦一家铸钟公司铸造的，当时花了 100 多英镑（当时的 100 英镑可是好多钱啊），而且该公司还承诺终身免费维护和保养。可钟面出现裂痕后，上百年来也没有人管。有一年，美国政府决定向这家还存在的公司提出维修要求。

面对这样难以言喻的合理要求，这家英国公司目前的继承者很难说"那是祖父辈的承诺，并不是我的承诺，所以我不能遵守，也无法兑现"，不然声誉会受到一定影响。但是，这个自由钟没法修复不说，还已经变成了美国的文化符号，这件事不处理好的话会带来不必要的麻烦。

经过反复讨论，他们终于找到一个办法：根据公司规定，这种情况下提出维修要求的人要提供物品的原始包装和购买证明。要美国政府拿出 200 多年前的包装，那肯定是不可能的。这家英国公司既没有说同意，也没有说不行，只是说要按照规定来做，结果取得了很好的效果。

（三）个人准则

谈判之初就向对方表明你的谈判目的，你在谈判中试图解决的问题，这样能给对方一个明确的信号，然后不断进行沟通，使对方最大限度地满足我们的需求。如果对方确信你的立场始终如一，一般都会倾向于尊重你的态度。避免让对方感觉你一直在变，让对方有"得寸进尺"的错觉，给谈判造成不必要的障碍。

因此，在谈判之前就制定一些个人的准则和规定，让对方明白接下来怎么和你谈判，也就是把丑话说在前头，不仅让对方在某些难题上免开尊口，也能打消对方一些不切实际的期望。

比如，我们在进行一些重要的采购谈判时，会把所有的要求、规则和谈判目的清清楚楚地写成一封沟通信，发给对方，同时电话再解释一遍，最后还要对方签字确认，确保不会产生误解。如果谈判结束后出现问题和异议时再来解释这些规定，特别是在自己明显受益的情况下，对方会认为你在操纵整个谈判，甚至有上当受骗的感觉。

其实，制定议程的过程就是在制定一个过程性的个人准则。谈什么、先谈什么、后谈什么、怎么谈、在哪儿谈、和谁谈，都能被议程定义得清清楚楚。因此，作为采购，要主动制定谈判的议程，控制谈判的过程，对谈判的要点进行记录，而不是什么也不准备，甚至把这个主动权让给供应商。

对方其实也有自己的个人准则，只是作为供应商一方，很多时候处于弱势地位，不能起到主导地位。如果同时我们自己也没有明确的准则规范，谈判就会处于一个比较散的状态。这时，供应商有自己的准则规范，总比什么也没有强。

那怎么知道对方的准则呢？很简单，就是问。主动询问供应商的个人准则会使他们有一种被尊重的感觉，使对方乐于提供帮助。同时，你再从他们的准则中找出符合你想法的点来支持谈判，会对谈判的进程有很大的帮助。比如，给其他客户的也要给我们，要求供应商公平对待所有客户。

谈判最牛的地方就是用对方的理去说服对方，也就是我们通常所说的，以子之矛攻子之盾。

（四）白纸黑字

打印出来的东西能对人们产生更大的影响力，书面文字也更可信。白纸黑字，是这个社会运行的通用规则，凭此约束着双方，不好反悔。

这也是为什么在我们日常采购活动中，书面的报价总是更可靠，不能修改的报价尤甚。稍微复杂一点的项目，供应商的方案和报告总是必不可少，谁不能提供，总是不如其他竞争对手可靠。

很多时候，供应商为了显得他们的技术、条件可靠，在不违反保密条款的前提下，总是乐于提供其他客户的合同和方案给我们参考。如果想在价格上获取主动，利用锚定效应让我们接受他们的报价，甚至不惜把其他客户的报价给我们看。

同理，如果我们把很多要求白纸黑字地写下来，就会对供应商形成强大的约束力，就容易在谈判中占据主动。

同时,每次谈判之后,把结果白纸黑字地记录下来,也会产生积极的效果。必要的时候,要求供应商签字确认。

自我测试 10-2 解析

你正在和一个韩国的供应商谈付款条件的事情。按照公司最新的规定,所有供应商要接受 120 天的付款周期,而不是原来的 30 天。这家韩国供应商非常生气地说:"我们韩国的法律规定了,最多只能接受 60 天的付款周期。这一点没有什么好谈判的,也没有任何可以商量的余地。"你接受这家韩国供应商的说法吗?

A. 接受。(如果这是对方国家法律的规定,对方一般会拿来作为拒绝的理由。你轻易接受的话,等于将自己的要求和条件拱手相让。)

B. 不接受。(很多国家为了保护中小企业,对企业的付款周期都有法律规定,但是,这不是我们轻易接受对方说辞的理由。毕竟,在自己的国家做生意没有义务遵守对方国家的法律,跨国合同还是应以双方协商为准。)

三、社会佐证

人们面对未知的事物时,总是希望找到能够参考的对象!

【自我测试 10-3】

你正在和一个供应商就新的项目合同进行谈判,你对其中几个条款有所异议。这时该供应商拿出了另一份合同,是你的另一个同事签的。你不同意的条款他都同意了,而且双方领导都已经签字盖章,所以他希望还是不要变了。你会:

A. 同意按照老合同条款办

B. 不同意,并且声明情况已经发生了变化,你需要重新评估双方的合同别人买过什么或者做过什么，对我们影响很大，特别是在那些我们觉得和我们相似而且职业、收入都比较接近的人。只要自己的同事、认识的人，尤其是自己尊重的人买过同样的东西，达成过类似的协议，自己就会做同样的事，接受类似的情形。

因此，我们在谈判中要注意收集与对方相关的一些事实信息，比如一些交易数字、一些他认识的人。当你在谈判中说出这些信息时，特别要提及相似的人在相似的情况下做出相似的决策，这里我们等于是利用了社会佐证，也意味着你的要求是合情合理的。

（一）惯例的影响

通常来说，人们总是容易受到惯例的影响，愿意去遵守传统的习惯、经验、常识甚至制度。在这些范围内做事会感觉很舒服，没有人愿意承担改变带来的未知压力。其实，这就是前面章节中所讲的"社会认同原理"在对我们的心理产生的影响。

利用这些传统的逻辑去和供应商谈判，就比较容易预测对方的反应，也容易说服对方。比如，中国人特别喜欢8，不喜欢4，现在很多和中国人打交道的外国人都已经知道了这一点。

在采购谈判中，最强有力的证明是那些以前和对方公司的人签订过的协议、来往的信件等，特别是以前就和目前的谈判者谈妥的一些条款，还有行业交易中的惯例。比如，以前都没有预付款，为何现在要预付款呢？

在采购谈判中，如果我们还能够收集到对方竞争对手的相关信息，并在适当的时机亮出来，必将对对方产生极大的影响。比如，我们可以对供应商说，你的竞争对手都提供两年质保，为什么你才提供一年呢？这个时候，供应商要么立即答应你的要求，要么费九牛二虎之力和你解释一大堆，而此时你又可以在他的解释中找到更多有用的信息。

关于惯例方面，有时供应商会以公司内部的一些惯例来约束我们，比如在价格沟通环节，对方往往会抛出他们最低折扣是八五折，因为统一给客户的价格是八五折等。这时你就要根据以往购买情况的数据库里进行分析，或者通过同行获取价格信息，找出比八五折更低的某一个特殊案例，摆事实，讲证据，打破供应商自身设定的这个惯例，使谈判可以顺利进行下去。

对于我们自己而言，最应该做的是，尽量避免惯例对我们的限制，必要时要勇于打破惯例，进行新的尝试，在这方面不受自己和他人的牵制。

与此同时，我们也要"不开先例"。

当对方想趁机突破我们的心理防线时，我们完全可以说从来没有这样的先例，自己也不好开这个先例，从而巧妙地回绝对方，使对方不再有非分之想。

在谈判中，当对方向我方提出过分的条件，而对于我方来说承担不起时，以"不开先例"来回应就十分有效了。因为一般情况下，对方很难真正掌握回绝他的真实信息，也没法证实谈判另一方话语的真实性，所以只能见好就收，就此罢手。

"不开先例"的拒绝技巧是对事不对人，一切不利因素都可以推给客观原因。如果在有些情景下，我们不得不开"先例"的话，我们一定要说这是"特例"，这个特别的要求是经过公司特别批准的。

我们要做的是避免让"特例"变成"惯例"，给以后的谈判埋下隐忧。

【精彩案例10-4】2019年医保谈判中对惯例的运用

2019年11月，国家医疗保障局（简称"国家医保局"）启动了为期三天的新一轮医保药品的准入谈判。新医保药品目录分为常规准入和谈判准入两大部分，谈判准入主要针对独家或处于专利保护期的高价药，谈判成功后，药品会被纳入《国家基本医疗保险、工伤保险和生育保险药品目录》（简称"医保药品目录"）乙类范围。

由于之前医改的配套政策"带量采购"已覆盖至全国范围，因而这次谈判结果的影响范围将会扩大。这是继2017年7月以来医保药品目录的第三次谈判，也是自2018年5月国家医保局挂牌成立以来第一次对所有药品的全面梳理和调整。

央视新闻报道了其中一个谈判的场景，让我们看到了医保谈判专家如何唇枪舌剑，进行灵魂砍价，让治疗2型糖尿病的药品达格列净片（安达唐）价格一降再降。

医保谈判专家许伟开始便说，如果药厂没有诚意，达不到我们的心理价位，直接出局。这给了对方药厂代表非常大的压力，报价10毫克5.62元。许伟只是说了一句："这个价格还是有距离的。"然后不再说话，就让他们忙去了。药厂只好临时调整方案，价格直接降到4.72元。许伟又说："你们的药可是好药啊。"药厂不好意思了，只好再去申请，号称拿到了最低价格，4.62元。

这时，许伟又使出两招，先说："中国市场这么大，麻烦你们再去和你们的CEO申请一下。"接着说："给你5分钟时间。"压力陡然上升！经过反复沟通，药厂代表回来答复道，"4.5元"，还强调说，这个价格已经比韩国的还要低了，同时开始不停地观察许伟。可是，令他没有想到的是，许伟毫不客气地回击道："你也不看看韩国多少人口，而中国是多少，我们现在是整个国家来和你进行谈判。再给你一次机会。"

精彩的地方来了。药厂代表无奈地说道："4.4元。"许伟面无表情，补了一刀："4太多，中国人觉得难听，再降4分钱，4.36元。"

惯例给了药厂致命一击。

谈判成功！

（二）利用权威的看法

在前面的章节中，我们对"权威原理"的影响做了详细阐述。人类倾向于服从权威，即使是在个人主义突出的美国也是如此。毕竟一般来说，对权威的服从，总能让我们获得一些好处，不但还省心省力，大多时候还能让我们做出适当的行为，比如对上级的服从、对医生的服从。

在谈判中，我们要学会找到自己的权威并利用权威的力量来影响对方。不过，我们更要防止对方利用权威，防止权威成为阻碍谈判一个问题。

一方面，对于权威的盲目服从常常影响我们的判断力，妨碍我们坚持自己的合理利益；另一方面，对方可能利用权威，向我们提出不合理的条件。如果这时对方还将前面所谈的标准结合起来和我们谈判，就会获得更大的影响力，让我们难以招架。

有两个办法来防止权威对我们的影响：

首先要问：这个权威是真正的权威吗，是真的还是假的？

接着要问，这个专家或权威说的都是真的吗，跟我们目前所谈判的内容有没有关系？

如果这两个问题你都能找到答案，那么你自己就有办法克服权威带来的影响。

在具体的谈判过程中，如果对方出现专家，往往会为了让我们相信他们可靠、值得信任，偶尔说一些跟自己利益不相关甚至相反的话。一旦我们对他产生信任，之后他在强调更专业、更重要的方面时，我们自然就更容易相信他所说的了。

在采购谈判中，我们尤其要注意对方在这方面的动作。

自我测试 10-3 解析

你正在和一个供应商就新的项目合同进行谈判，你对其中几个条款有所异议。这时该供应商拿出了另外一份合同，是你的另外一个同事签的。你不同意的条款他都同意了，而且双方领导都已经签字盖章，所以他希望还是不要变了。你会：

A. 同意按照老合同条款办。（你同意这么做的话，说明你受到了**惯例的影响**。你同事原来的决定，还有摆在你面前白纸黑字的合同，动摇了你谈判的决心。你觉得你的同事都可以这么做，你这么做自然也没有什么问题，也没有什么风险。但是，你怎么知道情况有没有发生什么变化呢？当时你的同事为什么会同意？你是否需要寻找新的谈判筹码构建你的优势呢？）

B. 不同意，并且声明情况已经发生了变化，你需要重新评估双方的合同。（**这是一个比较正确的做法。不管怎么样，时移势易，我们都需要根据最新的状况，对谈判的形势进行重新评估，寻找对我们最有利的条件。如果能够获取更有利的条件，为什么不去争取呢？这才是谈判的应有之义。在谈判中，任何时候我们都不能够轻易地做出让步！**）

四、公平一致

人们总是在追求只要付出就一定有相应的回报，而且总是希望被公平对待。

【自我测试 10-4】

又到年底了，公司要举行年会，寻找合适供应商的重任又落到了你的头上。选来选去，你们还是选中了去年的那家会所。只是因为今年很多东西都涨价了，特别是猪肉涨得特别厉害，所以这家会所要在去年的标准上每人涨 100 元。你当然不会接受 100 元的涨幅，于是对方就提出了一个折中方案，说这个涨幅一家承担一半。这时你会：

A. 说可以

B. 不接受这个折中方案

C. 说差不多可以，但是要四六开，不接受五五开

D. 不接受这个折中方案，虽然能够理解目前的形势，也可以承担部分成本，但是只希望涨 25 元

（一）利用承诺和一致原理

人人都有言行一致的愿望，至少要表现得言行一致。

言行一致是人人称赞的品德，做不到这一点的人往往被认为表里不一，不值得信任。因此，一旦我们做出了承诺，我们就会不由自主地按

照承诺去实现。在谈判中，我们可以利用这个行为原理，让对方对某些事情做出承诺，然后要求去实现它。

"承诺和一致原理"也是我们在前面章节中重点讲述的六大心理影响力之一。我们在谈判中很多时候都没有意识到这一点对于我们的影响，但它却实实在在发生着。

同时，我们要警惕"一致性圈套"。因为也有很多供应商会利用这点，诱导我们对一个看似公平合理的标准或要求做出承诺，然后在某个时机提出相应的不满足我们利益的要求。

为了保住面子，你很有可能会同意对方的请求；或者损失的利益很大，你不得不承认自己的错误，从而拒绝对方的请求，最后丢了面子。

（二）永远不要先折中

"公平理论"告诉我们，如果双方给予的同样多，那就是公平的。因此，如果双方做出同样的让步，那么也应该是公平的。

但我们需要特别注意的是：不要落入陷阱，认为折中是件公平的事情。我们要做的是，永远不要先折中。

举个例子，供应商报价 100 万元，我们心里的期望价格是 90 万元，一般情况下，我们会从 80 万元开始还价。这时，如果供应商将报价先折中，还到 90 万元，我们一看，肯定会继续还价，大概率会以 85 万元成交，大大好于我们的期望价格。但是，如果我们在谈判过程中没有忍住，先折中了，说 90 万元吧，那么大概率会以 95 万元成交，不仅达不到我们的预期，而且一前一后的损失，有 10 万元之多。

因此，最为重要的是，永远不要自己先进行折中，但要鼓励对方折中。让对方提出折中的话，你把他们置于建议地位，然后你还可以不情愿地接受他们的建议，让他们觉得自己赢了。

折中不意味着从正中间分开，你可以分几次进行。

（三）循序渐进的蚕食原则

我们要把谈判分成很多步骤来进行，采取循序渐进的蚕食原则，不要一开始就提出自己的所有条件。

很多采购有时希望一步到位，提出很大的要求。但是步子太大，风险也大，因为这和目前的态势差别太大，很容易让对方产生不公平的感觉。很多人一下子转不过弯来，也不容易接受，甚至产生抵制心理。

我们可以把谈判分成很多个小步骤或小目标，完成一个再提出下一个小要求。每次完成的目标上限就变成了下次谈判的下限，如此反复蚕食，对方不知不觉中就会朝我们的目标靠近了。

人的大脑总是会强化自己之前的决定。前面已经做了一个小的决定，新的决定就是在原有决定的基础上进行考虑，既看起来很公平，也很容易被自己接受。

【精彩案例 10-5】使用蚕食策略让价格降低了 20%

"您这种机器要价 750 元，我们刚才看到同样的机器标价为 680 元。您打算怎么卖呢？"

"如果您诚心想买的话，680 元可以成交。"

"如果我是批量购买，总共买 35 台，难道也是这个价格吗？"

"不会的，我们每台给予 60 元的优惠。"

"我们现在资金较紧张，可不可以先购买 20 台，3 个月以后再购买 15 台？"

卖主犹豫了一会儿，因为只购买 20 台，优惠不会这么大，但他想到最近几个星期不甚理想的销售状况，还是答应了。

"那么，您的意思是以 620 元的价格卖给我们 20 台机器？"买主总结性地说。

卖主点了点头。

"为什么要 620 元呢？凑个整儿，600 元，计算起来都省事。干脆利落，我们马上成交。"

卖主想反驳，但"成交"二字对他太具吸引力，几个星期完不成销售定额的任务可不好受，最终他还是答应了。

就这样，买主步步为营的蚕食策略生效了，他把价格从750元一直压到600元，压低了20%。

谈判桌上没有单方面的退让，在你做出各种让步时，你必然也要求对方做出种种让步，后者才是你的目的。称职的谈判者善于适时适量地让步，也善于向对方施加压力，迫使对方让步，不然就会像这个案例中的卖家一样。

自我测试10-4解析

又到年底了，公司要举行年会，寻找合适供应商的重任又落到了你的头上。选来选去，你们还是选中了去年的那家会所。只是因为今年很多东西都涨价了，特别是猪肉涨得特别厉害，所以这家会所要在去年的标准上每人涨100元。你当然不会接受100元的涨幅，于是对方就提出了一个折中方案，说这个涨幅一家承担一半。这时你会：

A.说可以。（**如果你说可以，会所肯定后悔自己涨少了，下次有机会可能会把这个涨价幅度调得更大一点。**）

B.不接受这个折中方案。（**这是正确的做法，绝对不能先接受折中的方案。如果你接受这个方案的话，那说明你们公司要替每个员工多付50元，如果你们公司有1000人，就是5万元。相信你们公司肯定付得起，但是为什么要白白付这么多呢？你可以使用这种方法让会所提出新的方案。**）

C.说差不多可以，但是要四六开，不接受五五开。（**虽然你提了一点要求，但也只是比完全接受强了那么一点点，很有可能最终的结果是你们公司承担45%，对方承担55%。你有点操之过急了，已经知道不该接受这种方案了，应该可以做得更好。**）

D.不接受这个折中方案，虽然能够理解目前的形势，也可以承担部分成本，但是只希望涨 25 元。(**这是不错的做法，不接受对方的折中方案，但是有理有据地站在对方的角度去考虑，理解对方的困难，同时又提出了自己的解决方案，而且一下子把最后的折中点往下拉了很多，形成多次折中的局面，有利于最后的谈判。**)

思考题

1. 直觉和数据分析之间有什么关系吗？直觉对谈判有哪些影响？
2. 客观标准、公司规定和个人准则之间有什么区别？
3. 惯例和社会权威有没有同时对谈判产生影响的时候？举例说明。
4. "公平"是不是意味着谈判双方必须一人一半才合理？为什么？

Chapter11
第十一章

以情动人

  学习目标

1. 了解如何真诚对待谈判对方的方法和技巧。
2. 学会如何了解对方,从而获得对方的好感。
3. 理解何为"共情能力",学会换位思考。
4. 学习如何控制情绪来影响谈判。

古人云:动之以情,晓之以理。
古人又云:情不通,则理不达。

人都是感情动物,在我方并不占理,或者对方是强势供应商,根本不听或不在乎我们的理时,可以使用以情动人的方法,用情来感化、影响对方,获取对方的支持。当人和人之间的情感纽带联结起来后,人和人之间的信任度大增,沟通会变得相对容易。

一、以诚相待

你若真心实意,我必诚心诚意。做人应该多点真诚,少点套路。

 【自我测试 11-1】

在谈判中,如果供应商犯了明显的错误,比如算错价格,给了我们可以利用的机会，我们应该毫无内疚地利用这个机会。你认同这个说法吗？

  A. 认同

  B. 不认同

（一）真诚换真心，建立信任

  人与人关系的核心是信任，建立并维护稳固的信任关系是合作的基石。信任在整个谈判过程中起着举足轻重的作用。如果不信任供应商，即使对方提供的报价再低，你恐怕也不会和他合作。

  现在这个时代，生意的往来越来越建立在人际关系的基础上，人们总是愿意和自己信任的人做生意，而获得信任最重要的途径就是待人真诚。如果我们在谈判中，始终以包容的心态、真诚的态度来对待对方，双方的信任感就会大大增强，这有利于谈判的结果。在商务谈判出现僵局的时候，如果谈判者能从谈判对方的角度着眼考虑问题，急人之所急，想人之所想，和对方以诚相待，对方也必然会做出相应的让步，僵持不下的局面可能就会随之消失。在谈判中，互不信任，缺乏彼此尊重而导致谈判失败的例子比比皆是。

  采购谈判过程中，最难的是建立彼此之间的信任。建立信任需要耐心和时间，不是在短短几小时的谈判时间内就能完成的事。特别是在和新的供应商建立合作关系的时候，务必开诚布公，先向对方真诚地表达合作的意愿，积极地将这份信任及早传递出去，激发对方合作的热情，创造合作的空间。对方感受到信任的同时，自然也会投桃报李。

  真正的信任，来自经过一段时间成功合作的经历。对于还没有合作关系的双方，采购谈判前的彼此了解，是建立初步信任必不可少的过程。

  信任是在合作过程中逐步积累起来的。很多时候，我们可以先从一些小的合作项目开始，有所信任和收获之后再慢慢扩大、加深合作的层次。对于一些不常用或不重要的采购项目，我们甚至可以寻求与现有供应商或熟悉的第三方进行合作，这样就可以得到保证，解决信任的问题。

当然，很多时候我们对对方不熟悉，只能通过对方所在公司的实力来判定。这也是为什么如果有可能，要选择历史悠久、国内外知名、信誉很好的公司来合作，这样可以极大地降低这方面的风险。

总之，只有在相互尊重、相互信任和彼此不讨厌对方的时候，谈判的成功率才高。只有彼此尊重，才能彼此信任；只有彼此信任，才有可能彼此适应。尊重、信任和适应这三者之间，互为前提，彼此联动。其中，始终尊重对方是基础，没有尊重，就不可能产生信任，更无法相互适应。

需要注意的是，建立信任要自信，要从信任自己开始。如果自己所说所做都不能让自己信服，如何取得他人信任？同时，做人要真诚，不能欺骗对方。真诚是信任的先决条件。你说的话是否发自肺腑，是否虚情假意，绝大部分人都能够感受得到，不要自己欺骗自己，刻意真诚。

【精彩案例11-1】一个坦诚的销售员

一位男鞋工厂的销售员去拜访他的一个零售商。在商谈过程中，这位零售商抱怨说："你知道吗？最近两个月来，我们订单的发货情况简直糟透了，老是不能及时到货，不知道你们工厂还能不能干了。你们出了什么问题吗？"

这一抱怨对于一个公司的销售员来说，无疑是巨大的威胁，这件事如果处理不当，会对后续的谈判造成不好的影响，甚至让双方陷入僵局。

不过，出乎意料的是，这位销售员的回答非常镇定："是的，我知道这个情况。不过我可以向您保证，这个问题很快就能得到解决。您知道，我们只是个小型鞋厂，生产能力有限。所以，当几个月前生意萧条的时候，我们工厂就陷入了很大的麻烦。后来老板盘点了一下库存，发现我们还有9万双鞋的存货，他决定先关闭工厂，过了这个难关再说。因此，如果您订的货不够多，在工厂重新开工和有新鞋出厂之前，我们可能不会把鞋全部发给您,您就可能缺货。最糟糕的是,我们老板发现由于关闭工厂,他损失了不少生产能手,因为这些人都去别处工作了,不大可能马上回来。我们自己一时半会也不可能马上培训好新人。所以,在生意好转之后,老板一直难以让工厂重新运转起来。他现在知道了,过早惊慌地停工是个错误的决定。但我相信我们老板是不会把现在赚到的钱存起来的,他会想办法再投入生产。"

零售商笑了,说:"非常感谢你,你让我在一个星期之内头一次听到如此坦率的回答。我方可能已经告诉你了,我们本周一直在与一个购物中心谈租赁柜台的事,但是他们满嘴瞎话,使我们厌烦透了。现在我感觉好多了。来,我们来谈谈具体订货的事情。"

就这样,这个销售员用他诚恳坦率的回答赢得了客户的极大信任。他不但做成了这笔生意,还为以后的生意打下了良好的基础。

(二)学会沟通,工作就轻松

学会沟通,工作就轻松,沟通要从赞美开始。

在谈判中,不要吝啬适当的赞美、恭维。合理地使用赞美语可以起到事半功倍的效果,为整个谈判过程创造一个比较好的基调和氛围。通俗一点说,就是要多赞美别人。人们多是一赞美就高兴,一高兴就容易放松警惕。

举个简单的例子。

A:汪总,您能亲自来我真是太高兴啦,久仰大名啊!

B:您太客气了,罗总您这么看得起我们公司那真是我的荣幸。

A:这么多年没见,您越来越年轻啦。

B:哪里哪里,您这精神头也不减当年啊。

在具体的谈判阶段,在有关细节的处理方面,双方在维护各自利益的前提下,想竭尽所能让对方接受自己的意见和建议,赞美的话能够起到不可估量的促进作用。

(三) 主动分享内部"机密"信息

对于采购来讲，主动分享一些内部信息并不是一件容易的事情，因为有些信息是保密的，比如公司的项目计划、投资计划、未来战略等。一方面，公司对各种信息有着不同层级的保密要求，泄露这些信息是有风险的，万一不小心泄露了保密信息，还要负法律责任；另一方面，大部分人认为，让供应商什么都不知道会令自己在谈判中处于有利的地位。

谈判者对于分享自己的信息心存疑虑是人之常情，许多采购就不喜欢分享信息给供应商。不过，主动分享内部"机密"信息也是传递信任的信号，对方在收到这个信号之后，出于回报，一般也会分享一些自己的关键信息。这种一定程度的信息分享，不仅有利于收集更多的有用信息，还会加深双方的信任关系。不是所有信息都是机密，即使是机密信息，也可以先签保密协议然后再分享。无论怎样，适当分享一些"机密"信息，可以对谈判起到促进作用。但是，在使用这招儿时请一定要把握好度，千万不要赔了夫人又折兵。

举一个亲身经历的例子。

有一次我们去供应商那里，对接下来的项目谈判准备工作进行讨论。开场的时候，我们特意把我们接下来的一些战略变化做了简单介绍，而这些战略变化还处于比较保密的阶段。我们的本意是暗示他们，如果他们做得好，双方会有更多的合作机会。在我们说完之后，对方的总经理顿了一会儿，将他们已经秘密研发很久的产品和相应的配套战略向我们做了分享。这让我们非常吃惊，因为我们之前对此一无所知。很自然地，大家就双方新的变化进行了热烈的讨论，这也为接下来的谈判奠定了良好的基础。

自我测试 11-1 解析

在谈判中，如果供应商犯了明显的错误，比如算错价格，提供给我们可以利用的机会，我们应该毫无内疚地利用这个机会。你认同这个说法吗?

A. 认同。(认同这一说法,说明你比较积极主动,不放过任何一个能够利用的机会。但总的说来,这样显得有点儿无情,做人不够诚恳。对方知道后可能无话可说,但总归有点儿不服气、不舒服。所以,如果现实情况要求你这么做,那么明智的做法就是跟对方坦诚地把话讲明,让对方接受得更舒服一些。)

B. 不认同。(选择不认同,总的说来,你是一个"以诚相待"的人,有自己的行为准则和道德判断,知道什么可以做,什么不可以做。但是,这不代表你不会利用别人,不会利用机会去和别人谈判。也许你会充分利用这个机会,展现自己的真诚,以换取谈判中更大的成功。)

二、感情投资

人们总会愿意帮助自己有好感的人,但是获得好感不是讨好别人。只有彼此尊重、友好互利的关系,才能持久。

【自我测试11-2】

你要求供应商到你的公司来进行一场非常重要的谈判,涉及的议题非常多,双方参与的人也不少。为了这个谈判,你准备了很久。你现在知道的是,对方的总经理、销售总监、律师还有项目经理都会参加这次谈判。对方的总经理比你大十来岁,你们见过好几次了,双方印象还不错。谈判当天,你见对方的团队里多了一个十几岁的男孩,一问,才知道是总经理的儿子。因为这个谈判比较复杂,所以他决定把他儿子带过来见识一下,纯粹旁听,不发表任何意见。你顿时心里有些不满,你会:

A. 直接和对方总经理说这个谈判很重要,不适合小孩子旁听

B. 什么也不说,所有人进入会议室后就开始了谈判

C. 尝试着和对方总经理说，谈判会持续很长时间，可能不太适合他儿子参加。如果他想长长见识的话，可以马上安排人带他去车间参观学习

（一）积极了解对方

对达成协议来说，人在其中起到的作用很大。

虽然对方公司的背景至关重要，但涉及具体的项目和谈判时，代表对方公司和我们打交道的人才是我们关注的焦点。和这个人建立了良好的关系，才能获取供应商的内部信息，才能最大限度地为自己公司争取最大的利益。

人们对于那些愿意倾听自己、尊重自己、积极进行沟通的人充满了好感，也更慷慨大方。要想说服对方，至少要让对方能够听你说话。如果对方都不喜欢你，也不愿意和你沟通，你说什么他都当作没有听见，又怎么能够达成协议呢？

在这个方面，销售往往比采购做得好。销售总是想尽办法去了解对方的各种消息，采取各种措施让采购对自己产生好感，相信大家对此都有很深的体会。

其实，在这里，销售就是在有意无意地利用"喜好原理"来影响采购。一旦采购对谈判的销售产生了好感，就更容易做出让步。

因此，我们也要对和我们进行谈判的人进行了解，主动积极地进行沟通，投入相应的时间，增进双方的感情，让他们对我们产生好感。比如，主动去进行商务拜访，了解对方的业务、工作的背景等。

在谈判前多了解对方的各种情况，如对方的喜好、性格等，然后在谈判中合理运用这些信息，会促使双方保持良好的谈判气氛。在融洽的谈判气氛中进行谈判，更容易达成双赢的结果。

采购常常被人误导，说什么要战胜供应商的销售，需要使用一些特别的手段，比如不接供应商的电话，让供应商长时间地在办公室外面等待等。事实上，这种做法，只会破坏好不容易建立起来的双方关系，让

对方产生怨恨。只有长期、积极、互利和友好的关系,才能解决谈判过程中的种种矛盾冲突。

作为采购一方,需要通过很多积极主动的方式,与供应商建立起稳固的关系。这些方法包括:

- 经常到供应商车间参观考察。
- 经常邀请供应商来采购方公司参观开会。
- 与供应商保持电话、邮件、会面等多种方式的密切沟通。
- 对于战略供应商,举行定期的战略沟通会议,既能更新双方的状态,做到信息同步,又能及时发现一些问题和误会,解决问题于萌芽之中。

另外,在日常工作中,我们或多或少都会和对方一起用餐,不管是供应商来拜访你,还是你去拜访供应商,又或者因为某个商务活动同时受到邀请,这在全世界都很普遍。毕竟吃饭是我们生活中非常重要的一部分,大部分人都认为一起用餐会对合作有积极的影响,更别说是谈判了。

那么,一起共餐对谈判有什么具体的影响呢?

哈佛大学肯尼迪政府学院的拉克希米·巴拉钱德拉(Lakshmi Balachandra)撰写的《应该在谈判时共餐吗》,报告了132名MBA学生分组协商合资赚钱的实验结果。

第一项实验比较了一个在餐厅边吃饭边商谈的小组和另一个只在会议室里商谈的小组。另一项实验观察了两组均设置在会议室里的团队,然后一组一起用餐,另一组非一起用餐。前后两项实验中,一起用餐的小组比非一起用餐的小组分别多获得12%和11%的利润。

巴拉钱德拉进一步设计了第三项实验,一半参与者在一起用餐时商谈,另一半参与者在完成拼图游戏的过程中商谈,实验表明,两组之间的利润或信任水平没有差异。当谈判者一起用餐时,仅仅用餐这件事似乎不能提升洽谈结果。巴拉钱德拉给出了生物学上的解释:一起吃饭会增加血糖水平,从而加强自制力,降低攻击力,减少偏见。这些因素对合作协商有积极影响。一些其他研究给出了第二种解释:当人们一起吃饭时,他们会做出亲社会行为(指人们在社会交往中表现出来的那些有利于社会和他人的行为),并对另一方产生积极情绪。

不过,正因为一起用餐会对双方的协作产生积极的影响,降低对抗,所以很多供应商希望在正式谈判前邀请对方一起用餐。这种状况,我们是要极力避免的,也是很多公司对自己员工的要求。

一起用餐是一个不错的方法,但是千万不能造成违规问题。只有在合规的前提下,一起用餐才是有意义的。

(二)关注对方"面子"问题

都说中国人死要面子活受罪,其实不管是哪个国家的人,都很注重面子,毕竟没有人愿意自尊心受到伤害。只是我们中国人在这一点上表现得更突出一点。

因此,在谈判中我们就不能忽视这一点,丝毫不顾及对方的面子。作为一个谈判者,我们既代表公司,也代表自己。我们既希望在公司内部能得到好的评价,也希望对方认为你个人言行一致,能够公平合理地处理问题。忽视了对方的面子,会给谈判带来很多麻烦,即使我们处于非常强有力的优势地位。

在谈判中,我们要尊重对方的个人感情和声誉,特别是在谈判中反驳对方观点,或者指出对方不当之处,或者要求对方改变立场的时候,注意不要冒犯了对方的感情,同时尽量创造便于对方做出改变的环境。

我们对面子的特别关注,对方都会看在眼里,有机会是会予以回报的。

【精彩案例 11-2】《金色乾坤》中和日本人合资的故事

2003年前后,高铁的十大核心技术都掌握在外国公司手里,要进军高铁领域,就要向西方学习。铁道部的"市场换技术"战略给了今创集团董事长俞金坤机会。

中国巨大的潜在市场令外国的高铁巨头垂涎三尺，无疑，合资是这些巨头进入中国市场最快捷的途径。商机不容错过，为便于同老外沟通，俞金坤给今创起了个英文名字"King of Track"，缩写为KTK，翻译过来的意思就是"铁路之王"，简洁又霸气。

今创集团成为外国公司进入中国市场的香饽饽，纷纷找上门来，其中就有就有日本的纳博特斯克。纳博特斯克拥有高铁的侧拉门结构技术，侧拉门是高铁的十大核心技术之一。当时，地铁、高铁车门有欧系和日系两种，欧系的侧拉门是电驱动，日系的是气动。气动的门有一个台阶，不平，在这点上日系逊色于欧系。但最初中国高铁的门大多选用日系，因为精明的日本商人对中国市场更感兴趣。

俞金坤组建了强有力的谈判班子，他对参与谈判的人员强调，合资的主要条件就是要购买对方的技术，互利互惠，这一点不能有丝毫动摇。第一轮谈判，对方漫天要价，技术转让费报价3500万元。企业还没生产，日方就要拿走3500万元，无论换作谁，都心有不甘。今创谈判小组为了试探对方的合作诚意，决定回复100万元。他们将此建议向俞金坤汇报，俞金坤考虑后说：别把对方给吓跑了，可以先摸摸对方的底牌。

对纳博特斯克，事先俞金坤曾派人进行过摸底，得知它和国内几家做门的厂家都有过接触，但是最终都没谈成，原因是它不愿意和有做门技术的厂家合作，怕合资后在技术上不可控。今创之前没有做过门，它认为在技术上可控，所以愿意跟今创谈合资。今创报出100万元的价格后，日本人很快做出反应，同意将技术转让费用由3500万元降到2500万元，一下子狂降1000万元。

俞金坤觉得其中还有很大的压缩空间，日本人也真敢报，一个小小的侧拉门技术，转让水分竟如此之大。如果稍一松手，几千万元的真金白银就会拱手送给对方了。

那么，纳博特斯克这个门的技术到底价值多少？

通过对世界范围内几大厂家的分析，最终今创将心理价位定在500

万元，超过这个价格免谈。

第二轮谈判，针对对方的 2500 万元，今创给出的价格是 200 万元。对方嘴一撇，你们是不是没诚意呀，才给出 200 万元？1/10 都不到？

看得出，对方对今创动了真情，希望牵手成功。

纳博特斯克在中国做过市场调研，今创是一家诚实守信、追求品质、目标远大的企业，合作的基础好，所以它不愿放弃。

转眼间几个月过去了，到了收获的季节。

纳博特斯克的老板邀请俞金坤率队到日本，亲眼看一看纳博特斯克的实力再做最后的决定。

俞金坤愉快地接受了邀请，他也想去日本见识一下纳博特斯克的真面目，感受一下对方的诚意。

阳光、沙滩、海浪，绝大多数日本普通民众对中国是友好的。

纳博特斯克的工厂位于日本国际贸易港口城市兵库县首府神户。1925 年成立的纳博特斯克铁道公司，是一家家族企业，主要生产制动系统、车门系统、道岔除雪装置、座椅回旋装置、空气干燥装置等轨道交通用产品。

纳博特斯克老板和俞金坤谈得很投机。

俞金坤回忆：我们向他提出颇具诱惑力的条件，就是他可以享受长期 2% 多一点的技术提成，我们市场做得越大，他们的提成收益越高，最后以 350 万元达成协议。为什么不愿意一下子给高额的技术转让费？就是考虑到集团合资初期资金投入的风险。因为按照原先的价格，我们初期投入的太多，风险不好控制。用每年 2% 多一点的技术转让提成，就把初期投入的总风险控制住了。日本人从长远看，在总收益上也没有吃亏，而且生意越大，受益越多。

对纳博特斯克的那场谈判，俞金坤记忆深刻，他说，纳博特斯克这家公司进入中国市场较早，1990 年就在北京成立了销售公司。我曾经与长春客车厂的一个副总到过他们在北京的公司，看有没有合作的机会，那时他们对合资很冷淡，没有合资的想法。没想到 2003 年后他们主动找上门来。因为日本的母公司销售情况不好，订单很少，他们觉得光靠自己不行，于是产生了在中国合资的想法。在和我们谈判的同时，他们还选中了湖南的一家公司，在两家中挑一家来合资。湖南那家公司的牵线人原来是中国的一个驻外大使，退休后在日本纳博特斯克当顾问，顾问费一年180万元。这个顾问倾向于湖南那家公司，说湖南的公司好。社长坂本偏向于同我们合资，大年初三他就要到遥观来看看。听说他要来，我就同常州市领导沟通，能不能见他一面。这位市领导说，没问题，只要他来，年初一也可以。

坂本来了，并同市领导见了面。他对该市领导说，他是中国分公司的社长，合资的最后决定权在日本的大社长那里。他提出，最好请该市领导出面去日本见见大社长。

市领导很痛快地就答应了："好啊，我正要去日本东京考察招商，可以抽时间去见见你们大社长。"

过了年之后不久，我就陪市领导去了日本。纳博特斯克的社长叫松本，我们在日本见了面，谈了一小时。市领导敬他酒，他说："这酒留着，我到常州去喝。"那时他刚做了个小手术，不方便喝酒。

当年5月，松本要到常州来，我们给他安排了最高规格的接待，松本很高兴，并对我说，在日本，一个企业再牛，也是没法做到如此安排的。

在松本来常州之前，坂本提醒我，说他们大社长松本到一个企业一般看两个地方，一个是职工食堂，另一个是洗手间。坂本说，他们老板一定会去洗手间看看。

我心里有了数。我们集团的洗手间原本就很干净，我又叫人进行了进一步的清洗整理，适当摆放了些花草、清香剂之类的。果然，松本一来就去了洗手间。虽然没说什么，但看得出他很满意。

我把市领导请来同松本见面，他向松本介绍了我们企业和我的情况，松本听后当即表态："同俞先生这样的人合资，没有问题。"

最后确定两家公司每家出资8000万元，建了几万平方米的车间。

这个故事充分展现了积极了解对方对谈判的影响力，其中给予松本社长的贵宾待遇更是让他的面子熠熠生辉，为最终的合作成功奠定了良好的基础。

自我测试 11-2 解析

你要求供应商到你的公司来进行一场非常重要的谈判，涉及的议题非常多，双方参与的人也不少。为了这个谈判，你准备了很久。你现在知道的是对方的总经理、销售总监、律师还有项目经理都会参加这次的谈判。对方的总经理比你大十来岁，你们见过好几次了，双方印象还不错。谈判当天，你见对方的团队里多了一个十几岁的男孩。一问，才知道是总经理的儿子。因为这个谈判比较复杂，所以他决定把他儿子带过来见识一下，纯粹旁听，不发表任何意见。你顿时心里有些不满意，你会：

A. 直接和对方总经理说这个谈判很重要，不适合小孩子旁听。（这么说会比较生硬，也会让这位总经理没有面子，更有可能让他心生烦恼，不知道怎么办才好。如果他强烈要求，那你怎么办呢？可能他已经在家里答应他儿子了，但是他怕你不答应，所以直接带到现场，来个先斩后奏，造成既成事实，你不得不同意。谁知道你这么不给人面子。这么做的话，你后面的谈判可能会有麻烦。）

B. 什么也不说，所有人进入会议室后就开始了谈判。（你什么也没有说，帮了对方总经理一个忙，可能在谈判中不重要的地方，他会轻易地做出让步来回报你的沉默。但是，你也有很大的风险。因为谈判非常重要，你要为了公司的利益据理力争，毕竟你是客户，对方是供应商。谈判激烈的时候，你们可能会争吵，你甚至可能会强硬地对待这位总经理。这位总经理在儿子的面前，为了父亲的颜面和权威，会用尽全力去争取，更不能在你这位比他小十来岁的晚辈面前丢了面子。因此，在谈判中你会很难获得你希望的结果，谈判会陷入比较艰难的境地。）

C. 尝试着和对方总经理说，谈判会持续很长时间，可能不太适合他儿子参加。如果他想长长见识的话，可以马上安排人带他去车间参观学习。(这应该是一个比较好的方案，既顾及了对方总经理的面子，也照顾了他儿子的需求，更是把谈判中可能存在的风险规避掉了。你们双方在谈判中就可以尽情发挥，为各自的公司争取最大的利益。)

三、共情能力

共情能力，指的是一种能设身处地体验他人处境，从而达到感受和理解他人情感的能力。

【自我测试 11-3】

你做采购已经有五年了。近两年部门人手紧缺，老板又从外部招了几个人进来，但是他们的薪水基本上都比你高，还有一个比你高出很多。你很不服气，你会：

A. 向老板抱怨，并且要求涨工资

B. 向同事抱怨

C. 跟老板讲你比新来的同事更优秀

D. 问老板你怎么做才能将工资涨到他们的水平

（一）关注对方

我们每个人从小生长的环境很不一样，接收到的信息也各不相同，由此产生的价值观和想法自然千差万别。即使是同一件事情，我们每个人观察到的、总结出来的信息也各不相同。更要命的是，我们人类的记忆是有选择性的，在谈判中，更是选择性收集那些有利于我们的信息来支持谈判，对我们不利的信息会加以忽视甚至故意不接受。

很多时候，谈判失败的一个主要原因就是误解。因此，在谈判中我们要接受双方的差异，避免因各种偏见而导致误解。同时，我们要多关注对方的需求，关注他们的感受，关注他们情绪上的变化，以便更好地加以应对。你自己深信的东西，人家未必感受得到。

谈判中，我们要通过提问的方式，多次检查双方是否谈的是同一件事情，双方的意思是否有偏差。即使被对方责怪，也最好问一下为什么，而不是针锋相对，让情形恶化。

作为采购，我们要明白的是，大部分销售有两个特点：一是真心实意地想说服别人，把东西卖出去；二是总有某种不安定感。很多供应商的销售的收入是非常不稳定的，有些小公司的销售更是如此。年年四处奔波，运气好的年份收入丰厚，而经济形势不好的时候可能要艰难度日，这种情感和经济上的双重危机感会渗透到他们工作生活中的方方面面。

聪明的你可以利用这些特点，你可以给供应商的销售以机会来进行说服工作，而不是用一种粗鲁的、心不在焉的方式来对待他们。你要使他们意识到，只要他们的产品质量和价格具有竞争力，他们公司就有可能成为公司的长期合作伙伴。

总之，你应该是对方的一位富于同情心的听众，把他们作为合作伙伴，关注他们的需求，而且在需要时非常愿意帮助对方。相信对方能够感受到你的真诚，在必要的时候，在他们权限能力范围之内，会给你以回报。

（二）换位思考

换位思考是指把自己放在对方的位置上去考虑问题，也可以说是将心比心，是非常重要的谈判技巧之一。这一技巧能让我们更清楚地了解对方的需求、目标，以及目前所处的境地，无论是痛苦、快乐还是困惑。我们可以把这些都纳入我们的谈判策略，为双方找到一个好的解决方案。

关键是，我们还要让对方知道，我们正在努力把脚放进他们的鞋子，去理解他们。

谈判过程中不能毫不让步，赶尽杀绝。在谈判原则不变的情况下，有些问题可以站在对方的角度去看，这样谈判结果可能更有利于我方。不能只顾自己一方的利益，一味要求对方必须让步。有经验的采购都会掌握好妥协让步的时机和技巧，通过适当的让步使供应商感觉到谈判的诚意，从而保持良好的合作关系。

有时候不光要换位思考，还要换另外一个人去思考。

不是自己如何去看待对方，而是看看另外一个人会如何去看待对方。比如，当谈判陷入困境的时候，你可以邀请其他同事过来帮你看看有没有更好的思路和建议，也许就豁然开朗，柳暗花明又一村了。毕竟有太多的例子证明过"不识庐山真面目，只缘身在此山中"。

【精彩案例 11-3】通过换位思考解决账期问题

小李刚加入某公司，一入职就接到了要求供应商延长账期的任务。他很认真地对分配给自己的供应商做了分析，并制定了谈判策略，但是有一家供应商让他有些犯难。

对于小李公司来说，这家供应商有些特殊，小李公司采购量很小，产品生产却需要开模，所以他推断和这家供应商的谈判会比较难。如果供应商不接受自己的条款，谈崩的话，就需要重新开发新供应商。可是，开发新供应商又有模具开发等一系列工作要做，周期会比较长，切换供应商期间，也容易带来供应风险。因此，对这家供应商，他非常客气，一直放低姿态在和他们谈判。

只是，供应商好像并不领情，反而跟他讲了一堆。大概意思就是公司太过于强势，对供应商的要求太多，一会要求降价，一会要求延长质保，每次他们都很好地配合了。可是，现在又要求延长账期。本来量就少，价格又低，现在付款也不好了，他们真的不想做了。小李又着急又委屈，觉得自己作为甲方都快求供应商了，供应商还是不领情。

没有办法，他去找了自己的经理。经理了解情况后，建议他换位思考一下，如果自己是供应商会怎样。小李想也没想，就答道："我也肯定不会答应，钱也赚不了多少，还需要不停地配合这么多要求，太麻烦了。"经理又接着启发他："供应商不接受的其实并不是延长账期，而是觉得自己要不断配合，包括过往很多事情的配合，这些似乎没有被我们公司所理解。他的诉求应该是得到理解，但是你在跟他的沟通中，虽然看起来放低了姿态，语气也很温柔，可是你一直在不断地强调这是公司的要求，必须执行。估计这就是供应商所不能接受的，所以谈判就很容易受阻。"

经理接着告诉他："你首先要倾听供应商的感受，体谅他的感受，再回应他的感受。你不妨试试这样跟他沟通，王总，非常感谢您过往几年对我们的大力支持。贵公司的产品、服务我们都非常认可，也感谢您在价格、质保上跟着公司不断变化的要求不断进行调整。这次公司又有新的要求，我如果是您也会觉得麻烦，量又不多，要求还一直在变，真的是非常麻烦，还不如不干了。对于您来说，这单完全可以不做，但是对我们公司来说，在这个产品上贵公司是我们非常重要的供应商，我们需要您的大力支持。您放心，我们会在准时付款、流程简化等方面都做好。"

按照这个思路，小李果然顺利地完成了自己的任务。

（三）寻找共同关注点

我们要尽量找到双方的共同关注点，即交集。

无论是新建立的关系还是已经存在的关系，要使关系得到增强，双方能够对对方提出的要求做出积极的反馈，一个比较好的办法就是大家一起寻找共同的关注点，形成统一战线，一起努力找出解决方案。

每次谈判开始之前的寒暄其实就是一个很好的例子，此时，恶劣的天气或糟糕的交通就会成为我们共同抱怨的对象。这个共同的关注点会拉近我们的距离，为后面的谈判做好准备。

在实际采购谈判业务中，我们合理的共同关注点有很多。最典型的，比如交期做不到会一起损失时间，从而损失利润；或者价格要求很低，是最终客户的需求和市场的需求，只有一起努力达到价格的要求才能都有收益；或者在谈判陷入僵局的时候，把原因归咎于沟通工具的问题（比如电子邮件），避免产生对立情绪。

自我测试 11-3 解析

你做采购已经有五年了。近两年部门人手紧缺，老板又从外部招了几个人进来，但是他们的薪水基本上都比你高，还有一个比你高出很多。你很不服气，你会：

A. 向老板抱怨，并且要求涨工资。（**向老板抱怨自己的薪水问题，你会得到什么呢？**每个人都觉得自己应该比别人拿更多的工资，也经常有人向老板抱怨工资涨得太少，老板早就听烦了。老板也知道，没有谁会满意自己的工资，他也不可能满足所有人的愿望。）

B. 向同事抱怨。（跟同事抱怨，你什么也得不到，也不能改变什么，反而会让你自己陷入负面情绪之中。）

C. 跟老板讲你比新来的同事更优秀。（这可能只是你个人的想法，老板的想法可能跟你不一样，说不定他还会找出一堆你的问题。）

D. 问老板你怎么做才能将工资涨到他们的水平。（如果你真的想涨薪，这是一个比较好的办法。谈判的核心是在于找到解决办法，而不是漫无边际地抱怨。你需要站在老板的角度和位置去思考问题，想想他为什么这么做，问问他有没有什么好的建议，如果要给你涨薪，需要你做什么，需要你满足哪些条件。如果你能把这些问题想清楚了，也都满足了那些涨薪的条件，估计离涨薪也就不远了。）

四、情绪控制

如果没有办法控制情绪，我们就会被情绪控制。

我们不能做一个冷漠的人，但是要做一个冷静的人。

【自我测试 11-4】

在谈判中，我们不应该表露自己的情感，要做到面无表情，以免被对方猜到自己的想法，从而被利用。你认同这个说法吗？

A. 认同

B. 不认同

（一）控制自己

谈判者要认识到情绪对谈判的影响，要学会控制自己的情绪，要用情绪的力量，不管是强烈还是微弱，兴高采烈还是无动于衷，要让对方没有办法猜到你的心思。思维更清晰、表现更理性的人才能在谈判中占据优势。我们要控制情绪，而不能被情绪控制，不然**冲动就变成了魔鬼**。

控制了自己的情绪，才能更清晰地做出决策，才能冷静地观察和思考对方，钻进对方的脑袋，看穿对方的想法，预测对方下一步的行为。

情绪还极具传染性，如果你是一个很情绪化的人，就很容易受环境和别人情绪的影响而做出不理智的行为，要主动学习如何识别自己的情绪，控制自己的情绪。想象一下，谈判进行到一半，你突然情绪爆发，大喊一通，发出威胁的信号，然后夺门而出的场景。

冲动带来的后果是将自己置于危险的境地。

情绪化更多地体现为愤怒。人为什么会愤怒、会生气呢？我们之所以会愤怒，很多时候是我们对某件事情失去了控制，失去控制会造成严重的后果，而这个严重的后果会让我们感到恐惧。比如，我们对供应商很愤怒，因为他们不能满足我们的要求，满足不了要求，我们就完不成任务，完不成任务，老板就会批评我们，还会对我们的业绩产生影响，严重的还会影响我们的奖金甚至工作本身。所以，我们会迫不及待地想办法消除让我们恐惧的因子，于是愤怒就变成了本能。

在采购谈判中，出现各种情绪很正常。我们既然做了这份工作，就要承受谈判带来的各种情绪压力，然后去学习、控制它，最终化解它。

大家都熟知的"**踢猫效应**"，讲的就是因为没有控制好情绪从而导致一系列事故的发生。

一位父亲在公司受到了老板的批评，非常郁闷，回到家看到在沙发上跳来跳去的孩子，忍不住把他臭骂了一顿。孩子心里很窝火，狠狠踹了一脚在身边打滚的猫。猫逃到街上，正好一辆卡车开过来，司机赶紧避让，却把正在路边玩耍的孩子撞伤了。

【精彩案例11-4】不能忍受撒谎而毁了一桩大买卖

在很多公司，采购有时候也是卖家，负责把公司不需要的生产线、报废的设备甚至各种可回收垃圾（比如废纸箱）等在二手市场上找到买家，以合适的价格出售出去，为公司获取一些营业外的收入。

S公司经过多年的发展，已经扩展成一家大型工厂，新产品更新换代也很快。有一条电子控制器的非标生产线，已经完成了它的历史使命，行将报废。当时新生产线的购买价格是2500万元，经过多年的使用和折旧，财务报表上的残值已经为零了。不过，采购在工程师的帮助下，经过测算估计，如果直接报废，只能卖废铁，要是在市场上找到合适的买家，还有可能卖个几百万。经公司领导同意，这位采购找了十来家意向公司。他当时报出的价格是500万元，但过了两个月只收到一家的回复，还价只有100万元。

无奈之下，在汇报给公司之后，大家很不情愿地接受了这个价格。但哪怕就是这一价格，对方在谈判的最后时刻还是放弃了，他只好又开始重新寻找买家。

时间又过去了三个月。经过多个渠道的打听，终于有家生产类似产品的小公司愿意以300万元的价钱买下整条生产线。在和对方的谈判中，这位采购说可以把所有设备打包卖给买家，但是其中有一台比较新的斑马打印机（新机器的价格估计也就1万元左右）其他生产线想拆走，买家当场表示了同意。

但是，意想不到的事情出现了。签合同时，买家却坚持说采购同意所有的设备都包含在内,包括那台斑马打印机。采购知道买家在撒谎,勃然大怒,与他展开了激烈的争吵,最后双方不欢而散,300万元的交易也泡了汤。

事后,这个采购非常后悔,但还是坚持,面对撒谎、不守信的谈判对手,就不应同他谈判。但是,有没有可能对方只是把这当成了一种谈判的手段呢?当对手使用这种策略时,采购可能感情非常复杂,如果跟着内心走,应该立刻取消交易,可是在谈判中,没必要过于感情用事,毕竟最终是要把这条生产线卖掉,完全可以冷静地以结果为导向进行处理。

上一次100万元的报价都接受了,现在有新的买家愿意支付300万元,可最后却为了1万元的旧设备把这笔交易搞砸了,是否值得?商务谈判,是关注利益还是看重立场?作为谈判者,我们应该集中精力关注自己应该关注的,而不是对方的立场和一些细微的瑕疵。

控制自己的情绪去获得谈判的成功,而不能因为对方的一些挑衅行为或者看起来不那么道德的行为,让自己勃然大怒或者是终止谈判。

(二) 身体语言

行为心理学非常关注身体语言的解读和心理分析,即通过面部表情、手势、身体移动、身体距离、接触、姿势,甚至服装和对服装的整理,来揭秘人们的思想、意图和真诚度。在谈判中人们一般都处于精力高度集中的状态,还要不停处理各种矛盾冲突。随着心理活动的变化,身体也会下意识地产生各种变化,因此,仔细留意对方不经意间做出的身体动作而流露出的真实意图,对谈判至关重要。

许多人对于身体语言所代表的意义都颇有研究,纵使有许多不同的解释,但人类心理的变化带来身体语言的变化这一事实是毋庸置疑的。通过解读对方的身体语言,来判断对方的意图,从而对谈判的策略和结果产生影响,是很多有关身体语言分析研究的重要话题,相关的书籍和资料非常多。不过,很多的判断都是经验判断,需要你细加揣摩,再根据现场的状况，甚至结合对方的文化背景、性格特点，综合做出具体判断。

这里我们不做详细阐述，下面只是简单介绍一下很多人总结的面部表情和身体姿势的变化所代表的心理活动，供大家参考。

从面部表情看出来的心理活动有：皱眉、紧缩、紧闭嘴唇，显示不快与反感；突然眯眼、瞳孔后缩，显示迟疑心理，必有缘故；频繁眨眼，显示疑虑或压力；忽然大口喘气、流汗，显示面临巨大压力或被触碰了隐私。

从肢体语言和形体动作能够显示的积极语言信号有：面对人时化妆、拢头发、修饰衣着，代表好感和安全感；手臂交叉抱紧，摸额头、颈脖、胡须、搓手、搓腿、捏耳垂，显示压力下的自我安慰；抖腿、脚尖向上摇晃、跷二郎腿、脚尖挑起鞋子摆动、耸肩摊手、讲话时挥舞手臂、竖大拇指、双手交合指尖朝上，显示快乐自信或轻松；扯开衣服通气、自言自语、打哈欠、吹口哨，显示在自我减压；突然睁大眼睛、讲话扬起下巴，显示触及兴奋点，自信积极；双手交叉胸前、打开胸腹、跷二郎腿，显示高度自信；胸腹正面面对、前倾、无手遮拦，暗示友好和信任。

从肢体语言和形体动作能够显示的消极语言信号有：行为忽然变缓、凝固，显示感觉遭遇威胁；双手按膝盖，脚脖互锁、脚尖、膝弯朝向房间出口，显示不安，想要逃离；叉开腿牢牢站立、伸展四肢、挺起胸膛、暴露躯干，展示力量，下意识感到有压力，显示警惕与对抗；身躯、胸腹侧向一方，显示预感有压力，有离开欲望；与人谈话时扣衣扣，显示不安和下意识的自我保护；夹紧包、抱紧东西看电视，显示缺乏安全感；缩双肩和脖子，显示不自信、窘迫；双手僵硬、交叉向下，显示感到紧张、不安和焦虑；手抖、手心出汗、咬指甲、手无处放置，显示高度紧张和恐惧；讲话时眼光向下，避免与人接触，显示心虚；口半张，眼神散淡，表情漠然，显示无心机，警戒心不是很强；身体神经性颤动、眼睑不停震动，显示被触及了内心隐秘。

【精彩案例 11-5】轻轻松松就省了 1 亿元

一天，成功商人齐如海他正在和一家公司谈并购。他收到线报，说这家科技公司的资金链最多撑一个季度，所以要找人注资。齐如海开了 2 亿元的收购价，这已经是所有买家里面最高的了。可是经过谈判之后，对方居然要价 8 亿元。突然抬高价码，一般来说，意味着委婉拒绝。可是他们的报价一直都是所有买家中最高的，这没有理由啊。

齐如海突然想起来她的女朋友夏杉杉是谈判专家，因此想让她参谋参谋。可夏杉杉说，作为谈判专家，现场很重要，她需要看清楚每一个人之后，才好做判断。

于是，夏杉杉参加了齐如海和对手的谈判。她就坐在那里一言不发，一直观察对手。当他们谈到公司资金流的问题时，对方杨总的身体姿势发生了很大变化。夏杉杉感觉时机已到，马上发短信给齐如海，让他暂停谈判，出去休息一下。

等他们再回到谈判现场时，齐如海先是礼貌地问对方杨总是否还是坚持 8 亿元的报价。得到对方的肯定答复后，他很遗憾地说："既然你们不改，我改。我现在出价 1 亿元，如何？刚才出 2 亿元你们不要，现在只剩 1 亿元了。给你们 10 分钟，考虑一下。"

结果显而易见，他们成交了。

那么，夏杉杉是如何观察的呢？

夏杉杉在休息间隙指出，谈判的过程中，当齐如海在说对方的现金流只能支撑三个月的时候，对方杨总双手抱胸，这是一个防御姿势，说明他在害怕；交谈的过程中，对方眼神一直飘忽不定，说明他在撒谎。由此可以判断，对方资金链确实出了问题，于是建议齐如海大胆压价。她还说到了 1992 年索罗斯狙击英镑时，他是如何通过观察英国首相讲话的神情举止来做判断的。

在这里，夏杉杉通过仔细观察对方身体语言得到的有效信息，为齐如海省下了 1 亿元。

（三）暂停策略

如果在谈判中陷入僵局，双方都面临着很大的压力，互不让步的时候，不妨主动向对方提出"暂停"的要求，要求双方都休息一下。如果外面有咖啡吧，可以建议一起出去喝杯咖啡；如果谈判室外面有阳台，直接推开门，到阳台上去远眺一下远方的群山，呼吸一下新鲜的空气；再不济，你就站起身来，四处走走。

不管你怎么做，记住，只要离开你当前的环境，让谈判暂停，你就能从当前紧张的压力中抽离出来，让情绪恢复正常。

（四）情绪导泄

如果在谈判中，对方处于激动的状态，甚至要发火、进行人身攻击等比较严重的状态，我们要对对方进行情绪疏导，让他把话说完，让对方的情绪发泄出来，同时适当表示理解，慢慢回到谈判的目标和大家所关注的问题上来。

我们不能因为对方的攻击就本能地进行反击。如果你这么做的话，极有可能是你感觉受到了侮辱和冒犯，对方也遭到了你的极大打击，最后只能是谈判中止，更坏的结局是，你冲动之下会做出非常错误的决定。

这里介绍一种教练技术（coaching）来指导在谈判中如何应对这种状况。

教练技术中用到的一个重要工具——GROW 模型。GROW 是四个词首字母的缩写，这四个词分别为：goal（目标）、reality（现状）、options（方案）、will（意愿）。

其实 GROW 模型也可以作为实现目标和解决问题的一种工具，一般用于员工辅导。指导和使用 GROW 模型的关键是，要提出一些很好的问题。教练并不是告诉员工该做什么，而是通过在正确的时间提出正确的问题，来帮助员工自己找到答案。

因此，在谈判中，当对方处于情绪失控的时候，不妨参考以下做法。

你沉着而冷静地问道:"我们谈判的目标是什么?我们聚焦到目标上来看看。"如果对方根本就是一匹野马,拉都拉不回来,我们也可以稍为强势地做出回应,提高声音:"我们谈判的目的是什么?我觉得发脾气和人身攻击对我们的目标并无帮助,反而离目标越来越远。"一般这样提醒后,对方都会冷静下来。当然,语言的强势程度可以根据当时的情况、对方的表现、对方的接受程度而变化,重要的是我们需要对方冷静下来,而不是站在我们的对立面。

我们提问时的关键是,要注意情绪的把控,缓慢而轻松,不能像紧张的审讯那样。让对方自己考虑问题并思考答案。在这个环节,暂时不需要产生解决方案或分享自己的意见。

教练技术最好的状态是教练轻轻松松地提问,被问者绞尽脑汁地考虑问题并回答。使用教练技术的整个过程中没有一个完美的框架,但是遵循 GROW 模型的框架,并参照每个框架不停地提出相关问题,一切问题自会拨云见日。

要记住,帮助对方最终也是帮助自己。

在教练技术的使用中,积极地倾听非常重要。后文中我们会重点讲到如何有效地倾听。

自我测试 11-4 解析

在谈判中,我们不应该表露自己的情感,要做到面无表情,以免被对方猜到自己的想法,从而被利用。你认同这个说法吗?

A. 认同。(**认同这种说法,表明你担心对方在观察你,在找你的破绽和能够利用地方。你的这一看法基于自己过去的经验和经历过的教训,可能这会让你想起当初稚嫩的自己,因为过于坦率摔了很多跟头。你现在防御性很强,很难向陌生人表露情感,对每一个人都持谨慎怀疑的态度。**)

B. 不认同。(**不认同这种说法,说明你很信任对方。如果是一个很了解的人,还情有可原。但是,如果是一个陌生人,说明你根本没**

有意识到，面对他人时需要谨慎地表露自己的真情实感。也就是说，你的谈判经验不是很足，还没有吃过很多亏，也没有遇到过一些难办的事情。踩过几次雷之后，你可能会明白这一点，也会更加小心谨慎，并以怀疑的态度对待谈判对方。）

思考题

1. 有没有更多赞美谈判对方的方法？
2. "面子"为什么对人很重要？
3. 如果谈判中不站在对方的角度考虑问题会有什么后果？
4. 如何使用"情绪疏泄"的方法应对谈判中的情绪失控？

Chapter12
第十二章

以弱示人

 学习目标

1. 学习如何在谈判中博取对方的同情。
2. 理解什么是道德约束及其在谈判中的作用。
3. 掌握放低姿态的三种技巧。
4. 学会在合适的时机假装糊涂。

即使是强者也要懂得示弱，处于弱势地位的话就更应如此。正所谓大智若愚，最终以拙胜巧。

通俗地讲，要显得很弱，弱到对方主动帮你去对付他的老板。

有时候，你所谓的弱势，其实不一定是弱势，也许只是因为看到对方强大的一面，而错误地认为对方在所有方面都非常强大，从而觉得自己很弱，这显然是一种错误的看法。这种看法的根源在于对对方的畏惧。因此，客观、冷静、理性、从容不迫应该是谈判者尤其是处于弱势条件下的谈判者必须要具备的品格。

另一个极端是看不到自己的弱势，在现实的弱势条件下，不能采取正确的应对策略，最终也只能以失败告终。我们应该既能够正确认识到自己的弱势地位，又能够采取相对正确的应对策略。

这里要注意的是，不能只是看到自己的不足之处，一味示弱、退让，而忽略了对方的薄弱之处。我们示弱的目的是创造时机，等对方露出破绽之时，主动出击，改变对自己不利的态势。

一、博取同情

人们一般都有帮助弱者的心态，我们可以利用这种心理，做到以弱胜强。

【自我测试 12-1】

你有一个项目要找供应商报价。供应商还没有报呢，就问你预算是多少。你准备怎么回答？

A. 让他先不要管预算的事，就按照实际需求来报，该多少就多少

B. 告诉他大概的预算范围

C. 告诉他预算，同时明确告诉他报价不能超过预算

（一）预算不够

相信我们的采购基本都有以预算不够为由，要求供应商降价的经历。这是个随处可见的谈判技巧。

通常，我们要一边夸赞供应商的产品和服务非常好，一边提出预算有限，难以获得上级批准，从而博取对方的同情，然后再要求对方给予折扣。这种战术会激起对方的自负心和同情心，一般对方都会回去再想想办法。

不过，还是要注意操作的细节。大家说预算有限时，有时是事实，有时只是现有预算不够，并不是说预算不可以增加。在谈判中，只要不说假话，就会取得很好的效果。

如果预算不够真的是事实，说明你的预算受到了很大的限制，那么，在谈判中你一定要注意列出的技术规范和商务要求。技术规范和商务要求列得越清楚，对方就越难利用你预算不够这个弱点，也就不会因为你的预算少而降低产品的质量或服务的标准。

其实，这也是很多采购在谈判中非常担心的问题。要以预算不够博取对方的同情，但是又不能被对方利用。

我们要仔细考虑"预算不够"这个议题，是在谈判一开始就提出来，还是到谈判协议快要敲定时才提出来呢？不管怎么样，我们都要在谈判中把各方面问题考虑周全，把所有要谈的事情，包括风险、限制条件、技术的规则和规范等一切可能被供应商打折扣的地方，和对方讨论清楚，以免最后收到的产品或服务低于自己的期望。

作为采购，我们要避免的是，以极低的价格签订了无法兑现的糟糕合同，最后却以预算不够为借口，不肯承认这个糟糕的谈判结果。

（二）强调困难

在沟通时，要把自己放在一个比较低的位置，多强调自己的困难，然后坦诚地表明自己能为对方做什么，希望对方做什么作为回报。

比如，可以适当告知对方，因为你前面做了某些的让步，已经被老板批评了，如果再做更多的让步，那么你可能就要被认定为谈判能力不足、工作失职等，进而影响到自己年底的分红、奖金、升职等，严重一点，可能会面临失业等窘境，以获取对方的同情，并获得一些让步。

还有，其他如个人处境也可以拿出来让供应商给予支持，比如谈判的价格目标完不成会被老板批评，改了某个条款要拿到总部去审批从而会带来很多麻烦等。这些实实在在的问题都能用在谈判当中。

再如，特别是一些小公司，我们可以说，如果谈判达不到预期的目的，公司可能会破产，公司一旦破产，靠公司生活的百来号人可能就要失业，处境会变得非常艰难。或者，我们需要他们支持，不然业务会受到很大影响。

> **自我测试 12-1 解析**
>
> 你有一个项目要找供应商报价。供应商还没有报呢，就问你预算是多少。你准备怎么回答？

A. 让他先不要管预算的事，就按照实际需求来报，该多少就多少。(这是一个比较好的做法。很多供应商都会看公司报价，自然也会看预算。因此，在没有拿到初步报价之前，我们最好不要告诉供应商预算的情况，只是把我们的详细需求告诉供应商，这样我们才能对各家供应商的报价做出比较实际的全面评估，才能看出和预算之间的差距。再说，在实际的运营当中，有很多项目开始并没有明确的预算，要看供应商的方案和报价，进行详细评估之后才做出预算决定。)

B. 告诉他大概的预算范围。(还好你没有告诉他具体的预算，只是告诉他一个范围，这样供应商报出来的价格有可能高，也有可能低。但是不管怎么样，谈判还没有开始，你就把自己的一项重要信息拱手相让了，到时候你想以预算不够为借口要求降价也没有机会了。)

C. 告诉他预算，同时明确告诉他报价不能超过预算。(这应该是在价格谈判时运用的一个重要筹码。如果你在开始询价时就将筹码亮出来，等于是你在不知道任何价格信息的情况下，自己出了一个价。除非你对这个东西的价格信息非常清楚，不然的话，要么预算很高，你变成了一个待宰的羔羊；要么预算很低，你变成了一个什么也不懂的采购，任人笑话。)

二、道德约束

我们要激发对方高尚的道德情操，让对方不会恃强凌弱。

【自我测试 12-2】

你手上有一个项目在和供应商谈。这个供应商问你："有几家供应商在参与这个项目？"实际上只有这一家供应商，你会怎么回答？

A. 你说有很多供应商在参与，所以你让他看着办

B. 你说这个问题真有意思，你没法回答

C. 实话实说，就他一家供应商，希望他们对这个项目进行仔细评

估，报出合适的价格，这符合双方的利益，不然的话你们有可能会寻求其他替代方案

D.告诉他这是公司机密，按照公司规定不能告诉他

通常，与我们谈判的对象，不论种族、宗教信仰、受教育程度，都不同程度地受相同或类似道德的约束。我们通常不会乘人之危，占人便宜。利用人的这种特性，谈判中适当地示弱，也许可以争取到一些意外的机会，即使在面对神圣的法律时，法官有时还会法外开恩呢！

当然，我们并不支持你对对方进行道德绑架，在合情合理的范围内，适当给对方讲一些背景故事，做一些气氛的渲染，使之对你产生同理心，进而理解你的处境，帮助你在谈判僵局中打开一扇窗户，获得一些进展。

在谈判中要激发对方的道德意识，特别是针对强势的大公司、政府单位等。**不要攻击对方的强势立场，要透过立场看利益**。这些强势的单位可能不会因为你弱而可怜你，但是，如果它们认为放弃一些利益，可以更好地维护它们的公众形象或企业社会责任，它们是有可能放弃一些表面利益的。这跟道理没有关系，跟你的利益也没有关系，所以要善于激发它们的道德意识，比如在采购谈判中，采购方都希望账期越长越好，但是国家非常重视农民工的工资问题，不能拖延施工款，所以，如果你是施工企业，在与大型国有企业谈判时，这就是很好的一个点。

如果我方很弱，就不要硬装强，即使装了对方也不服，这个时候就是要示弱。比如，我们在和垄断供应商谈的时候，可以不断提到对方的垄断地位，进行示弱。一般垄断的公司都不愿意提到自己的垄断地位，强势的人也不愿意强调自己的强势，谁也不愿意摆出以强凌弱的架势。

与此同时，关键时刻要摆出"你不要逼我"的气势，将对方强行放在道德的天平上，不得不做出让步。因为对方会考虑，如果在道德上造成不好的影响，会给它们造成更大的伤害，而它们让步于你的利益，跟这个伤害相比就不值一提了。

举一个简单的例子。

很多公司因为各种原因可能直接或间接地欠了装修供应商或建筑公司一笔钱。一到年底，这些供应商就开始要钱了。几次要不到钱后，他们常常采取的谈判策略就是跑到公司门口，拉起横幅，将自己的客户架在道德的制高点。为了消除不良影响，这些公司很多时候不得不尽快结清欠款或者想办法解决问题。往往这个时候，负责这些供应商的采购会焦头烂额。不知道你有没有遇到过这种情况呢？作为一名专业采购，我们要努力签好每一份合同，并认真执行好，确保这些事情不会发生。

【精彩案例12-1】如何应对"店大欺客"

S公司是一家国内的小公司，由于业务发展非常迅速，它们需要建立自己的测量检测室。

测量检测室中最核心的测量设备是三坐标测量仪。市场上做得好的三坐标测量仪并不是很多，主要厂商都是德国的。它们经过反复比较，选择了一家世界知名的德国供应商。因为它们对这个测量仪器没有什么经验，也不是太懂，需要这家德国供应商的大力支持，因此就没有在价格上做过多的谈判，其他能让步的也都让步了，唯一的要求就是让这家德国供应商必须在年底把设备安装调试好。因为明年年初，它们会安排几个重要客户过来审核，而这个测量设备是它们很大的一个亮点，也是它们能够获取客户认可的关键因素。因此，这家公司非常重视，甚至给这台测量设备留出了足够的时间，比正常的设备交期都多了两个月。

时间一天天过去了。S公司的工程师都在紧张地做着准备。这台设备下单后没有多久，给这台设备准备的地方就腾出来了。一切准备就绪，很快就到了要去这家德国供应商那里验收设备的时间。

于是，S公司的工程师开始联系这家德国供应商，确认具体的时间，却不幸得到了一个令人震惊的消息。德国供应商告诉他们，他们没有办法按时交货，因此这台设备他们没有办法在年底安装调试好。在S公司的一再追问之下，他们才说出缘由。原来这家德国供应商接到这台设备订单后不久，就接到了另外一个大客户的几台订单。仔细权衡之后，他们把大部分的资源都投入到那个大客户的订单上去了，把S公司的订单往后放了好久。因此，这才没有办法及时完成订单，自然也没有人过来安装调试了。

S公司非常生气。经过内部讨论之后，公司的总经理决定立即飞往这家德国供应商的总部，去和他们讨论如何解决这个问题。到达这家德国供应商之后，S公司的总经理先是对这家德国公司和它们的产品大力赞扬，说他们公司是德国的骄傲，而德国公司的信誉举世闻名，大家都相信德国公司不会因为客户大小而对客户区别对待。与此同时，S公司的总经理强调自己是一家小公司，需要得到德国公司的大力支持。

最后，这位总经理特意强调，没有德国公司的支持，他们公司将会遇到很大的麻烦，甚至可能丢掉客户。当然，他们公司比较小，丢了客户也没什么。只是公司再小，他们也不会眼睁睁看着这种事情的发生，必要的时候肯定会采取相应的措施，希望德国供应商能够体谅。

S公司的总经理这么一说，那家德国公司老总的脸都红了，因为他没有想到，一个简单的调单会带来这么严重的后果，更不想因为这件事情对自己的信誉造成很坏的影响。因此，德国公司内部迅速召开了会议，对订单的顺序重新进行了调整安排，最后按照原定计划完成了S公司的这个订单。

自我测试 12-2 解析

你手上有一个项目在和供应商谈，这个供应商问你，有几家供应商在参与这个项目呢？实际上只有这个供应商，你会怎么回答呢？

A. 你说有很多供应商在参与，所以你让他看着办。（**这其实就是在撒谎，甚至为了让这个谎看起来更真实，你可能会虚报另外两个供应商的名字。但是这样真的好吗？如果你的谎言很容易被对方戳穿，将会很难堪，并失去对方的信任。即使对方没有办法证实你说的是真是假，你也不要这么做。**）

B. 你说这个问题真有意思,你没法回答。(**这是一个比较拙劣的回答。拒绝回答问题本身就已经告诉了对方答案。**)

C. 实话实说,就他一家供应商,希望他们对这个项目进行仔细评估,报出合适的价格,这符合双方的利益,不然的话你们有可能会寻求其他替代方案。(**这么回答说明你是一个非常注重个人诚信和道德情操的采购谈判专家。你不喜欢撒谎,也不喜欢误导别人,你会在事实的基础上尽量做最有利于自己的回答。这个回答中你告诉了对方事实,但是又非常诚恳地陈述了利弊和不同行为的后果,供应商不得不有所忌惮,对利用只有他一家供应商的优势来获取不当利益可能带来的后果仔细考量。**)

D. 告诉他这是公司机密,按照公司规定不能告诉他。(**这是一个非常实用而且狡猾的回答。既避免了撒谎,也让对方没有办法摸清真实情况,因此既维护了你在谈判中的优势地位,也没有对你们双方的关系造成伤害。**)

三、放低姿态

要懂得放低姿态,才容易获得对方的让步。

【自我测试 12-3】

你正在和供应商进行一个项目的谈判。为了说服你,供应商列举了和你们公司历年的项目清单,并且把每个项目的金额大小都列了出来。这个时候你发现,他列出的每个项目的项目金额基本上都是原始报价的金额,并不是跟你以前同事谈好的最终价格。如果把最终谈好的价格列出来,恐怕现在这个项目的价格也要往下打很大的折扣。你应该在供应商讲这个的时候就打断他吗?

A. 应该

B. 不应该

采购通常被认为是甲方，有朝南坐的这种说法，这些都映射出传统买卖关系中买方和卖方的地位，但在现代企业经营中，买和卖的关系，随着市场的变化发生了很大的变化，甲方和乙方的关系也随时都会发生改变。所以作为采购，我们如果一直秉承自己是甲方，一直以高高在上的态度来对待我们的供应商，恐怕是很难行得通的。

做人要真诚，要最大限度地尊重对方，要放低姿态，积极主动地和对方进行沟通，特别是自己处于优势地位时，放低姿态会带来意想不到的效果。承认自己并不是事事皆知，会大大增加你的亲和力，而且让别人也更容易接受你的意见。放低姿态更是如此！

（一）主动示好

主动示好是一种很好的放低姿态的方式。主动联系、主动拜访供应商，都是主动示好的表现。中国人有一个传统，就是希望和朋友做生意，而西方人则认为通过做生意可以交到朋友。向对方主动示好，表达自己的真诚与善意，让对方明白自己的立场与获得合同的渴望，有时未必是坏事。主动示好是用真诚打动对方，这在我们的日常行为规范中也是一个必须遵守的原则。

在主动示好时，要明白几点：

- 如果能见面，尽量面谈。
- 保持经常性联络，方式包括邮件、电话、短信等。
- 以展示真诚和善意为主，最好让对方在心理上感觉有些亏欠你。

（二）注意倾听

倾听他人谈话，就是对他人价值的承认。

倾听不仅是获取信息、了解对方需求的一种手段，也是向对方做出的一种对你而言丝毫无损的让步。在谈判中，你必须时常注意说话者的眼睛，保持警觉，坐得挺直，靠近对方，仔细听对方讲话，给对方以备受尊重的心理满足感。谁愿意对着一群毫无反应的人大谈特谈呢？

比如，如果我们在和对方谈判的时候，对方"不小心"提到儿子刚刚考上清华大学，我们要立即停下来给予回应，夸奖对方，仔细询问考上的细节，同时讲讲清华大学的特别之处，自己或自己熟知的人与清华的各种经历。这样会极大增加对方的好感，给谈判带来益处。

在谈判中我们要通过倾听读懂对方的情绪，注意倾听他人描述情绪的言辞，看穿对方的想法。比如他说，我今天太高兴了，又拿下一个大项目，高兴就是他的情绪；我今天非常难过，我搞砸了一件重要的事情，难过也是他的情绪。

我们也可以通过语音语调辨别出他的情绪。如果对方的音调特别高或特别低的时候，那说明我们就要注意对方情绪的起伏。比如，同事回应你早上打招呼时，如果语气高昂或者语气低沉，就是完全不一样的情绪，一般人都能够感觉得到，甚至直接做出判断，问他今天为什么这么高兴，或者是不是碰到什么事了。

我们还要注意他们说话的方式、说话的内容，哪些说了，哪些没有说；我们要注意听他们有没有为自己的行为和要求辩护；我们要小心地听他们有没有在努力说服我们认同他们刚才说的话。

在仔细聆听中，找到蛛丝马迹，找到突破口，找到对方真正关注的东西，然后找出相应的对策。

【精彩案例 12-2】只要听着就好了

倾听是谈判者所能做出的最省钱的让步方式。如果你认真倾听对方谈话，对方会认为你很有礼貌，觉得你对他很尊重，因而，在谈到交易条件的时候，也会顺利得多。美国广告商奥格威在创业之初遇到的一件事，让他深深体会到了倾听的益处。

有一次，奥格威去拜访一位年事较高的俄裔美国人柯诺夫，他生产拉链赚了大钱。在领着奥格威参观他在奈瓦克的工厂之后，柯诺夫让奥格威搭乘他的凯迪拉克轿车回纽约。奥格威注意到，柯诺夫手里拿着一本《新共和》，这种杂志在当时只有很少的订户。于是他问道："您是民主党还是共和党？""我是社会主义者。"

听得出来，柯诺夫对自己过去的经历颇为自豪。

柯诺夫又说："1904 年，在我还是孩子的时候，我要赤着脚在雪地里走 5 英里去一家卷烟厂干活。我的真名是卡冈诺维奇，联邦调查局以为我是政治局里的那个卡冈诺维奇的兄弟。他们搞错了。"他大笑起来，过了一会儿，又接着说："我刚来美国的时候，在匹兹堡当机械工，每小时赚 50 美分。我的妻子是绣花工人，她每周能绣出 14 美元的活儿，可是从来没有得到过工钱。"

这位颇为自豪的百万富翁接下去又告诉奥格威，在列宁和托洛茨基被流放期间，他和他们过往甚密。

奥格威只是静静地听着，什么也没有说，结果他得到了这位客户。

（三）要多提问

"傻傻地问"，自己不懂的地方，多向对方请教。

比如说："你是专家，这个行业我也不是很懂，你肯定有好的办法，你看看怎么办啊？"

要多让对方提出建议和批评。面对一个真诚、谦卑而又好学的人，一般人都乐于指导一番。

主动去征求别人的建议，也会极大增加建议人的权力感。特别是针对比较年长或者处于领导岗位的人来说，时时征求他们的意见，实际上就是一个示弱的过程。

我们可以把沟通中获取的各种信息记录下来，分析整理，然后在后续的谈判中，我们就可以交叉使用"以理服人"中的各种谈判技巧，来为我们赢得谈判。

关于提问，我们要特别注意技巧。我们要对对方保持好奇心，多问开放式问题，比如"为什么啊""还有吗""你能和我多讲一些吗"之类的。

至于封闭式问题，比如"是不是"之类的，尽量不问。

为什么这么说呢？

首先，通过封闭式问题，我们获得的信息其实非常有限。比如，谈判时，如果对方针对你的某个提议迟迟不表态，你要问多个封闭式问题才能找到真正的原因："你是不是不满意我们的付款条件？""你是不是怕回去不好交差？"相比较而言，简单地问一句"你有什么疑虑吗"，可能很快就能得到你想要的答案。

其次，很多封闭式问题其实都已经包括了发问者的预判，所谓问问题只不过是想证实一下自己的判断，甚至不经意之间显示了自己的某种傲慢，极有可能引起对方的不满，让对方觉得自己自以为是。"凭什么你这么问，你就这么了解我吗"可能会变成对方的心理活动，引起不必要的对抗。

因此，在谈判中想要表达自己已经放低姿态时，就不要提出封闭式问题，要多提开放式问题，用谦卑的态度，让对方多多发言，主动发言。

自我测试 12-3 解析

你正在和供应商进行一个项目的谈判。为了说服你，供应商列举了和你们公司历年的项目清单，并且把每个项目的金额大小都列了出来。这个时候你发现，他列出的项目金额基本上都是原始报价的金额，并不是每个项目跟你以前同事谈好的最终价格。如果把最终谈好的价格列出来，恐怕现在这个项目的价格也要往下打很大的折扣。你应该在供应商讲这个的时候就打断他吗？

A. 应该。（你喜欢在说话时被别人打断吗？虽然我们都不喜欢说话时被人打断，但是扪心自问一下，我有没有打断过别人？相信你肯定会承认，自己曾经打断过别人说话，甚至经常这样做，尤其是当你认为被别人不公平对待时，或者你认为非常重要的事情被别人说错

时,你可能会忍不住打断别人。谈判中非常重要的一点,就是要注意倾听,不要打断对方,即使你认为对方说的并不对,也并不同意他的论断。)

B.不应该。(这是一个正确的做法,没有人,包括我们自己,喜欢被别人打断,最好的做法是永远不要打断别人。我们要等别人说完之后,轮到自己说话时,再开口向他们提问。我们可以在别人讲话时,仔细地倾听,把你认为有问题或有疑问的地方记录下来。你记的问题越多,说明他们讲的问题越多,可能的错误也就越多。当你在他们讲完之后,抛出这些问题,他们的回答可能就会削弱自己刚才的很多说法。这样你在谈判中就会处于比较有利的位置。如果你在他们发言时突然跳出来打断,恐怕会激起他们的防御机制,更不好对付。)

四、假装糊涂

人生难得糊涂。所谓糊涂,不是真正的糊涂,而是表面糊涂,内心明白,揣着明白装糊涂。

【自我测试 12-4】

你一直打交道的一个部门经理,为人非常霸道,常常不管不顾,让你处理一些急单,稍不顺从,马上就找你的上司去投诉。你会怎么做呢?

A.找机会和他私下沟通,说这样让你很不舒服

B.在工作中和他针锋相对,时不时还找自己的经理帮忙

C.按照公司流程,安安静静地做好自己的工作

(一)做不情愿的买家

作为公司的采购、市场上的买家,即使再迫不及待,也要表现得不

是很情愿。每个人心中都有一个"走开"的价格，这个"走开"的价格就是底线，过了底线，对方就会立刻走开，不再谈判。

怎么才能知道对方的底线呢？只有不停地试探。用"不情愿"策略可以不断降低对方的谈判空间，接近我们的期望价格。通常，当我们表现得不情愿购买时，对方很有可能放弃一半的谈判空间。

比如，我们要购买一台设备，供应商的"走开"价格是80万元，销售原来打算报120万元，现在看我们不情愿，可能第一次报价就只有100万元了。

如果卖家也使用这种方法，做个不情愿的卖家怎么办呢？谈了很久，对方也表现出极其不情愿的样子，谈判推动不下去了。这时可以让对方先做出一个承诺，把已经谈好的条件、价格等锁死，然后采取黑白脸策略，说要去请示上级，让他也有一个台阶下，也为对方后续继续让步提供了一个理由。

不情愿的样子也会让对方有一种赢了的感觉。

（二）懂也装不懂

在谈判中，有的时候自己也不是真的处于弱势地位，但是在谈判中要表现出自己很弱势的样子，达到自己的目的。假装实力很弱小，对情况一无所知，使对手放松戒备，达到了解对方情况的目的，为谈判的胜利打好基础。

有时候我们还要把破绽或弱点故意暴露给别人。比如，很多供应商有时候不想和我们做某个生意，就故意报一个很高的价格，这样一来，我们既不会选择他们，他们也不会因为直接拒绝而导致关系受损。

绝不要太快表现出自己什么都懂，更不要在事情一开始就急于证明自己的聪明才干。即使你知道问题的答案，也要根据形势装不知道。

赫布·科恩在《谈判天下》中有一个经典案例，讲述了日本航空公司的三位代表，如何使用这一策略对付了一大帮经验丰富的美国公司代表，十分精彩。

【精彩案例 12-3】假装不懂，逼对方妥协

日本一家航空公司的三位代表，同美国一家企业进行谈判。

谈判从上午 8 点开始。美国公司的谈判人员一上来就开始介绍本公司的产品，他们利用图表、图案、报表等大量信息来展示他们的数据资料，还将其投在屏幕上，图文并茂、持之有据，以此来表示他们的开价合情合理，产品的品质优良超群。这一推销性的介绍过程热闹非凡，整整持续了两个半小时。

在这两个半小时中，三位日本人一直安静地坐在谈判桌旁听着，一言不发。

介绍终于结束了，美方的一位主管充满期待和自负地打开了房间里面的灯，转身望着那三位不为所动的日本人说："你们觉得怎么样啊？"

一位日本人礼貌地笑笑，回答说："不好意思，我们不是很明白。"

那位主管顿时变了脸色，吃惊地问说："你们不是很明白？这是什么意思？你们哪个地方不明白？"

另一个日本人也礼貌地笑笑，回答说："全部都没有听懂。"

那位主管的心脏几乎要停止跳动，他问："你们是从什么时候开始不明白的？"

第三个日本人也礼貌地笑笑，回答说："从开始演示的时候就不是很明白。"

那位主管无奈地瘫在了墙边，松了松自己那条昂贵的领带，气馁地呻吟道："那么，你们希望我们怎么办呢？"

三个日本人异口同声地回答说："你们可以重放一次吗？"

不知道你怎么想。到底是谁赢了呢？谁又在愚弄谁呢？是那些精明强干、准确充分、打算反击一切进攻的美国人，还是自称什么都不懂的日本人？谁又能够有最初的热诚和信心，将持续两个半小时的推销性介

绍再来一遍呢？

反正，美国人的士气受到极大的打击，后面的谈判一败涂地，虽然最终达成了协议，但是要价也被日本人压到了最低。

【自我测试 12-4 解析】

你一直打交道的一个部门经理，为人非常霸道，常常不管不顾，让你处理一些急单，稍不顺从，马上就找你的上司去投诉。你会怎么做呢？

A. 找机会和他私下沟通，说这样让你很不舒服。(**在我们的职业生涯中，总是要和各种各样的人打交道，有人让你舒服，肯定也会有人让你不舒服。换个角度想一想，说不定是你自己让别人不舒服也是有可能的，可能需要承担责任的不是别人，而是你自己。**)

B. 在工作中和他针锋相对，时不时还找自己的经理帮忙。(**为什么要针锋相对呢？这么做对你有什么帮助吗？能给你的工作带来好处吗？找自己的经理寻求建议是可以的，找他帮忙可能就不大好了。**)

C. 按照公司流程，安安静静地做好自己的工作。(**这是比较正确的做法。我们在谈判中不仅要面对外部供应商，也会面对内部的同事。不管我们喜欢还是不喜欢对方，我们都必须去应对这些形形色色的人。如果他的行为确实给我们的工作带来了困扰，我们还是要按照公司流程，提出要求。但是，无论对方抱着什么样的目的这样对待我们，我们都要以专业的工作态度去对待每一个人，踏踏实实地把自己的工作做好。**)

思考题

1. 博取对方同情除了预算不够和强调困难以外，还有什么好的办法吗？
2. 道德约束在什么谈判情形下适用？
3. 我们为什么要放低姿态？放低姿态有哪些表现形式？
4. 在什么样的情形下可以假装糊涂？

Chapter13
第十三章

以礼诱人

学习目标
1. 了解如何和谈判对方以礼相待。
2. 理解"投桃报李"的原理及其在谈判中的应用技巧。
3. 掌握"奖赏认可"能够发生的机理和如何灵活应用到谈判中。
4. 学会如何为供应商创造价值并一起把蛋糕做大的谈判技巧。

人们都有投桃报李的心理,所以我们可以使用"欲取之必先予之"的谈判方法。毕竟,市场经济的本质就是交换。

"以礼诱人"是指在符合法律、道德和公司规定的情况下,去分析对方需要什么,然后尽力满足,以获取对方的反馈来达到谈判的目的。

一、以礼相待

以礼相待是给对方一种被尊敬、被重视的感觉。

【自我测试 13-1】
一家供应商来拜访你,在他准备离开时,你会怎么做?
A. 说一声再见,让他自行离开

B. 起身，送他到门口，互相道别，目送他离开

C. 询问对方的交通方式，如果是打车来的，让助理帮他叫一辆出租车

（一）礼貌谦让

在谈判中，如果对方说你很有风度，那么意味着你对对方态度温和、礼貌谦让、热情友好，言谈举止比较到位，对供应商很尊重，诚意十足。

其实在谈判中，如果你没有风度，双方还互相看不顺眼，信任就无从谈起，谈判自然也困难重重。所以，作为一个专业的采购，要不断提高自身的修养和风度，为谈判中的信任关系打下良好的基础。

中国自古以来被誉为"礼仪之邦"，"面子"与"礼节"是中国人非常重视的，而这具体就表现在满足对方面子的要求，多认同对方的地位，强调对方成就等，同时，得体的衣着也会表示出对对方的尊重。

商务谈判过程中，气氛的发展变化直接影响谈判的最终结果。为了能在谈话过程中形成良好、融洽的氛围，我们不仅应在礼节上尊重对方，同时应尽量减少自己与他人在感情上对立，用幽默的语言拉近关系，为谈判奠定成功的基础。

（二）礼轻情意重

在日常工作中，还有一种久经考验的方法，能够微妙地增进双方的信任，那就是要给对方某些作为善意象征的礼物。

作为采购，在参加展会或开会的时候会经常收到供应商赠送的小礼物，如果采购也能够给供应商准备一些公司的小礼品，在合适的时候赠送给对方，会让对方喜出望外，更能赢得对方的信任。

礼物能够促进双方的沟通，有助于建立互信和长远的关系，特别是不相干的陌生人之间互赠礼物，常常是表达愿意在未来发展关系、开展合作的一种明显信号。作为公司的代表，在合规的前提下，互赠礼物也是表明双方关系的象征。很多时候，重要的并不是你所送礼物的货币价

值,而是你送出的尊重以及你所付出的时间价值。

不过,我们必须选择合适的礼物,对于一些忌讳的事项要多加注意。在礼物赠送这一环节,进行礼物选择前需要充分了解对方的喜好,选择合适的礼物,避免产生误会。比如,我们中国人应该没有送"钟"的。

【精彩案例13-1】以礼相待促成合作

2014年某塑料机械有限公司(简称"机械厂")与以色列某工程设备有限公司(简称"以色列厂")进行商务谈判,此次谈判的背景是以色列厂欲购买机械厂的产品。

从接机开始,机械厂就精心安排公司的销售员手捧鲜花去机场等待,让对方感觉受到重视,如沐春风。同时,机械厂还安排了一个安静、舒适的会议室,等待各位的到来。当天出席谈判的双方代表共有六人,机械厂的代表是总经理、销售经理、生产经理,以色列厂的代表为总经理、采购经理、品质经理。

谈判开始后,机械厂首先借用中国的古话"有朋自远方来,不亦乐乎",来表达对以色列客户代表的欢迎之情,营造一种轻松融洽的氛围,并给对方留下一种合作的潜意识,为接下来的谈判做了良好的铺垫。

整个谈判过程中,价格与条款是最有争议的部分,为了能够在价格上达成一致,双方在遵循礼貌原则的基础上,不断妥协让步,体现出为了解决分歧双方都做出了努力。对于没有达成一致的地方,会用数据做出充分的说明,并表达出对未来合作机会的期待。

最后,机械厂对以色列厂三位代表的专业工作做出了高度评价,大家在一片笑声中结束了会议。以色列代表对机械厂的真诚与不卑不亢的礼节所打动,最终双方达成协议,以色列厂从机械厂购买了两套设备。

为了庆祝谈判的顺利结束,机械厂最后还邀请以色列厂一行共进晚餐,并给三位代表准备了极具中国特色的伴手礼,让他们满意而归,也为后续合作打下了良好的基础。

自我测试 13-1 解析

一家供应商来拜访你,在他准备离开时,你会怎么做?

A. 说一声再见,让他自行离开。(**说明这个供应商对你来说并不是太重要,和你是非常一般的关系,所以你表现得很平淡。也有可能你觉得这很正常。**)

B. 起身,送他到门口,互相道别,目送他离开。(**这是对供应商的尊重,以诚相待。毕竟,热心接送客户的供应商有很多,能够热心接送供应商的采购却不是很多。这对建立双方的信任非常重要!**)

C. 询问对方的交通方式,如果是打车来的,让助理帮他叫一辆出租车。(**不管这家供应商跟你的关系如何,配合程度如何,如果每次来拜访,你都能如此礼待,相信他会给予你回报的。**)

二、投桃报李

人们都有投桃报李的心理,欲取之必先予之。

【自我测试 13-2】

你们工厂用来清洗工装夹具的溶剂上一次买少了,当发现不够用时,已经有点晚了。但是,如果工装夹具不及时清洗,会对产品的质量产生很大的影响。于是你让供应商加急送 1000 升过来。你觉得他会:

A. 跟你说,你运气真是太好了,他们正在搞活动,估计马上可以给你送过来,还能给你打 5% 的折扣

B. 叫你放心,他会帮你搞定

C. 说当然可以,但是这种情况他需要加 10% 的紧急调货费用

D. 跟你一再说,抱歉这个时间太紧,他们估计做不到

(一)关注对方,学会交换

市场经济的本质就是等价交换。

人们在交往的过程中，一个非常重要的原则就是"公平原则"。这就意味着，你为我做了什么，我就会付出等额或超额的回报。这是非常自然的人类本能，也是交易的根本，甚至可以说是文明发展至今的基石。我们很多采购在谈判中，一味地"逼"供应商进行降价，没有准备好相应的谈判筹码去和供应商交换自己所需的东西。

很多谈判之所以成功，能够让双方都产生互利双赢的感觉，靠的就是交换。不过，很多时候交换并不是可以量化的数字。

有人解释说，所谓谈判，关键是那个"判"字，就是一刀两半，然后一人一半。但是，实际谈判中并不是这样，很多时候更不会一人一半这么简单。毕竟，我们很多人对不同事物的看法不一样，自己评估的价值自然也不一样，我们大量交换的是不同的东西。

交换评价不同的东西，特别是一方重视而另一方不重视的东西，很多时候会让你事半功倍。我们双方并不是一味地只关注价格，不同时刻的关注点和需求是不一样的。我们要善于发现自己和对方可以拿来交换的东西，如果你能够找到对你来说视为鸡肋，对于对方来说却视若珍宝的东西，那么交换的结果自然就会皆大欢喜。

比如，如果付款方式并不是我们在意的，付款方式就可以比较灵活；如果对方资金吃紧，对付款方式很在意，我们就可以在这上面做出让步，从而在价格上要求更大的回报。

再如，有时候我们出于项目计划的原因，对货物的交期非常敏感，这个交期就是我们要非常重视的。如果恰好供应商有库存，那么早交货对他来说不是什么问题。但是，如果我们的这个状况被供应商获知，那么很有可能我们不得不多答应供应商的一些条件（比如价格）来满足项目计划的要求，但总体来说都是不错的结局。

因此，在谈判之前我们一定要对对方的真正需求和自己手上可以拿来交换的东西做深入的了解。了解得越清楚，越能帮你发现双方评价不同的东西。

这里我们可以介绍几种如何发现双方评价不同的东西的方法。

第一个是看对方对风险的承受能力如何。有人追求高风险高收益，也有很多人追求低风险低收益。一个大家日常会碰到的例子是坐过山车，有人宁愿排两个小时的队也要体验一下那种刺激感，但是也有人即使你送他票，他也不会去坐，更别说排队了。

第二个是很多人对时间的评价不一样。有的人时间很充分，一点也不着急，但是有的人时间很紧急，宁愿花大价钱也要快点把事情搞定。上面我们提到的项目交期的情况，大家在采购日常中都会碰到，这就是大家对时间的评价不同造成的。

第三个是大家对同一个事情或项目抱着不同的期望，此时我们就可以拿来谈判，拿来交换。比如常见的设备采购，有的时候我们希望跟供应商绑定三年，以保持供货的价格和数量不变，但是很多供应商担心原材料和人力成本会上升，从而导致价格上涨，不愿意签这种合同。这个时候我们就可以跟他签一个灵活的合同，比如规定如果某种原材料价格上涨多少，价格就进行相应调整。还有些供应商担心我们采购的数量并不能够达到承诺，不愿意统一给一个很大的折扣，这时我们就可以去谈一个阶梯价格，买不同数量的设备有不同的折扣。

第四个是要关注"面子"和"里子"的问题。我们要注意仔细观察对方，有的人在乎面子，有的人在乎里子。特别是一些大的公司，更在乎面子，这个时候你就可以给足他们面子，从而获得更多里子，也就是我们能够实际拿到的东西。

（二）自己让步后，一定马上要求对方让步

在谈判中，无论什么情况下，一旦自己做出了让步，一定马上要求对方让步，索取相应的回报。为什么要这样呢？有人觉得这样不是很好，太过急功近利。其实这里有一个心理上的因素：服务价值递减定律，也就是服务（让步）的价值会在服务结束的那一刻会迅速贬值。出于这个原因，服务类工作都是提前谈好价格的，比如咨询、中介甚至理发，不然你自己接受完服务后就会觉得不值那个价格。

所以，无论你做出了多么微不足道的让步，也一定要求对方做出一些相应的让步。千万别坐在那里等着，想着对手会因此而对你感激不已，甚至以为对方会对你有所补偿，那是天方夜谭。通过要求对方给予回报，也让你自己的让步更有价值。再者，根据公平理论，既然是谈判，为什么要免费让步呢？一定对方也让步，消除不公平感。

这种谈判技巧还可以让你避免不必要的纠纷，抵制对方的蚕食策略。 当对方知道每次要你让步都需付出相应代价时，他们就不会采用蚕食策略，一而再再而三地提出额外的要求了。

【精彩案例13-2】算不算"过河拆桥"呢

一家公司供应轴承的主要供应商生产出了问题，导致不能按时发货。如果一周以内没有将轴承送到，库存就会耗尽，整条生产线也会停下来，生产线一旦停下来，很快就会导致客户停产，后果不堪设想。

压力很快转到了负责该物料的采购小王身上。幸好小王去年开发过一家小供应商，质量也得到过工厂的认可，也小批量地供应过一些轴承，只是一直没有机会大批量的合作。于是，小王给这家小供应商打电话，问他们能不能想办法在一周内送来一批轴承。这家供应商等这个机会已等了很久，什么要求也没有提，就一口答应下来。他们拼命地加班加点，积极安排运输，竭尽全力终于在规定的时间把轴承送到了小王公司的仓库。

为了表示重视，这家供应商的老板还亲自监督装车卸货。小王因此对供应商感激不已："太谢谢了，谢谢你们帮了我们大忙，谢谢你们做的这一切。你们简直太棒了！"这时，供应商借机提出要求："很高兴有机会为你们服务，只要你们有要求，我们一定竭尽全力。不知道是否可以考虑把我们列为你们的主要供应商啊？"

小王不假思索地说："这是一个很好的提议。不过现在我还没有时间考虑这个问题，因为我马上要赶到生产线，确保一切都运转正常。下周一上午10点你到我的办公室来吧，我们好好讨论一下这个问题。如果可以的话，你最好中午来，这样我还可以邀请你共进午餐，感谢你帮我所做的一切。"

一整个周末，这家小供应商的老板都在兴奋之中，觉得自己雪中送炭，给了小王一个天大的人情，一定会有巨大的回报。时间很快就到了下周一，他准时来到小王的办公室。该谈的事情也谈了，该吃的午饭也吃了，但是好像并没有改变什么，似乎关于未来的谈判仍然像以前一样困难。这位老板陷入了深深的困惑之中。

为什么呢？是自己做得还不够到位吗？还是小王太不近人情呢？可能是他不了解服务价值理论吧。他没有想到的是，给对方所提供的任何服务都会迅速贬值。不管他为小王的公司做过什么，所有的一切都会在完成服务的那一刻瞬间失去价值。

自我测试 13-2 解析

你们工厂用来清洗工装夹具的溶剂上一次买少了，当发现不够用时已经有点晚了。但是，如果工装夹具不及时清洗，会对产品的质量产生很大的影响。于是你让供应商加急送 1000 升过来。你觉得他会：

A. 跟你说，你运气真是太好了，他们正在搞活动，估计马上可以给你送过来，还能给你 5% 的折扣。（**只能说这个供应商太实在了，也非常不会做生意。他没有利用这个机会好好跟你谈一谈不说，反而主动送你一份大礼。对于供应商本次的行为，你应该表示感谢，但同时要留意，在后续的谈判中，避免供应商把这件事作为筹码。如果供应商真的把这件事作为谈判筹码，你需要明确把这两件事区别对待。**）

B. 叫你放心，他会帮你搞定。（**如果供应商这么说，一般都会帮你搞定。但是，你可能要多留一个心眼，看他会不会在后面提出额外的附加条件。比如，发货之后跟你说，他付出了很大的努力，才把这**

些货调到位,希望你能够考虑到以后的关系,大家互相支持。当然,他也有可能在发货之前突然给你提下面选项 C 中的条件,在你同意之后才发货。你心里要做好准备,想好如何去应对。)

C. 说当然可以,但是这种情况他需要加 10% 的紧急调货费用。(这是一个非常有经验的供应商,他肯定会说这是公司的规定。为了让他尽早发货,你可能没有别的选择,但是这个加急费用的多少,你要好好谈一谈。比如,你可以说加急费用没有问题,你也完全理解,但是到底加多少,你们可以后面再慢慢谈。同时,你也可以告诉他,"趁火打劫"可不是一个长期合作的供应商应有的行为!)

D. 跟你一再说,抱歉这个时间太紧,他们估计做不到。(只能说这个供应商的销售不太合格。既没有服务到客户,也没有帮公司赚到本来能赚的钱。这样的标准品,即使没有足够库存需要调货,想想办法总是有的。哪怕需要付出额外的加急成本,只要自己的客户能够接受,为什么不提出来试试呢?)

三、奖赏认可

每个人都关注、强调自己的胜利,需要得到别人的奖赏认可。

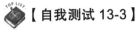【自我测试 13-3】

一家供应商采取了非常特别的激励制度,对于年终销售额业绩排名前十的员工,让他们成为公司"总裁俱乐部"的成员。不过这仅是一种荣誉称号,并不会带来多少实实在在的好处。唯一的好处是,公司的 CEO 会向全体员工发邮件,让大家知道这些先进人物都是谁,并且把他们的名字和办公文具上都印上一颗金色的小星星,然后再组织他们到一个美丽的小岛上度三天假。

不过有机会进入前十的销售人员,在每年的最后一两个月会面临一个两难抉择。如果他们将所有在手交易本年度完成,他们进入"总裁俱乐部"的机会就会大大增加。但是,这样做的代价不菲,因为他们能够获得的提成肯定会少很多,平均算下来可能少10万元。这是因为,公司设定了一个累进型的提成规则:销售人员当月销售业绩越高,佣金率就越高。但是,一般年底是销售的淡季,年初是销售的旺季。如果你是这个公司的销售,你会怎么选择呢?

A. 在年底确认所有的销售收入,争取进入"总裁俱乐部"
B. 还是拿到手的提成实在,选择延迟确认销售收入
C. 看自己进入"总裁俱乐部"的机会有多大再做决定

(一) 不要吝啬奖赏

拥有给予对方奖赏的能力,就在谈判中拥有很大的影响力。

这里的奖赏不仅是指物质,还包含着荣誉等精神方面的奖励,对于谈判的对象,我们要挖掘他的内在需求。

比如,对于一些零散的非标件、需要紧急配合的维修作业,有时现场停机待料的损失可能是以每小时几万元计算,对于这样的需求,我们追求的是效率。因此,我们可以和供应商谈好在约定时间内如果提早完成并交付使用,可以给予适当比例的奖励,以促进其紧急配合的积极性,更重要的是降低了公司停机待料的损失。

在谈判过程中,我们有更多的东西可以拿来奖赏供应商,交换我们需要的东西,特别是所谓"虚拟"的东西。我们可以承诺对供应商进行培训,制订发展计划,如果合作得好可以考虑提早付款等。我们可以认可销售的能力,提供优秀供应商的荣誉称号,提供未来的合作机会等。

在谈判过程中,我们不要吝啬这类"虚拟"的奖赏,比如"季度优秀供应商""年度品质十佳供应商""年度合作伙伴""年度战略合作商"等,这种属于精神、名誉类的奖赏。这些也是在日常谈判中我们可以用来谈判的某种筹码,在给予厂商一些鼓励的前提下,促使他达成你的某些条款。

甚至,我们还可以准备一个特别的仪式给新的供应商等。

我们要注意的是，奖赏的主要风险是对方将奖赏习以为常，只有在提供奖赏时才会做出反应。在运用奖赏的力量时，一定要引入"鲶鱼效应"，创造竞争的氛围，避免对方习以为常。

【精彩案例 13-3】一块"牌子"就省了 1000 万元

广东某家汽车零配件厂常年从一家长期合作供应商 A 那里采购一种塑料件，每年的采购额高达上亿元。经过长期的合作和年复一年的谈判，双方形成了比较稳固的关系，价格也基本固定在了每件 5 元。

日常的工作一天天下去，老板的期望却从来没有改变，但毕竟继续把成本降下去才能保持产品的竞争力。因此，负责此塑料件的采购不得不殚精竭虑地四处寻找新的契机来降低成本，在和供应商 A 继续谈判的同时也在寻找其他货源。

终于，功夫不负有心人，被他找到了一个新进入这个行业不久的供应商 B。供应商 B 已经在其他行业提供类似的塑料件很多年了，倒是在汽车零配件行业才不久，而且只有一些不知名的小客户。这家汽车零配件厂在业内有很大的影响力，如果能够给它提供产品，其他客户就会容易很多，因此供应商 B 也非常上心，积极配合对方的各种要求。经过反复测试验证，他们的产品也能够完全满足这家汽车零配件厂的要求。

于是，谈判开始了。

供应商 B 倒是非常有诚意，一下子就把价格降到了 5 元，但是供应商 A 紧张归紧张，却不肯做任何让步。看来双方都没有太多利润空间了，不管怎么谈都没有进展。谈判陷入了僵局。怎么办呢？三方都在苦苦思索，却不知道怎么办好。

一年一度的行业展览又来了。我们的主角，一直推动这个项目的采购，在自家精密布置过的展台上"不经意"地和供应商 B 的老板碰到了，自然就谈到将来的合作和陷入僵局的谈判。供应商 B 的老板谈到自己在这个行业难以开拓客户的难处，说自己已经把价格一步降到位了，实在不知道如何配合才好。这位采购灵机一动，想起以前"谈判"学过的技巧,"利"不通,"名"来行。他说:"要不这样,我们去帮你在行业里面推广你们的产品,如果你做得好的话,年底的供应商大会我们会邀请你参加,而且会给你一块'优秀供应商'的牌匾,你觉得如何?当然,价格上面我也要回去好交差。你看 4 元,如何?"对方思考了良久,可能考虑到第一年量不是很大,可能被这个"优秀供应商"的名号所吸引,更为这个可能的美好前景所折服,当场同意了这位采购的要求。

合作开始了。

供应商 B 一点点开始供货,产品的质量也很稳定,渐渐赢得了这家汽车零配件厂的信任,采购量也在稳步上升。不承想,一年下来,居然供应量达到了 1000 万件。我们的这位采购自然功不可没,毕竟为公司节省了整整 1000 万元。又是一年的年底到了,汽车零配件厂没有忘记供应商 B,给他发了 20 万元的奖金,奖励他为工厂做出的巨大贡献。

当然,供应商 B 也没有吃亏,因为供应量增加了很多,成本持续下降。更重要的是,他们得到了这家零配件厂的大力支持,很短时间就拿到了"优秀供应商"的牌匾,在业内打开了局面,客户日渐增多,产量和利润都在上升。

真是一个双赢的局面!

(二) 让对方有赢的感觉

谈判高手总是想办法让对方有赢的感觉,因此往往在开始谈判时就提出一些超出自己期望的条件。即使最后都让步掉了,也会让对方感觉获得了很大的成功。毕竟,人人都希望得到认可,尤其是在谈判成功之后。

虽然认可是一种免费且完全可以再生的资源,但是,认可代表的是对方对自己发出的信息所做出的积极反应,这种反应会让大脑产生愉悦感,从而使自己更加愿意配合对方。

认可对于我们的人生不可或缺。

因此,谈判结束后一定要祝贺对方获得了成功,要对对方专业的精神和艰苦的努力提出赞赏，让对方赢的感觉更加明显和持久。

要让整个谈判中看起来最傻的人是自己，而不是对方，这会加强对方赢的感觉。我们即使赢了谈判的大部分，也不可逞一时口舌之快而破坏了双方的关系。

还有一些小技巧会让对方在谈判之后赢的感觉更加深刻。

如果你们需要在谈判后签署文件，记得准备一只精致的钢笔，而不是塑料圆珠笔。一些重要的谈判场合，你甚至可以把这只钢笔在签署文件之后赠予对方，感谢他为此次谈判成功做出的努力，相信对方若干年后还会记得这一美妙的时刻。还有，谈判成功之后，一起吃一顿丰盛的晚餐也是一个不错的主意。

【精彩案例13-4】一个签字仪式搞定对方

2017年5月的一天，一家公司的采购小李带着研发部的王工一起来到采购部经理老盖的办公室。一进办公室，王工就叫了起来："老盖，我们正在开发的物联网业务谈不下去了！我搞不定了！你看看怎么办吧。"

老盖赶紧了解了一下情况。这是一项公司开发的物联网业务，需要采购电话卡，通过比较，他们选择了中国移动来联合开发。但在价格谈判中，很难达成一致，小李和王工反馈，从对方的表现来看，感觉价格还可以谈，但是对方又始终不松口，有种欲言又止的感觉，不知道问题出在哪里，实在找不到突破口。

老盖多少还有点见识，明白了对方的用意，于是就告诉王工，说他来和对方业务经理会一会。

老盖很快和对方的业务经理通了电话，主要沟通了以下三件事：
- 对方的价格决策人是哪一位？我们要正式邀请参加最后的谈判。
- 对方要求我方哪些人员参加最后的谈判，总裁是哪个级别？
- 对方是否希望在谈判成功之后举行一个签约仪式？

对方业务经理立即接了招，开始和老盖商讨谈判的具体细节安排。等一切安排好之后，双方相应级别的领导就坐在了一起，把最终的价格敲定，开始了双方的合作。

因为老盖所在公司高级别的领导也出现在了最终的谈判现场，表现出了很大的诚意，让对方的领导非常高兴。同时，鉴于本次合作是中国移动首次将业务拓展到家电领域，中国移动也希望搞个正式的合作签字仪式，方便它们扩大宣传。对于这个要求，老盖所在公司也极力进行了配合。签字仪式结束之后，双方都感到非常满意。

毕竟，对于老盖所在公司来讲，只要服务不打折扣，当然价格越低越好，至于搞什么签字仪式，只要让对方感觉赢得很爽，都是可以安排的。

自我测试 13-3 解析

一家供应商采取了非常特别的激励制度，对于年终销售额业绩排名前十的员工，让他们成为公司"总裁俱乐部"的成员。不过这仅是一种荣誉称号，并不会带来多少实实在在的好处。唯一的好处是，公司的 CEO 会向全体员工发邮件，让大家知道这些先进人物都是谁，并且把他们的名字和办公文具上都印上一颗金色的小星星，然后再组织他们到一个美丽的小岛上度三天假。

不过有机会进入前十的销售人员，在每年的最后一两个月会面临一个两难抉择。如果他们将所有在手交易本年度完成，他们进入"总裁俱乐部"的机会就会大大增加。但是，这样做的代价不菲，因为他们能够获得的提成肯定会少很多，平均算下来可能少 10 万元。这是因为公司设定了一个累进型的提成规则：销售人员当月销售业绩越高，佣金率就越高。但是，一般年底是销售的淡季，年初是销售的旺季。如果你是这个公司的销售，你会怎么选择呢？

A. 在年底确认所有的销售收入，争取进入"总裁俱乐部"。(**说明你对公司的认可更重视。为了确保自己能够进入"总裁俱乐部"，为了那颗金色的小星星，宁愿放弃比三天假期价值高得多的提成。因为你觉得这种认可会让自己的地位变高，地位变高会让你在团队中**

的位置变得非常重要，会触发自己大脑的奖赏系统，让你感到更加愉悦。地位才是你真正渴望和追求的，而不是金钱。因此，如果我们在谈判中也碰到这种人，一定要找准机会使用"奖赏认可"的谈判策略。）

B. 还是拿到手的提成实在，选择延迟确认销售收入。（**这说明金钱的奖赏才是你所看重的。如果在谈判中碰到这种比较现实的销售，你也可以利用他的这个特质，来促进谈判。当然做这种选择，不能说明他并不在乎那颗小星星，也有可能他觉得自己并没有机会进入前十，与其这样，反而不如追求退一步的奖赏，也就是延迟确认销售收入，从而他就可以得到更高的提成。你要综合多方面的因素来判断。**）

C. 看自己进入"总裁俱乐部"的机会有多大再做决定。（**这说明你比较理性，如果有机会的话，你一定会去追求那颗小星星，如果没有机会或机会很小，你也无所谓，可以去追求实实在在的奖赏。具体到谈判中，如果我们对自己和对方这方面的表现有清醒的认识，将受益匪浅。如果谈判中遇到这样比较理性的销售，我们就可以采取理性的、以理服人的策略与其谈判。**）

资料来源：此测试题由马修·利伯曼（Matthew D.Lieberman）所著的《社交天性》中关于社会奖赏作用的研究试验改编。

四、未来机会

如果你给不了对方美好的现在，那么记得，一定要给对方一个美好的未来。

【自我测试 13-4】

你们公司正在评估几个供应商的成套印刷设备，其中一个供应商主动提出来，他们可以提供免费的样机供你们工程师做测试评估，而其他供应商并没有如此想法。你会接受这个供应商的建议吗？

A. 会

B. 不会

（一）给供应商创造价值

我们在和供应商的谈判中，如果目前的条件和资源不能对谈判起到很好的帮助作用，那么我们需要把眼光放长远一点，从目前所谈的框架中跳离出来。可以好好想一下，我们是否可以在不远的将来或者别的什么地方给供应商创造额外的价值，来赢得供应商的让步。

比如，我们可以将参与公司未来项目的机会当作谈判的条件；我们尽力描绘一下自己公司未来 10 年发展的蓝图，给对方一个美好的希望，因此他们可以在目前谈的项目上有所让步，而且自己觉得也是值得的。试想一下这种场景：我们在要求供应商进行价格让步的时候，不经意地告诉对方，下个星期我们有另外一个很大的项目可能也要找他们报价，如果他们表现出诚意的话。

我们不仅可以描绘自己的未来，还可以帮助供应商描绘他们的未来，激励他们。比如，在说服供应商让我们免费试用新设备时，可以给他们描绘一下，如果产品试用成功会给他们产品的声誉带来哪些好处。同时，我们还可以允许供应商的客户到我们这里来参观，帮他们提高知名度。在需要的时候，我们还可以帮他们介绍其他的客户资源。如果我们有兄弟工厂，我们还可以将他们推荐到其他工厂去。当然，前提是他们的产品质量一定要好，而且能够在谈判中让步，给出吸引我们的条件。

还有一个重要的方法可以给供应商创造额外价值，就是"供应商帮扶"，尤其你目前所在公司是业内非常知名的公司，有成熟的管理体系时，这一点对供应商非常有吸引力。

因此，在采购谈判中，大家一定要充分认识到，供应商是我们的资源，帮助供应商就是帮助我们自己。我们不能只是一味地要求供应商让步，我们完全可以给他们提供帮助作为交换。很多日本的公司，如丰田、雅马哈，甚至会组建专门的供应商帮扶团队，对供应商进行培训，它们不仅重视供应商，甚至还重视供应商的供应商。我们作为采购不能只一味地重视淘汰供应商的方法，也要重视如何帮扶供应商。

毕竟，在供应链管理中谁掌握了优质的供应商资源，谁就能掌控市场的先机。因此，在采购谈判中，我们也要利用这一点，从而达到双赢的结果。

【精彩案例13-5】帮扶供应商就是帮自己

在本田实施"BP[○]计划"的过程中有这样一个案例。本田在美国购买了一家生产厂，打算扩大它在美国本土的市场，对供应商的选择也准备采用本土化战略。但是，一家关键部件的生产厂始终不能达到本田的要求，此时本田的做法是派出一个工程师小组，在该公司实施了将近半年的改善计划，终于使其达到了本田的要求，并且同该供应商建立了很好的合作关系。

日本有许多公司，如索尼、本田等，在同供应商的合作中都会构建一种信任和互利的关系。例如，索尼在中国建厂时，会要求供应商也来中国建厂，并且提供相关的帮助。初期虽然也许会有问题，但是从长期来看，这是一种共同培养市场和占领市场的共赢行为。

同样，欧洲和美国的许多汽车生产厂商，在车型的设计初期就已经同供应商合作，甚至很多功能都是由供应商来负责开发的。

（二）做大蛋糕，为双方创造价值

要想办法让双方一起把蛋糕做大，创造新的价值，做到双赢，才是谈判的应有之义。

在采购谈判中，价格永远都是最易引起分歧的，也是最受人关注的谈判重点。但是，聪明的谈判专家不会一直局限于价格这一议题，而是

[○] 在汽车设计领域，BP（Best Practice）指的是最佳设计、最佳实践。

针对多个议题同时进行谈判，寻找契机，和对方一起创造新的价值，找到最有利于我方的总体解决方案。当对方在价格上纠结，谈判陷入僵局时，不如考虑如下谈判议题，看看有没有别的组合方案，甚至一起把蛋糕做大。这些都是我们日常采购谈判中实实在在发生的，和总体的运营成本息息相关：

- 供应商的成本优化；
- 交货计划；
- 产品的质量要求；
- 服务水平；
- 技术支持和协助；
- 合同数量；
- 特殊包装要求；
- 各个项目阶段的责任划分；
- 付款条件；
- 付款计划；
- 运输方式；
- 运输责任；
- 质保问题；
- 产能承诺；
- 激励和罚金（当质量合格或不合格时）；
- 合同期限以及续约；
- 专有信息的保密；
- 知识产权的所有权问题；
- 合同纠纷的解决机制；
- 质量、交付、成本等因素的改善要求；
- 合作的前景和计划；
- ……

谈判中议题越多，双方可以拿来交换的东西也越多，也更愿意在自己认为不怎么重要的条件上让步，自然双方就更容易得到满足。

在双方想尽办法增加议题，一起把蛋糕做大时，双方都可以从中受益。哪怕有时在没有使任何一方境况变坏的前提下，使得至少一方变得更好，获得更好的条件，总体来说对双方都是有利的。在博弈论中，我们把这种方法和路径称为"帕累托改进"（Pareto Improvement）。当不可能再有更多的帕累托改进的余地时，我们称之为"帕累托最优"（Pareto Optimality）。换句话说，**帕累托改进是达到帕累托最优的路径和方法。**

为了做到这一点，我们可以在谈判中把可以交换的条件全都列出来。我们甚至可以把出于种种原因目前不容谈判的东西也都列出来。清单可以列得很长，如果列不出来，你就可能丧失许多谈判的好机会，就没有办法把蛋糕做大，当然也就不能给双方创造额外的价值。

如果实在列不出很多，我们还可以换个方式列出我们绝对不容谈判的事项，然后反问自己：这些事项为什么不容谈判？是谁不允许你谈的？有什么站得住脚的理由吗？是因为传统还是出于惯例？或者是出于公司的规定？多问上几句，你渐渐会发现，原来以为不能谈的东西也变成可以谈的了。

自我测试 13-4 解析

你们公司正在评估几个供应商的成套印刷设备，其中一个供应商主动提出来，他们可以提供免费的样机供你们工程师做测试评估，而其他供应商并没有如此想法。你会接受这个供应商的建议吗？

A. 会。（你接受了这个供应商的建议，等于是将未来的机会拱手让给这个供应商。供应商获得了先机，在后续谈判中，你就非常容易失去主动权。）

B. 不会。（不会的话，你可能会失去很多机会，比如利用供应商的样机免费做各种测试，甚至生产样品的机会。其实，你没有必要一口回绝，完全可以利用这个建议再去跟其他供应商谈判。如果所有供应商都能够提供免费的样机测试，你们既可以做全面的技术评估，又能够公平公正地对待所有供应商。更关键的是，对于采购来讲，你可以全面地控制整个项目的进程和谈判的态势，为最后的结果获取最有利的条件。）

思考题

1. 谈谈你关于"礼节"对谈判影响的理解？
2. 有哪些方法可以发现双方评价不同的东西？
3. 为什么要在谈判中让对方有赢的感觉？怎么能够做到这一点？
4. 尝试举出自己在谈判中和供应商一起做大蛋糕的案例。

Chapter14
第十四章

借力打力

 学习目标

1. 了解在谈判中我们如何借助内部力量的谈判技巧。
2. 理解如何借助对方的力量来促进谈判。
3. 学会借助第三方的力量来推动谈判。
4. 掌握一系列利用"无形的力量"的谈判技巧。

 小师妹插嘴

谈判中如何借力打力呢?

其实,借力打力,就是找到对方的"死对头",从而找到化解良策。**荀子《劝学》云:君子性非异也,善假于物也。**也就是说,君子的资质秉性跟一般人没有什么不同,只是君子善于借助外物罢了。

一、我方之力

再次强调,你不是一个人在战斗,你要善于借助内部力量。

【自我测试14-1】

有一个项目你已经和供应商谈得差不多了,但就是最后的价格谈

不扰。这家供应商的销售一直跟你说,他们自己是非常愿意再给你降价10%的,但是德国总部不同意,他们也没有办法。你会:

A. 接受目前的谈判结果

B. 不接受目前的谈判结果,让他们继续去跟总部申请折扣

C. 让他们提供德国总部负责人的联系方式,你要跟他们亲自谈判

(一)黑白脸策略

黑白脸策略是最有名的谈判技巧之一。

这个技巧利用的是"对比原理",一般用于有两个或两个以上人员组成的团队谈判。一个人用非常苛刻或不合理的要求对待对方,一直板着"黑脸";另一个人则一直和颜悦色地提出比较合理的要求,作为"白脸"。因为强烈的对比,你会觉得"白脸"更为公道,更容易打交道,自然也比较容易接受他提出来的要求。

我们在警匪片中看到两个警察审讯犯人时,使用的基本就是这个策略。一个警察神情严厉,警告犯人要从实招来,这时另外一个警察就会过来把这个警察劝走,细声细语地帮他分析其中的利害关系。一般情况下,犯人都会放松下来,开始信任后边这个的警察,慢慢地说起来。

这种谈判技巧可以在不导致产生对抗情绪的情况下使用,因为通过与第三方的强烈对比,能让对方在快速转移过程中放松心理戒备,从而达到自己的目的。因此,在采购谈判中,我们也要注意识破对方是否在使用这个策略,如果谈判时对方多带一个人来,你就要小心了。比如,我们就碰到过对方的总经理带着律师来谈判,为了不让他们使用这个黑白脸策略,也为了让项目顺利进行下去,我们都没有让对方的律师进入会议室。

在自己使用这个策略时,更多的情况下,我们可以充分利用自己的上级领导。一般来说,自己当白脸,黑脸可以是自己的上司,也可以是

部门的同事，而且最好不在场。

通常情况下，在你自己主导的采购谈判中，领导应该很少出席，而只是自己出席并主持谈判。在领导不在场的情况下，就可以利用黑白脸策略，这会增强自己谈判的自主性，可以争取最有利的交易条件，并且巧妙地避开双方可能出现的矛盾。比如你可以说："如果是我做主，对你方的报价是可以考虑的，但很遗憾，我的领导肯定不会同意，我建议还是把价格降下来。"领导不在谈判的第一线，不会受谈判过程中压力的影响，他们只需要对谈判结果同意或拒绝就可以了。只有在远离谈判现场的情况下，他们才能从容地拒绝。对方并不知道你到底掌握着多大的权限，也推测不出需要做出多少让步才能把生意做成，这样你就有机会迫使他们做出更大的让步。有限授权的你可以从容优雅地拒绝对方，在一些关键问题上寸步不让，比如在一些可能伤害感情的议题上游刃有余，当对方愤怒地质问你为什么不肯接受报价时，你可以微笑着回答："这并非我的本意，而是受到公司制度和上级领导的制约。"

应该注意的是，我们很多时候应该模糊"黑脸"的存在，也就是说"黑脸"不应该是一个具体的人物。我们还可以利用前文所讲的各种规定、公司政策作为"黑脸"来进行谈判，在不惹恼对方的情况下，给对方造成很大的心理压力。很多公司都会成立采购指导委员会，对采购的决策进行审核批准，这也可以成为采购日常谈判中使用的"黑脸"。

比如，你对销售说："我无权对你报出的价格拍板，我必须请示我的上级领导。"这时，对方可能会追问："谁是你的上级领导？"如果你告诉对方是罗经理，买方一定要求约见，那怎么办？难不成你真要帮他安排吗？难不成你不怕你的领导批评吗？所以你应该设定一个较为模糊的黑脸，例如工厂的经理或总部的领导，这样对方没有办法，只有耐心与你谈判。

即使你本人是部门的领导和负责人，其实也同样可以使用这个策略。你可以同对方讲你需要征求其他部门同事的意见，公司组织比较复杂，项目很多，你不可能了解每个项目的实际状况，也不能忽视其他部门同事的专业意见,相信对方会认同这个观念的。

本策略并不一定要有具体的"黑脸",也不是必须请示上级领导,下属和其他同事的意见也很重要,公司的规章制度、统一规定也不能忽略,关键要看你如何有效地加以使用,如何做到既合情又合理,使对方信服你的说法。

使用黑白脸策略时,如果你的黑脸是要请示领导,记得利用这个机会,抓紧时间再次分析供应商的报价,或者继续了解市场行情和收集其他信息,权衡利弊,然后再做出最后的决定。

 【精彩案例 14-1】董事会的意见很重要

一家机械工具制造商正在对一项合同进行投标,其竞争对手是来自德国和美国的其他供应商。买方公司的董事会已经同意接受它的投标了,但采购负责人告诉总裁,他希望再压一下价格,但需要"利用"一下董事会的权力。

他首先给这位制造商的销售打电话说:"乔,我很遗憾地告诉你一个坏消息……"

乔立刻感觉到他可能拿不到订货单了,问是不是这么一回事。那位采购负责人说:"事情就是这样的,你知道,如果我能决定这件事,你明天就可以拿到订单,但是现在董事会从我的手中接管了这件事。仅仅是为2.5%的折扣,我认为这没多大道理……"

乔听说他仅仅因为2.5%的折扣就要输了,感到很惊讶。他问对方是否能等他一天再做决定。采购负责人告诉他,现在正和他的竞争对手做最后的确认,但是为了乔可以把这项决策拖延24小时。"但是我不能因为还是2.5%的折扣再和董事会交涉,"他说,"你们应该做得更漂亮一点儿。"

乔请示他的主管,主管又请示总经理。他们的营业状况不佳,销售远远低于预算指标。总经理很担心失掉这笔本来很有把握的订单。

这位总经理指示说:"好吧,你最多可以降低3.5%,但是如果你还需要降价的话，先给我打个电话。不管如何，都要拿到订单。"于是这位采购负责人得到了 3.5% 的折扣，并且欣然接受。

乔认为 3.5% 实在是小意思，因为它在总额为 200 万美元的销售额中只占 7 万美元。总经理则认为，这笔折扣实际上只能从合同的毛利中支出，它几乎卷走了这笔交易的全部利润。但总经理也没有办法，因为担心对方董事会的阻拦，他只得折价出售。

事实上，这家制造商本来已经拿到了这笔订单，它们是无须再付出这笔额外折扣的。那么，这一切又是怎么发生的呢？

原因之一在于，六个星期以前，乔曾会见采购方的主任工程师，讨论技术细节。在讨论中，他无意中谈到公司的销售状况不佳，公司正面临着巨大的压力，他非常希望能够拿到这个订单。这仅是一次偶然的谈话，却被主任工程师告诉了采购负责人。采购负责人抓住供应商销售状况不佳这一重要信息，将其作为压价的筹码。

更重要的原因是，采购负责人采用了黑白脸策略，明明目的是压价，却拿董事会来做文章，迫使乔接受他提出的所谓的董事会的意见，把价格压了下来。

（二）借助内部支持

在黑白脸策略中讲到，我们最好要虚拟一个上级，不要轻易把自己的真实上级放到谈判中。毕竟，在一个团队里最危险的谈判者就是权限最高的上级。清楚自己有权力说"是"的人，在压力之下往往更容易点头，这样一来，你的整个谈判团队就会处于非常不利的地位。如果你的上级点头同意了，你们的谈判就会面临失败，回头还没有什么转圜的余地；如果你的上级不同意，谈判可能会陷入僵局，造成更大的损失。因此，我们才说最好让你的上级待在幕后，你自己去谈，避免让你的上级变成焦点。

不过，很多时候为了让谈判顺利进行，我们又需要借助内部高层领导的力量。如果谈判陷入了很大的困境，双方存在很大的分歧，这时就可以安排双方的高层见面会谈。这种面谈的目的主要是通过交换意见达成原则上的共识，让谈判进行下去。双方的高层制定了保证谈判顺利进行的原则之后，细节留给谈判团队去处理。让高层确定大方向，这实际上是一种通过削弱高层领导的权力来拓展谈判空间的方法。

另外，在对所有细节进行谈判的时候，如果碰到任何难题和困惑，千万不要硬撑，要学会利用内部专家的力量，帮助自己进行谈判。毕竟一般的采购谈判中，你可能要身兼数职，一个人搞定所有的事情。但是，这样一来，你需要考虑和做决定的事情就太多了。因此，碰到技术问题的时候，你可以邀请内部的技术专家一起来帮你"以理服人"，帮你分担压力。参与的专家一般都会有更强的责任感，他们也会对所购买的产品提出更详细的规格要求。有了他们的全心投入，你们的谈判会进展得更加顺利，也会给公司带来更好的收益。

自我测试 14-1 解析

有一个项目你已经和供应商谈得差不多了，但就是最后的价格谈不拢。这家供应商的销售一直跟你说，他们自己是非常愿意再给你降价 10% 的，但是德国总部不同意，他们也没有办法。你会：

A. 接受目前的谈判结果。（**如果你这么做的话，说明你已经放弃了谈判。供应商使用了黑白脸策略，利用德国总部做挡箭牌来阻止你进一步提出降价的要求。他们还摆出一副非常无辜的样子，让你相信他们确实尽力了。**）

B. 不接受目前的谈判结果，让他们继续去跟总部申请折扣。（**如果你没有时间压力，这也是一个可以选择的方案。你可以告诉供应商，如果他们不能把价格降到你要求的程度，你是不会下单的。你还可以告诉他们，与此同时，你还会去寻找别的供应商，看看有没有别的机会，相信供应商会有所行动。当然，如果你没有替代方案，又有内部时间的压力，那可能比较麻烦。供应商完全可以使用拖延战术，**

拖到你只能接受他们目前的报价为止。）

C.让他们提供德国总部负责人的联系方式，你要跟他们亲自谈判。（这是一个比较好的选项，你可以用这个办法试探对方，是不是使用了黑白脸策略，还是德国总部真的不同意。如果供应商使用了黑白脸策略，他们肯定会找很多借口，说总部的人不好联系，时间不好安排，或者刚好负责人在外出差两个星期之类的。如果确实是德国总部不同意目前的报价，十有八九他们会配合你的要求，将相关负责人的联系方式告诉你，甚至帮你安排电话会议，进行电话谈判。不管是哪种行为，你都可以从这个试探中找到你想要的信息，确定下一步的行动，制定相应的谈判策略。）

二、对方之力

激发对方的力量，让对方替我们说话。

【自我测试14-2】

你收到了一个供应商的报价，你对他提出的价格表示坚决反对，却又不提出具体的要求。你觉得这个供应商会怎么办？

A.对你提出的降价要求坚决说"不行"

B.让你提出具体的降价要求

C.问你为什么反对他的报价

D.立即提出另一个方案和报价

（一）借助对方个人的力量

在谈判中，双方不光是为了公司的根本利益，同时也有个人的业绩压力，比如获得销售提成或者做出一些成绩，给公司管理层一个比较好的印象。还有一些急于在新公司表现的谈判者，为了能不空手回去交差，很多时候会接受一个比较差的谈判结果。我们有时还会遇到一些只希望能在同事中树立威信的谈判者。

遇到这些谈判对手，一个比较好的办法就是找到他们个人的关注点，然后我们在一开始就有针对性地提出一个非常过分的条件，这样我们在谈判过程中做出的每个微小让步，都会让他感激不尽。

如果必要，我们还可以告诉对方我们需要找他的上级进行沟通。毫无疑问，拥有以上那些目的的谈判者肯定不希望我们这么做，他们希望能靠自己的力量来搞定谈判，因此会想尽一切办法来满足我们提出的要求。我们要充分利用这一点。

倘若我们能够知道对方的最后期限，很多时候我们就可以拖到谈判的最后一刻，要求对方按我们的期望来达成协议。如果对方不答应，他自己的个人目标将会变成一场空了。

（二）激发对方的自我意识

谈判时经常出现这样的现象：谈到最后了，对方突然说自己没有决定权。这时候怎么办呢？有些采购比较倔强，对方说没有决定权，就很强势地说："那让你们有决定权的人来！"对方如果很委婉地反问："那您有决定权吗？"如果你也没有决定权，这就尴尬了。两个没有决定权的人，还谈什么呢？但是，不可能所有的谈判都让双方的老板来谈，所以，这种强势的回应，效果往往并不好。

那怎么办呢？如果对方说自己没有决定权，那就跟对方说："你肯定有决定权。公司派你来，你怎么可能没有决定权呢？一看你在公司就属于年轻有为之人，公司派你来，肯定是有授权的。"对方很有可能在你的刺激之下，就把他的最大权限告诉你了，甚至可能会透露更多的消息，或者可能会更加努力地站在你的立场上去推进这件事。对方也有可能确实没有被授权，但是在你的刺激之下，他可能会做得更多，甚至会现场做出决定，这就叫"激发对方的自我意识"。

当然，很有可能对方经验丰富，不管我们怎么说他都推诿自己没有决定权，甚至存心拖延谈判进度，静待形势变化。这时我们可以和对方讲："既然如此，麻烦你回去之后给你的领导捎句话……"因为你没有继续为难他，就等同于让步了，出于"公平"，他一般也会答应。哪怕是为了表示合作的意愿，他也会说："行行行。"等他回去之后，过两天你再打电话或发邮件问他："你和你领导说过了吗？"出于"承诺和一致原理"的影响力，他十有八九是会把话带到的。毕竟他已经承诺了，更何况说不说是他自己的事，结果行不行就是他领导的事了。

【精彩案例14-2】以彼之道还施彼身

日本一家著名的汽车公司在美国刚刚"登陆"时，急需找一家美国代理商来为其销售产品，以弥补它们不了解美国市场的缺陷。

当这家日本公司准备与美国的一家公司就此问题进行谈判时，日本公司的谈判代表却在路上塞车迟到了。美国公司代表抓住这件事紧紧不放，说日本人耽误了他们很多时间，没有时间意识。众所周知，日本人是非常守时的。美国公司代表想要以此为手段，激发对方的内疚感，从而获取更多的优惠条件。

但是，美国公司代表咄咄逼人，迟到就迟到，却把这个问题都快上升到民族性格上了。日本公司代表发现无路可退，于是站起来说："我们十分抱歉耽误了你的时间，但是这绝非我们的本意，我们对美国的交通状况了解不足，所以导致了如此不愉快的结果。我希望我们不要再为这个无所谓的问题耽误宝贵的时间了，如果因为这件事你们怀疑到我们合作的诚意，那么我们只好结束这次谈判。我认为，我们所提出的优惠代理条件不可能在美国找不到合作伙伴。"

日本公司代表面对美国人的情感攻击，有理有据地加以回击。

日本公司代表的一席话也说得美国公司代表哑口无言，本来想借此行激将之法，结果显得是自己不够地道。日本人以彼之道还施彼身，反而激得美国人无话可说，只好乖乖地将谈判进行下去。毕竟，美国人也不想失去这次赚钱的机会。

自我测试 14-2 解析

你收到了一个供应商的报价。你对他提出的价格表示坚决反对，却又不提出具体的要求。你觉得这个供应商会怎么办？

A. 对你提出的降价要求坚决说"不行"。（**如果供应商这么做，就会让谈判陷入僵局，他也可能拿不到这个订单。因为作为采购，基本上不大可能在供应商没有降价的情况下就同意对方的报价，除非对方是垄断供应商或唯一供应商，而且经过一再验证，确实没有办法降价。**）

B. 让你提出具体的降价要求。（**如果供应商这么跟你讲，说明他已经妥协了，肯定有降价的空间。但是，如果你还是不告诉他具体数字，他也可能什么都做不了，总得有一方先让步。**）

C. 问你为什么反对他的报价。（**这说明供应商很聪明，经验很丰富。他这样问你，可以了解到你为什么反对他的报价，可以获取更多的信息。在此基础上，他可以为自己的报价找到合理正当的理由。你自己可能也要把自己的理由摆出来，说明自己为什么反对他的价格，这样才显得公平。**）

D. 立即提出另一个方案和报价。（**如果供应商这么做，说明他的经验还不是很丰富，一下子就被你唬住了。你完全可以按照你的想法去对待他，让他配合你，把你的工作做好。即使他经验丰富，我们也要尽量激发他主动做出改变，在变化中我们才好抓住谈判的主动权。**）

三、他方之力

很少有人会忽视对自己有重要影响的第三方！

【自我测试 14-3】

你准备从一个美国供应商那里购买一台测试仪器。但是，这家美国公司要求100%预付款，而且价格没有任何折扣。不管你怎么谈，都是这个结果，而且他们的反应极慢。但是，你又不可能接受他们的条件，这样风险太大了。谈判陷入了困境，这时你怎么办？

A. 坚持和这家美国供应商进行谈判，想办法说服
B. 说服工程师选用另外一个品牌的测试仪器
C. 寻求领导支持，让他接受美国供应商的要求
D. 找到能够接受你条件的代理商，让他出面去和美国这家供应商谈判

（一）竞争的力量

对采购来讲，拥有需求就天然拥有了很多优势，其中最最典型的就是让供应商相互竞争的优势。不管是公司流程的需要，还是可供选择太多，采购总能占据有利的位置。

我们要把握一个竞争的度，让对方感到**人人有希望，实际上却人人没有把握，只能拼尽全力去争取。**

很多时候，哪怕没有竞争，为了达到目的我们也必须创造出充满竞争的氛围。对于采购来说，这是必须树立的一个观念和重要的谈判技巧。

很多公司，如果一个项目没有竞争，必须有充分的理由去解释才能做到合乎流程。对于我们个人而言，只有一个选择就贸然闯入谈判，无疑是很危险的。在谈判过程中，如果对方认为我们有很多的选择，我们就有了更多的优势，供应商就会更努力地去击败他的对手。比如，在采购的项目中，我们可以先和其他供应商进行降价谈判，反而将目标供应商晾在一边。这个信息自然会传出去，目标供应商知道后一般会很紧张，就会主动来要求谈判，这个时候有什么条件自然就比较好谈了。

竞争的力量驱动着供应商想尽一切办法来了解我们，获取我们的信息，甚至散布一些真真假假的信息来迷惑我们。我们在利用这种竞争力量的同时，也要保持高度警惕。

供应商的竞争对手是我们手上一把锋利的刀，要用好。有时，我们甚至可以把目标供应商的竞争对手的信息提供给我们的谈判对手，因为

借刀的目的，是要让他看见并相信我们真的有一把刀，而不是虚张声势。但是，尺度要把握好，不要弄巧成拙。

【精彩案例 14-3】电视广告采购：没有竞争创造竞争

中国银联为提升品牌的国际影响力，拟在某海外媒体采购两年的广告投放，项目预算近1亿元人民币。本次采购需求主要包括两个方面：一是选择一家受众多、广告转化率高的媒体；二是广告受众为海外当地华语群体和赴当地旅游的华人。

在此基础上，中国银联的采购部门利用外部调研公司和自身调研力量对当地供应市场进行了调研，了解到三个重要情况：

第一，在所有的华语媒体中，电视媒体是最优的，因为经过比较，当地华语电视媒体的推广效果明显优于其他华语媒体。

第二，当地华语电视台中F电视台一家独大，在当地国际频道中收视率接近20%，广告的转化率排名第一；其他华语电视台相对观众较少，与F电视台差距较大。

第三，F电视台在中国设有多家直属机构，在上海的业务由其华东区机构负责。

通过上述调研，中国银联采购部门预测本次采购满足广告投放需求不难，最大的问题是仅F电视台一家能提供合适资源，属于单一来源采购，没有备选方案。也就是说，如果对方了解到它们是唯一选项，中国银联的谈判会非常困难，也不太容易获得一个优惠的价格。

为此，在完成需求调研和市场调研后，采购部门对F电视台在中国的情况也进行了调研，了解到该媒体在上海的业务主要由当地直属机构负责，市场上也存在部分代理商可代理该媒体的广告投放业务的情况，但均需要从该分支机构下单。

鉴于上述情况，中国银联的采购部门的方案设计会向直接从资源方采购这一方式倾斜，希望减少中间商，从资源方直接获取最优惠的价格。为确保这一目标，方案还特意增加了对最终报价通过第三方进行合理性评估的安排。采购谈判开始后，该媒体上海的直属机构作为唯一参与者在几轮谈判中稳坐钓鱼台，坚称该媒体有严格的定价体系，无法再给予任何的价格优惠和让步。

就采购而言，如果该价格已接近最优惠的价格，那么即便对方不再降价，可能也不必苛求。但对方给出的真的是底线价格吗？

采购部门按照既定方案，向包括广告代理商、金融同业等发起了价格合理性评估，得到的结论是报价合理，但仍有下降空间。那么接下来该怎么办呢？

在第一次采购的基础上，采购部门利用项目中止间隙，展开更有针对性的调研。通过查阅历史资料，到代理商、金融同业调研，最终梳理了广告代理行业中更为精细的利害关系。从对外销售模式上看，资源方对外销售一般有三种模式：一是资源方自己销售，不对外授权别家代理销售；二是资源方通过授权一家或多家代理商对外销售；三是资源方既自己销售，也授权广告代理商销售。

这个项目基本属于第三种情形，而在该种情形下，代理商的地位并不必然弱于资源方，因为从贴近市场的角度，代理商无论在销售渠道、拓展市场能力方面，还是在服务经验、服务水平方面，都比资源方更专业。

从利润产生模式来看，代理商的获利一方面来自买家支付的代理服务费用，另一方面来自为资源方代理销售而获得的业务返点。代理商的返点一般按照为资源方代理业务的总量来计算。在这种利润产生模式下，代理商因为拥有较多的渠道和客户，在与资源方合作中其地位不一定处于弱势。如果其代理的业务量对资源方影响较大，是可能获得比资源方自己销售更为优惠的条件和价格的。

从业务竞争角度看，一个几千万元的广告投放项目对于代理商的诱惑是巨大的，不必推介，向代理商放开必然会引起群雄逐鹿。与此同时，更不能忽视这样一个背景：除了上海，该媒体在甲、乙、丙等多个城市均设置了分支机构，对于承担业绩考核任务的各分支机构来说，对大的项目也都会蠢蠢欲动，一旦有机会让资源方内部产生竞争，是足以动摇资源方的报价政策或体系的。

梳理出了上述多重利害关系，采购部门决定借力打力，做了三个动作：一是放风，让各方主体了解蛋糕的存在；二是放开，降低门槛让老鼠和大象都有资格参与项目；三是放手，让各方充分厮杀，坐享渔人之利。

最终，尽管上海的资源方依旧不肯让步，但一家新供应商报出了低于资源方近400万元的价格，而且赠送价值1000万元的其他广告资源。局势变得豁然开朗，只是如何控制风险，确保项目万无一失，成了新的问题。

面对一家注册资金远低于项目金额，而且从未合作过的供应商，虽然其最终报价比第二名低几百万元并承诺附赠大量广告资源，蛋糕是诱人的，但对采购部门来说风险也是巨大的，这家供应商到底是什么来路？

在采购评审结束后，采购部门一方面通过从工商信息系统查询企业基本情况，到其合作方了解合作情况等方式，对该供应商进行了背景调查，另一方面组织了由采购评审专家及相关人员组成的考察组，到供应商住所进行实地考察，详细了解该供应商的办公场地人员、财务和业务状况等情况，最终评审专家组一致同意推荐该供应商承担本次广告投放任务。

双方在合同磋商时就付款方式上各有诉求，因为需要提前向资源方付款，供应商将承受较大的垫资压力，而中国银联则希望能尽可能通过严控付款流程来保证广告顺利投放且控制相关风险。

经过多次磋商，采购部门最终提出了"在供应商提供向资源方下单证明、付款证明且经中国银联核实无误后的次日即支付该对应款项"的条款，经过实践证明，这一条款一方面有效防范了中国银联预先支付大额资金的风险，同时也尽可能缩短了供应商的回款周期，缓解了其垫资压力。

鉴于中国银联集中采购信息管理系统已实现了采购部门、需求部门、供应商三方信息的动态交互，合同履约就是通过该平台进行平顺的流转和有效的动态跟踪管理。供应商在完成合同约定关键服务节点后，第一时间通过网站按照履约计划申请付款，需求部门以审核供应商付款申请为抓手开展了阶段性总结和验收，同时对供应商进行阶段性服务评价，将履约情况及时通过平台向采购部门进行反馈。

通过上述完整的合同动态跟踪管理，保障了此项目顺利实施，合同目前已全部履行完毕。

在上面的案例中，采购部门经历了选择新供应商的战战兢兢、如履薄冰，而在首次合作获得成功后，这家新供应商接下来的表现可谓惊艳，而且此后多次参与中国银联的广告投放采购项目，作为搅动池水的"鲶鱼"，冲击了现有供应商的报价。

几家为中国银联服务了多年的供应商明显有了危机感，为防止丢单，它们在多个项目中纷纷下调了价格。

这家新供应商尽管最初拿到的合同额较小，但价格有优势且保证服务质量，截至目前，该供应商累计中标金额已达近8000万元，成功跻身中国银联A级供应商行列。

透过现象看本质，这个案例中的采购部门能够在没有竞争的情况下，创造性地制造出竞争的态势来借力打力，这是获得成功的关键。

（二）采购联盟

当采购物品或服务的供应形势发生改变的时候，我们的采购策略、谈判策略也要随着改变。我们要学会团结一切可以团结的力量，达成统一战线。

如果多家企业共同采购相同或相似的产品，我们就可以和其他公司一起形成采购联盟，成立一个共同的采购团队，将大家的采购量集中起来，统一和供应商进行谈判。采用采购联盟这种方法可以降低采购成本与采购风险，增强议价能力，从而降低成本，提高效益。

特别是在供应商垄断市场的情况下，采购企业可以结成采购联盟以提高谈判实力，以破除供应商的垄断。有些市场被若干个供应商垄断，他们在价格上有话语权，单个购买企业实力单薄，应对时无能为力或者并不能达到预期的效果。这时，购买企业进行结盟，就可以大幅提高购买企业的话语权，迫使供应商不再"随心所欲"，而是提供较为优惠的价格。

例如，2005年年初，国外铁矿石供应巨头宣称要将铁矿石价格提高近一倍，这在中国业界掀起一场强烈"地震"，促使中国钢铁企业骤然省悟，明白只有结盟才能"攘外"。于是，中国钢铁企业迅速结成采购联盟来参加谈判，取得了积极的成果。

再举一个我们采购的日常案例。

某公司有很多"多品种小批量"的采购需求，这对供应商来说采购量都很小，所以供应商管理起来特别难，尤其是对于有最小起订量的供应商，就更是难上加难了。

2019年它们对产品进行了分类，对于工具类及车间里常用的耗材通过专业的MRO①平台来购买，对于专业性比较强的产品通过行业里的综合服务商集中购买。做了这样的区分后，此类供应商管理起来就方便了很多。专业的MRO平台本质上也是采购联盟的一种形式，平台汇总多家客户的需求，再通过这家平台供应商统一去和最终的供应商谈判，帮客户争取到更好的条件，也算是一举两得的选择。

（三）寻找有影响力的第三方

除了谈判的双方，其实每个人都会受到第三方的影响。这个第三方可以是自己信服的人，可以是自己的老板，可以是自己的业绩指标，可以是第三方公司的信用评估报告，也可以是行业中的标准和规范。

在谈判很难取得进展，陷入僵局的时候，想一想对自己和对方而言，有哪些能够产生影响的重要的第三方。找到这个第三方，来帮助对方消除担忧，做出正确的选择。

在日常的采购活动中，一个常见的案例就是通过经销商或代理商等所谓的中间商来搞定生产厂家。在传统理念中，我们购买某一产品时，更倾向于找生产厂，觉得没有中间商赚差价，价格会更低，品质也有保障。只是，当我们采购量不大时，发现生产厂家的价格不仅很高，而且

---

① MRO是英文maintenance（维护）、repair（维修）和operation（运行）的缩写。

常常需要预付款。但是，当我们转而找到经销商或代理商时，发现经销商的价格有时居然比生产厂家的还低，付款条件也更好，甚至可以垫资。

大家觉得这很难理解，但仔细深究就会发现可能有各种原因：一方面生产厂家有自己的规定，给经销商的价格折扣比给最终客户低很多，因为经销商是生产厂家的大客户，而最终客户的需求属于零售，不是厂家的目标客户，面对生产厂家，客户的议价能力不强，而且，厂家生产新建一个客户资料要走一套审批流程，比较麻烦；另一方面，经销商一般在地理位置上与客户更近，他们期待与客户未来可以有更多的合作，愿意给优惠的条件。

（四）调解和仲裁

谈判一旦碰到情况恶化的时候，就容易走入死胡同，无法取得进展，谈判双方都感到灰心丧气，以至于大家都感觉再谈下去也毫无意义。谈判中通常很少出现死胡同，但万一遇到，唯一的解决办法就是：引入能够充当调解人或仲裁者的第三者。

仲裁者与调解人之间有很大的差别。比如，一旦发生合同纠纷，两家公司很有可能按照合同约定的办法，去仲裁委员会进行申诉。仲裁委员会受理案件的范围是：合同纠纷、房地产纠纷、建设工程纠纷、金融纠纷、产品质量责任纠纷、知识产权纠纷、海事海商纠纷、运输纠纷，以及国际贸易、国际代理、国际工程项目、国际投资和国际技术合作等经济纠纷。

调解人就没这么大的权力了。调解人的作用通常是帮助双方达成解决方案，只是起催化剂的作用，帮助谈判双方通过自己的力量找到一个双方都认为比较合理的解决方案。

缺乏经验的谈判者总是不愿请调解人，因为他们通常把这看成一种无能和不会谈判的表现。但是，很多情况下，能够起到帮助作用的调解人本身都是一些经验丰富的谈判高手，而且利用他们的调解往往也是解决问题的一种有效途径。

在有些情况下，为了让对方认可你请的仲裁者或调解人，你可能要花许多心思。打个比方，如果你只是简单地请来自己的部门经理，你觉得对方会认为这位经理是中立的吗？几乎不可能。所以，要想真正发挥调解人的作用，这位经理必须在对方心目中确立一种"中立"的感觉。要想做到这一点，他必须在一开始就向对方做出一些让步。

比如，即使经理已经清楚地知道整件事情的来龙去脉，他还是应该问："我不清楚到底发生了什么事，你们可以把情况说明一下吗？"请注意，这里的措辞是非常重要的。通过要求双方阐明自己的立场，这位经理其实是在尽力确立一种毫无偏见的形象，而且在谈话的过程中，他还应当注意避免使用"我们"之类的字眼。

耐心地听完双方阐明的立场之后，他就应该转过身告诉你："你这样做公平吗？我觉得你应该仔细考虑一下供应商的建议，换作是你，你能接受 120 天的账期吗？"千万不要以为你的经理是胳膊肘往外拐，事实上，他只是在尽量让供应商相信自己是"中立者"罢了。

有一点需要注意，不要为了逃离死胡同而不惜一切代价，早早放弃。经验丰富的谈判者通常会用死胡同来作为向对方施压的手段。一旦你确信双方根本无法走出当前的死胡同，这也就意味着你可能会放弃自己的目标，甚至会屈服于对方的压力。

自我测试 14-3 解析

你准备从一个美国供应商那里购买一台测试仪器。但是，这家美国公司要求 100% 预付款，而且价格没有任何折扣。不管你怎么谈，都是这个结果，而且他们的反应极慢。但是，你又不可能接受他们的条件，这样风险太大了。谈判陷入了困境，这时你怎么办？

A. 坚持和这家美国代理商进行谈判，想办法说服。（**如果你已经和这家美国供应商谈了很久都没有什么进展，说明谈判已经陷入了困境，坚持下去意义不大。毕竟美国供应商可能不缺这一台仪器的订**

单，而你们却需要购买相应的测试仪器。）

B. 说服工程师选用另外一个品牌的测试仪器。（**如果你能说服工程师选用另外一种品牌的仪器，这可能是一个比较好的方案，因为你创造了一种竞争的氛围。竞争的力量会带来改变，会让供应商知道，你们并不只有他一个选择，哪怕是为了保持他的市场地位，他也有可能对原来的条件做出改变。**）

C. 寻求领导支持，让他接受美国供应商的要求。（**当然，如果这种仪器不是很贵，这家美国供应商也是一个世界知名的公司，让自己的领导出面承担这个风险，也不是不可以。只是这样做，对外没有任何进展，对内将风险转嫁给领导，你是否真的甘心呢？**）

D. 找到能够接受你条件的代理商，让他出面去和美国这家代理商谈判。（**鉴于你已经知道了这家美国供应商的条件和价格，如果你能找到一个合适的代理商，甚至就是他们长期合作的代理商，来解决你面临的问题，这未尝不是一个可以接受的方案，而且这种代理商一般还能提供比较好的本地服务以及快速响应。**）

四、无形之力

无形胜有形，无形的力量也会结出有形的果实。

【自我测试14-4】

你到广州去拜访一家供应商。供应商的老板早早就安排了奔驰轿车到机场来接你，而且他的助理一再打电话跟你反复确认，想拒绝都找不到机会。到了公司，你看到硕大的公司招牌立在崭新的大楼上，还在太阳底下泛着光。接待你的人把你直接带到了老板的办公室，首先映入你眼帘的是一个巨大的红木办公桌和高高的皮质座椅，座椅背后，可能是某位大师的山水画，反正你也不懂。你环视四周，还发现一个貌似有点年代的大花瓷瓶立在一个小巧的红木几案上，几案旁边还立着一个高尔夫球杆包。如果这时你要对这家公司的实力做出判断，你觉得：

A. 供应商的实力强大

B. 供应商的实力不行

C. 不能确定供应商的实力

（一）以貌取人

我们从小被教育不要以貌取人，但事实上，人们经常会以貌取人，所以我们要注意自己的仪表形象，避免被以貌取人。

人与人第一次见面，目之所及，是对方的外部形象特征。作为谈判者，对个人形象的管理也是最基本的职业修养。如果谈判者衣着随意，仪容不整，这是对别人极不尊重的表现，甚至会让对方有你对本次谈判不负责任和不太重视的感觉。保持自身仪表干净整洁，给对方留下良好的第一印象，是获得好感的必要手段。

我们对人的第一印象往往是在极短的时间内形成的。有人说这个时间只有四分钟，有人说其实只要四秒钟。这个没有统一的说法，但每个人都会在极短的时间内根据你展现出来的形象，猜测你是一个什么样的人，好不好打交道，有什么办法可以搞定你，从而决定自己应该采取什么样的交往方式，比如主动还是被动，强势还是顺从，多花时间还是马马虎虎等。更为重要的是，人的第一印象一旦形成，是极难改变的。

因此，我们不仅要对对方的第一印象进行细微观察，做出自己的判断，更要注意通过自己的外表和言谈举止打造自己的第一印象。这个机会只有一次，一旦错过就不会再有了。

因此，作为公司的形象代表，我们必须随时随地将自身的行为规范化，时刻注意自己的言行举止。

还有一点要注意的是，这里的"貌"不光是我们作为谈判者个人的外貌形象、公司所展现出来的外表形象，对谈判双方也有很大的影响。

你可以想象一下，你去供应商的车间参观的场景。进到车间后，你看到的是整洁亮堂、干净整齐的生产线，穿戴整齐的工人正有条不紊地工作着，一切都那么井然有序。进了另外一个车间，灯光昏暗阴沉，工人们都无精打采的，不知道在干什么，目光所及之处，都能看到散落的垃圾，地上还有黑乎乎的油渍，你顿时目瞪口呆，甚至忘了自己身在何处。很多公司的销售，觉得把产品做好就行了，经常会忽略生产管理、现场的清洁保养和工人的培训，却不知这些都会对客户产生无形的影响，正如我们以貌取人一样。

我们很多采购都会按照公司的外在形象来判断对方公司的实力和管理能力。毕竟，一屋不扫何以扫天下。这是前人总结的一般规律，大部分情况下还是适用的。

【精彩案例 14-4】一个机加工车间引发的事故

近来，某德国公司发现了一家发展迅速的中国供应商，产品远销欧美，性价比看起来很高。这家德国公司正在做本产品本地化的项目，因此在几次沟通之后，迅速安排了商务考察。

这家中国公司安排了商务车，把这些德国客户从机场接过来，而总经理和管理层一行人则西装革履地在门口迎接。

这种商务考察例行都是先在会议室里进行双方公司的介绍和基本的产品沟通。这家中国公司的总经理，因为这几年发展迅速，对自己的产品充满了信心，因此表现得非常自信。他这种自信也感染了在座的每一个人，大家也觉得他们的产品很不错，不知不觉就谈了一上午。

吃过午饭之后，德国客户决定先去车间参观一下。说实话，装配车间一般般，但也还行，德国客户并没有太满意，也没有不满意，而且还发现了许多做得很好的地方，问了很多问题，给了不少称赞。这时，一个德国工程师随口问了一下一个他看到的零件是怎么加工的，外购还是自制。一直陪在边上的生产经理随口回答道，就在隔壁的车间生产的，这样效率快，不需要等待，而且出了问题随时可以让他们返工。这一回答立即引起了德国客户的兴趣，要求去那个加工车间看一看。不料，总经理却面露难色，有点支支吾吾，说里面一直计划重新安排，但是还没有布置好，这次就不看了吧。他这么一说，德国客户更想去看了。总经理实在没有办法，只好打开了隔壁的那扇门。

　　映入大家眼帘的，是满地的金属碎屑和油渍。几位工人满脸油污，正操作着不知什么年代的加工设备，设备上还放着他们脏兮兮的水杯。相比之下，刚才那看起来一般般的装配车间，反倒似是窗明几净的天堂。本来有很多问题的德国客户这下不吭声了。总经理见状还嘀咕了一句，"其实这个我们已经准备把它分出去了，实际上已经不是我们在管了"。见大家依然没有反应，他又补充了一句，"你们放心，这个不会影响我们最终产品的质量"。但是，声音越来越小，完全没有了刚才的那份自信。

　　后面的沟通，就变得非常迅速，拟定的议程也提前完成了。

　　然后，就没有然后了。

（二）钳子策略

　　我们在谈判中借助无形之力时，最有效的是"钳子策略"。

　　钳子策略，顾名思义，就是像钳子一样，咬住自己开出的条件不松口，不轻易让步。在谈判中，对方报价之后，你只需要向对方说一句"你必须调整一下价格"，或者说"十分抱歉，我想你可以给个更好的价格"。说完这句话后，你要立即闭上嘴巴，保持沉默，一个字都不要多说。"沉默"此时犹如钳子形成的压力，压得对方心跳加速，很可能立刻做出让步。

　　不过，精于谈判的销售会立刻回应道："那到底是什么价格呢？"然后用直勾勾的眼神盯着你，一言不发。他其实也在用这种办法逼你说出具体的数字。没有什么经验的采购往往会受锚定效应的影响，迅速做出让步，还了一个不是很合适的价格。其实，碰到这种情况，作为采购，只要轻飘飘地说上一句"你看着办吧"，就再也不吭声。对方"看着办"的让步价格，往往比我们期望的还要大。

　　在具体应用钳子策略的过程中，我们也要注意方式方法。有时需要强硬，但有时沉默更管用。如果对方表现得非常生气、愤怒，不妨试着告诉对方:"我完全理解你的感受……"或者说:"我完全明白你的立场。"使用这种设身处地为对方着想的表达方式,来缓解对方的对立情绪,不至于让谈判过早陷入僵局。

【精彩案例 14-5】基辛格如何使用钳子策略

罗杰·道森在《优势谈判》中讲过一个基辛格的故事。

越南战争期间,美国国务卿基辛格曾经让一位副国务卿准备一份关于东南亚政治形势的报告。那位副国务卿非常认真地完成了自己的工作,拿出了一份自认为非常满意的报告。他觉得报告内容极其全面,为了显得专业,他对报告做了精心包装,用皮革做了封面。

可结果呢?基辛格很快把报告打了回来,上面写道:"你应该可以做得更好一些。"于是,那位副国务卿又进行了补充修正,收集了更多信息,添加了更多表格,然后再次呈交给基辛格。这次他相信自己的报告应该会让基辛格满意了。可基辛格的批复仍旧是:你应该可以做得更好一些。

这下可麻烦了,副国务卿感觉自己遇到了一个很大的挑战。他召集手下人加班加点地工作,下决心要给基辛格一份迄今为止他能见过的最好的报告。当报告最终完成时,他决定亲自把报告交到基辛格手上。"基辛格先生,这份报告你否决了两次。我的全部人马加班加点地忙了两个星期,这次可千万不要再打回来了。我不可能做得更好了,这已经是我的最高水平了。"

基辛格面无表情地把报告到放到自己的办公桌上,说道:"好吧,既然这样,我会认真看这份报告的。"

(三)沉默是金

沉默就是力量。

所谓沉默谈判法,就是以沉默的方式来使谈判气氛降温,从而达到向对方施加心理压力的目的;或者,在向对方发出条件调整的指令后保持沉默,百分之百的沉默,一个字也不说!

这是一个非常艰难的时刻，尤其是对一位性格外向的人来说，简直就是煎熬，如果谈判室里有钟表那就更恐怖了。那种有节奏的嘀嗒声好像是生命的倒计时，又如同西部牛仔生死决斗前的丧钟，屋里一片沉寂，能听到的只有双方急促的呼吸声……时间在一分一秒地逝去，你第一次感觉到时间是这般难熬，看看对方的表情，他也是同样紧张，虽然还是面带微笑地看着你，但他的笑容已经在慢慢变得僵硬，他的眼神逐渐空洞无神，他在等待你的崩溃，你会吗？

一般情况下，先开口的一方就是让步的一方，甚至连说辞都极为相似："好吧，我再让步5%，这是最后的让步，如果你不同意，那么现在就终止谈判。"而且，一旦开口，他就再也无法停下来。就是这么简单，看似没有结果的交易突然峰回路转、柳暗花明。当然，希望先开口的人不是你，宁可咬破嘴唇也不能开口。这不是与生俱来的超能力，沉默也需要训练，你信不信？

作为采购，一定要让销售多说，让他为自己的报价找各种根据。不管他的陈词是多么不着边际或稀奇古怪，你都要耐心地听他把话说完。在整个谈判过程中，主要由着他说话。与其准备把销售说服，你不如干脆坐在那里让他说个没完。你越是沉默，他就说得越多；他说得越多，对方就越失望。一遍又一遍，最终他的语调会降低，你所希望得到的妥协结果就会到来。

沉默不仅能够迫使对方让步，还能最大限度地掩饰自己的底牌。在你弄清对方的意图前不要轻易表态。

当然，如果沉默时没有控制住或者必须要说话时，要注意抓住时机，同时注意下面几点。

首先，绝不可乱举实例或数据。假如你没有统计数字或其他资料支持你的主张，你最好转移话题。千万不能在谈判中途派人出去找关键资料。你所使用的材料必须让人觉得你是相当熟悉的，缺乏资料将使你产生强大的心理压力。

其次，无论是听取对方的陈述，还是表达自己的观点，都要避免感

情色彩过重。要学会控制自己的感情，否则谈判的前景就会趋于暗淡。

如果对方被迫退却，要给他台阶下。谈判的目的是为双方公司做尽可能好的买卖，而不是赢得一场辩论。当我们可以证明对方错误时，要采取礼貌文雅的方式。比如，有时供应商提出成本分析或估算以证明他们的报价是合理的，但他们并没有使用科学的方法来进行这种评估，因而得出的结论也不是真实的成本数字。我们发现后，可以指出他们的"误差"或"误解"所在，并礼貌地建议将"误差"修正过来，使对方从窘迫的境况中不失面子地走出来。

最后，即使对方喋喋不休，在沉默的压力下达到了你的底线，也要避免过早地做决定。要能将对方逼到这种境地，使他被迫说："这就是我的条件，你要么接受，要么算了！"你一旦从供货商那里得到了这种最后通牒，再想获得更多的让步就极其困难了。当然，若谈判确实已经结束，这种"最后通牒"在最后摊牌时也要使用一下。即使在那种场合下，你也要弄清楚，"最终的决策"到底是否真是最终的决策。

【精彩案例14-6】沉默的爱迪生

爱迪生发明了电报以后，西方联合公司表示愿意买下爱迪生的这个新发明。爱迪生对这个新发明究竟应该要多少钱完全没有概念，他的妻子建议开价2万美元。"这么高！"爱迪生听了不觉目瞪口呆。他觉得妻子把这个新发明的价值看得太高了，不过到了谈判时他还是打算按照妻子的建议要价。

谈判是在西方联合公司的办公室进行的。

"爱迪生先生，你好！"西方联合公司的代表热情地向爱迪生打招呼，接着就直率地问爱迪生："对你的发明，你打算要多少钱呢？"

爱迪生欲言又止，因为2万美元这个价格他觉得高得有点离谱，实在不好意思说出口。但是，究竟该开个什么价比较好呢？他陷入了沉思。此时，办公室里没有一点声响，对方在焦急地等待着。爱迪生虽然也有点着急，但实在不知道从何说起，只好一直沉默着。

随着时间的推移，空气似乎都凝固了。沉默，似乎让所有人都变得十分难熬，西方联合公司的代表有点急躁起来，欲言又止地一再地看爱迪生。爱迪生仍然没有开口，场面十分尴尬。西方联合公司的代表失去了耐心，终于按捺不住试探性地问道："我们愿意出10万美元买下你的发明，你看怎么样？"

爱迪生瞪圆了自己的眼睛，简直不敢相信自己的耳朵，想都没想就点了点头。

爱迪生对自己的新发明定价2万美元都认为太高，却因为他的沉默，最后卖了10万美元。

（四）大吃一惊法

谈判开局的时候，听到对方的第一次报价时，你一定要表现得大吃一惊："啊？不会吧！"哪怕你没有大叫，只是皱起眉头，表现出很犹豫的样子，对方也会迅速根据你的反应对报价做出调整。

打个比方，我们去店里买包。你看见了一个很不错的挎包，紧跟着店老板会说，"你的眼光真不错，这个包目前只要998元"。你不由自主地大声嘟哝了一句："这么贵啊？"十有八九，老板立马会说，现在正在搞活动，可以打八折。要是见你还是摇头，马上再补上一句，办个会员的话还可以打七折。如果你无动于衷，甚至还略有优越感地说，"好像也不贵嘛"，那结果你应该能想到了。

为什么会这样呢？因为人们提出报价的时候，通常只是想观察我们的反应。他们压根就没有想过我们能接受他们的第一次报价，只是开个很高的价，然后静观其变，看看你怎么想。我们和对方谈判时，难道不也是想猜到对方的想法吗？

所以，学会表现得大吃一惊、感到意外，这对谈判很重要。这是一个很简单的谈判技巧，但是效果非常好。如果你没有用过，第一次用的时候可不要大吃一惊。

尽管这招儿很管用，也要注意，不要在一个人、一个项目上反复使用，不然对方还以为你就是这种一惊一乍的风格。

 学霸掉书袋

根据神经语言学的研究，大多数人更相信眼睛看到的东西，正所谓"耳听为虚，眼见为实"。你这种当面夸张的表示，会给对方一种极其强烈的感觉，更相信你可能发现了他们报价的不实之处，从而迅速做出调整。

不过，虽然大多数人更容易相信自己眼睛看到的东西，但是也有很多人，只相信自己听到的东西。如果你想知道自己是哪一种人，罗杰·道森在《优势谈判》中教给我们一个非常简单的方法。

你不妨闭上眼睛10秒钟，开始想象你还站在你10岁时住过的房子里，如果你大脑中开始浮现那栋房子的图像，能够看见每个房间的布局，甚至看到了你儿时藏在柜子后面的玩具，这说明你是视觉型的人，只相信自己看到的东西。如果你大脑中什么也没有浮现，而是回响起一些奇怪的声音，比如你父母吵架的声音、小狗的叫声，甚至过年鞭炮的响声，说明你是更相信听觉的人。当然，也有一些人什么画面也没有浮现，什么声音也没有听到，却感受到了自己当时的心情，快乐还是悲伤，这说明你是知觉型的人。

（五）走开谈判法

另一个会给谈判对方造成很大无形压力的谈判技巧是"走开谈判法"。

走开谈判法，顾名思义就是终止谈判，转身离去。所谓终止谈判，并非真的要终止，而是要让供应商相信我们能够随时终止谈判。

不过，使用这种方法之前要做好充分的准备。你要研究谈判对方，搞清楚他的真实目的和期望，掌握尽可能多的信息，最好还要准备好你的最佳替代方案，这样你才能在价格和条件不满意时做到随时走开。

即使你在谈判中没有任何选择，也要做好走开而承受谈判暂时失败的准备。为什么说是暂时失败呢？毕竟，我们说的只是一种谈判技巧，一种能够很快知道对方底价和最好条件的方法。实在不行，转身回来接着谈就好了，然后和对方说："不好意思，刚才自己有些急躁了，如果你能在价格上再考虑一下，我们还可以接着谈。"

自我测试 14-4 解析

你到广州去拜访一家供应商。供应商的老板早早就安排了奔驰轿车到机场来接你，而且他的助理一再打电话跟你反复确认，想拒绝都找不到机会。到了公司，你看到硕大的公司招牌立在崭新的大楼上，还在太阳底下泛着光。接待你的人把你直接带到老板的办公室，首先映入你眼帘的是一个巨大的红木办公桌和高高的皮制座椅，座椅背后，可能是某位大师的山水画，反正你也不懂。你环视四周，还发现一个貌似有点年代的大花瓷瓶立在一个小巧的红木几案上，几案旁边还立着一个高尔夫球杆包。如果这时你要对这家公司的实力做出判断，你觉得：

A.供应商的实力强大。(**说实话，你这么理解也不能说是错的。看他的助理做事情那么专业，反复确认行程，没有长时间的训练和实践中的磨炼是做不出来的。老板的办公室，看起来就很豪华，没有一定的实力，应该是置办不起的。**)

B.供应商的实力不行。(**只能说也有这种情况。供应商的实力不行，全靠门面撑。为了让自己看起来很强大，办公室都装修得非常豪华，接送客户的车子更是不能落了档次。这种情形还是比较常见的，不管实力如何，都喜欢来这一套。**)

C.不能确定供应商的实力。(**这是一个比较好的态度。我们不能简单地被供应商外在的形象所影响，推断供应商行还是不行。我们应该有专业的供应商评估体系，从多维度对供应商的真实实力做出专业的判断。**)

思考题

1. 黑白脸谈判策略中的"黑脸"和"白脸"分别指什么?
2. 尝试解释如何激发对方的自我意识。
3. 在采购谈判中你使用过"调解和仲裁"这种方法吗?举例说明。
4. 你用过"无形之力"中讲述的哪些谈判技巧?效果怎么样?

第四部分

采购谈判之实战篇

理论来自实践，而实践出真知。谈判是实战性非常强的一门学问，必须不断实战、总结，再实战、再总结，高超的谈判技巧需要你在实战中不断去感悟，在实战中去习得。

本书前面三个部分结合实战讲了很多理论、模型和工具，这些工具和模型借鉴了前人的理论，但大多来自作者的实战提炼，并经过反复打磨，非常有用，可以很好地指导实战。但是，如何在谈判中灵活使用这些模型和工具呢？本部分从全情景采购角度，从如何成为一个真正的谈判专家角度，结合一些完整的案例，再次诠释了谈判，这些案例都来自作者的亲身经历，非常宝贵。

Chapter15
第十五章

采购谈判案例全情景分析

学习目标

1. 通过两个采购谈判案例回顾前文所述的谈判理论。
2. 通过两个案例全情景分析谈判技巧之"六脉神剑二十四式"。
3. 能够理论结合实践深入掌握本书内容。

在实际的采购谈判中,只用到一种谈判策略的情况十分罕见。根据不同的情景,随机应变综合运用各种谈判技巧才是常见的情形。

本章将通过两个具体的采购谈判案例,详细分析前面所讲的各种谈判理论和谈判技巧,全情景展现应该如何准备谈判,如何使用各种谈判策略和技巧来获取谈判的成功。

在谈判中,我们要时刻保持头脑的清醒,积极思考,做好一切准备,同时也要识别对方所采用的战术,从而找到应对方法,将谈判进行下去,取得自己期望的成果。

第一个案例:一台示波器引发的采购谈判

案例背景

快到年底了,我们公司的研发部门还有一些预算。他们盘点了一下

第十五章 采购谈判案例全情景分析

自己手上的各种设备，看看明年还需要购置哪些测试仪器。看来看去，他们觉得自己手上的预算正好还够买一台示波器。

于是，部门经理就让工程师小王发起一个采购申请，买一台示波器。小王很快就填好了采购申请单，还把具体的产品型号也附在了采购申请单后面。采购需求被研发部门批准之后，信息很快就转到了采购部小宋那里。

开局难题：内部谈判

小宋一看，指定了型号，那就是指定了品牌，基本上也就指定了供应商，这样可就难办了。

为什么呢？

他打电话给小王说："你这样可是违反公司规定的，你需要把示波器的技术规范发给我，这样我才好去市场上找不同的供应商询价。"

小王以前还没有买过设备，有些不耐烦地说："你按照这个型号去买回来不就完了吗，怎么这么费劲啊？你们采购就是多事。"小宋有点生气了："谁多事啊？这是公司流程的规定。关于设备，我们必须拿到技术规范，而且是中立的技术规范，才好去找不同的供应商询价，才能给你们买到性价比最高的东西。再说了，类似的示波器，市场上应该有很多，我们不应该固定型号，更不应该固定品牌和供应商。"

小王叹了口气，说："年底忙死了，没有空，老板一直催我，你就拿着这个型号，让供应商找到类似功能的示波器不就行了吗？"小宋说："我非常理解你们现在的状况，可是那不行啊。你是工程师，具体要做什么用的，只有你最清楚。你也要理解我们的难处啊。"小王没有办法，也说不过小宋，更怕违反公司流程，只好同意了。

其实示波器的技术规范也很好写，小王很快就发给了小宋。小宋看了看，虽然说比较粗糙，也算能接受。

分析

小宋一出场就用**"公司规定"**的谈判方法，让小王感觉理亏，无法反驳。不过，小宋的口气看起来有点强势啊，给人的"**第一印象**"不是太好，不知道小王有没有生闷气。

如果碰到了"老王"，不知道会是一种什么场景。要是小宋多问几句，搞清楚购买的缘由，再有条有理地提出自己的建议，效果应该会更好。

小宋接着使用了"**换位思考**"的谈判技巧，表明自己非常理解对方，也希望能够得到对方的理解，支持自己的工作。

不过，小宋虽然看起来嘴上厉害，却接着大力恭维了小王，说只有他最清楚技术规范。对这类话工程师一般都比较受用，毕竟这等于承认他们在这方面"**技术权威**"的地位。因此，几句话下来，小王很快同意了小宋的建议。

谈判准备：信息收集

小宋很快把这份技术规范加上相应的商务要求发给了三家供应商。毕竟是标准的仪器，功能也清楚明了，所以供应商很快就把报价发过来了。

小宋一看，也真有意思。三家报的示波器，虽然型号不一样，但都是国际大品牌的，各种配置写得很清楚，交期差不多，付款方式也基本一样，都是交货验收后 30 天付款。只是这价格上有些差别：供应商 A 报了 85 000 元，供应商 B 报了 91 000 元，供应商 C 报了 95 000 元。看来只需要和供应商谈谈价，挑个最便宜的就行了，小事一桩，小宋心里暗暗地想到。

不过谈判之前，小宋还得做一件事。小宋把这三份报价都发给小王确认，要他仔细查看其中的配置，看是不是他要的东西，能不能够满足要求，如果没有问题，剩下的事情就交给他了。

一切都写得很清楚，也没什么好说的，所以小王很快就给予了小宋确认，说："这三家的示波器都可以，你赶快谈好买回来，不然我们今年的预算就没有了。"小宋刚想说没问题，突然想起来点什么，就顺口问道:"你老板没有问题吧？记得你说他让你买指定的那个型号啊。"小宋这么一问，顿时提醒了小王。"对啊，我得赶紧和他说一声，免得他有意见或者其他想法就不好办了。谢谢你提醒。"

小王话音没落，小宋心想，虽然说这个项目很小，情况也很清楚，要不我也给自己的领导汇报汇报，顺便问问领导有什么好的谈判办法。

分析

采购项目处在一个充分竞争的市场中，有足够的最佳替代方案（BATNA），难怪小宋很放松，这给他带来了很大的谈判优势。

另外，看来小宋"谈判准备之五环制胜秘籍"学得不错。项目进展得如此顺利也没有忘记"**参与环**"中其他可能对谈判产生影响的人，比如小王的老板。说不定小王的老板就想指定原来的品牌，小王要是自作主张，可能会有麻烦。

不同的谈判策略导致了不同的谈判结果

领导果然没什么问题，而且都没有什么兴趣听小宋把整个项目说完，只是问了一个问题：你打算用什么谈判策略去和供应商谈啊？小宋一下子愣在那儿了，低声说："就一个一个地谈啊，谁的价格低就给谁。"他的领导没有说话，盯着他看了看，说："你自己好好想一想。"

小王回到自己的座位，有点拿不定主意。这还能怎么办？难道有什么更好的办法吗？

这时小王的邮件发过来了，说已经跟老板沟通过了，老板说无所谓，让采购看着办，赶快搞定就行。其实这也是小宋和小王商量好的，让他最好给他发个书面的邮件，这样对双方都好。

现在小王的问题解决了，自己的问题呢？到底该用什么谈判策略？

到底是直接把订单给供应商 A，还是先找供应商 A 来谈，谈不拢再去找供应商 B 和供应商 C 谈？或是先找供应商 B 谈，毕竟供应商 B 的价格比较适中，进可攻退可守。还有，还要不要和供应商 C 谈呢？他们的价格最高，估计也降不下来，但是不谈一谈又怎么知道呢。

注意

往下面阅读之前，你可以暂停一下，仔细想一想，自己会采取什么样的谈判策略呢？你又会选择哪个供应商先谈呢？把自己的答案写下来，再和后面比较一下，哪种谈判策略最好或最适合自己。

小宋想着想着，感觉慢慢陷入一片混沌之中，似乎手上拿着一个月光宝盒，可以随意进入不同的时空。

时空一：放弃谈判

小宋先把供应商 A 叫过来，说："我都没有和其他供应商谈，只和你谈，所以希望你给我个底价。"供应商眼珠子转了转，想了想，说："宋经理，我给你的可是最低价了，一分钱都没有多要，不信你出去打听打听。这不是到年底了吗，我们要完成任务，所以价格报的都是底价，不能再便宜了。"

不管小宋怎么说，供应商 A 都不为所动。小宋实在没有办法，无奈之下只好同意了。反正供应商 A 的价格最低，流程上也没有什么好说的。加上小王一直催得紧，就把订单下给了供应商 A，订单金额为 85 000 元，真的一分钱都没降。

分析

从流程和结果上来说，小宋貌似做得都没有问题，也选了一个最便宜的。但关键是，他怎么知道另外两家不能更便宜呢？在这里，小宋在**信息战**上失败了，因为他没有做更多深入的调查和分析，只凭表面信息就做出了判断。

不仅如此，他居然一开始就告诉了供应商 A 他目前的谈判状态。我们说要和谈判对方**以诚相待**，但是不等于将自己的机密信息拱手相告。再加上公司内部给他的**时间压力**，导致谈判失败了。

其实，我们也可以理解为，小宋上来就选一个报价最低的供应商来谈判，说明他内心已经放弃了通过谈判去获得更好的结果。

时空二：BATNA 的误用

小宋先把供应商 A 叫过来，说："你这个示波器我已经了解过了，你的报价还是太高。不过，这个项目本身金额也不是很大，本着长期合作的原则，如果你能把价格降到 8 万元，我们就把这个单子给你，你看行不行？"供应商 A 大吃一惊，说："宋经理不要开玩笑，这样子的话我就没什么利润了。"小宋接着说道："我们从来不做让供应商没有利润的事情，那你说吧，多少钱合适？"供应商 A 叹了口气："我真的没有什么利润了，我报的都是底价，要不你说多少钱吧。""要不这样吧，我们折中一下，82 500 元。"小宋说道。

供应商 A 还是摇摇头，说："真的没有办法，我们实在是便宜不了。要不这样，为了表示诚意，我便宜 500 元。"小宋有点生气了："你打发叫花子呢？你要是不能便宜的话，我就找别家去谈了。"说完这句话，小宋就把供应商 A 送出了公司大门。供应商居然也就真的走了。

这下，小宋有点紧张了，赶紧联系供应商 B，结果谈下来的价格比 85 000 元还要高。无奈之下，他又去联系了供应商 C，更是只谈到 9 万元。

这下就尴尬了。但是，再尴尬，也得完成工作啊。小宋只好又把供应商 A 找了过来，好说歹说，看在以后还有机会合作的份儿上，也为了小宋的面子，最后以 84 000 元成交。总算便宜了 1000 元！

分析

小宋一开口就告诉供应商他了解这个产品，并且一下子将**出价还价的起点**亮了出来，谈判开了个好头。只是供应商还没有让步，他自己就说多少钱合适，表明他先让步了。让了一步也就算了，如果接下来使用**钳子策略**，不再说话，而是利用**沉默的力量**让对方看着办，还有可能扳回一局。不料，小宋在对方的**反钳子策略**下，自己先把**价格折中**了，违反了**永远不要先折中**的谈判技巧。这下难办了。

接下来，小宋还企图使用**走开谈判法**威胁供应商就范，不料没有奏效。

虽然最后谈下来 1000 元，只是对于这个结局估计谈判双方都不是很开心。小宋以为自己还有另外两个 BATNA，但是他没有想到，另外两个 BATNA 中的报价比供应商 A 的报价高得多，谈成更优价格的可能性不大，最后还只能灰溜溜地再回到供应商 A 那里，用自己的**面子**和公司的**未来机会**换了 500 元，你觉得值不值呢？

时空三：BATNA 的妙用

小宋先把供应商 B 叫过来，说："我们很有诚意跟你们做生意，也很想把这个订单给你们，只是你这价格太高了。"供应商说："那多少钱你能够接受？"小宋想了想，供应商 A 的报价才 85 000 元，那我肯定要开少一点才行啊。所以，小宋开口道："我希望成交价是 8 万元。"供应商 B 大吃一惊："你这还得也太狠了，我们肯定不能接受的。"小宋接着说："都是示波器，你家的也没什么特别的，为什么比别人贵这么多呢？这样吧，81 000 元。"

可是供应商不怎么接招，一会儿说自己的示波器用的材料比别家的好，一会儿说自己的服务比别家的好，弄得小宋只好一点点往上加，一直加到 84 000 元，供应商 B 还是没有松口。小宋心想，既然如此，那你可以走了，我去找供应商 A 好了。于是小宋面无表情地送走了供应商 B。

供应商 B 走后，小宋想了想，还是觉得应该先找供应商 C 试试。虽然价格报得那么高，谁知道其中的水分呢？实在不行，反正还有供应商 A 兜底呢。于是，小宋给供应商 C 打了个电话，把刚才和供应商 B 说过的话对供应商 C 又说了一遍。可惜，这个世界没有奇迹！

于是，小宋这才把供应商 A 找过来，好好谈了一下，谈到 84 000 元，就难以推进了。虽然降得不多，但经过前两轮的谈判，小宋心里已经有底了，早就做好了心理准备，所以心情也没有太受影响。

最后，他决定把领导搬出来，看有没有帮助。他对供应商 A 说："我们明年还会有不少新项目，如果你表现得好，我会去和我们领导汇报这个情况的，看明年是不是可以多给你们一些机会。不然的话，我们领导你是知道的。"说完，小宋不再说话了，就那么直勾勾地看着供应商 A。整个房间好像突然安静了下来，墙上挂钟的嘀嗒嘀嗒声都能听得一清二楚。"好吧，服了你了，83 000 元，你看可以吗？"供应商 A 说道。小宋点了点头，表示同意。

刚把供应商 A 送走，小宋就接到了供应商 B 的电话，问如果他们接受 84 000 元这个价格，什么时候能把订单下给他。小宋当时就笑了，说道："不好意思啊，你来晚了，这个订单已经给别的供应商了。"

分析

小宋没有先和价格最低的供应商 A 谈，而是找了价格居中的供应商 B，非常有技巧，进可攻退可守。首先，他利用**锚定效应**锁定价格，将**出价还价的起点**定在了 8 万元，开了个好头。

只是很明显，在这里打**信息战**小宋是打不过供应商 B 的，小宋只好一再让步，溃不成军。庆幸的是，小宋还有供应商 A 兜底来作为 BATNA，相对来说小宋还是很放松的，这也是他聪明的地方，所以最后使用**走开谈判法**也毫无压力。

在这里，因为有了前面一系列的准备工作，至少说明供应商 A 的价格确实是最低的了，小宋和供应商 A 的谈判看起来就顺利得多。在关键时刻，小宋先拿**未来机会**吸引供应商做出让步，紧接着又使用**黑白脸策略**，利用自己的领导给对方造成很大的心理压力，最后再使出**沉默是金**的谈判技巧，一连三拳搞定了供应商 A。

时空四：以理服人

小宋先把供应商 C 叫过来，说："你这个示波器我已经了解过了，也没有什么特别的优点，但是你的报价不是一般的高。所以我很好奇，你是怎么报出这个价格来的。"

供应商 C 笑了，说道："宋经理可能不知道，我们这个示波器可是世界排名第一的美国品牌，质量过硬。更关键的是，我们提供 24 小时的贴心服务，不管你们的工程师有什么问题，我们随叫随到，绝对让你们没有后顾之忧。另外，你们以前就买过我们的示波器，这个是升级版本，功能更强大。"

小宋花了一个小时，和供应商 C 仔细讨论了示波器的方方面面，当然也包括价格的成本构成。一分钱一分货，自然，价格是降不下来了，不过小宋却在这次会议后变成了半个专家。

感到很有收获的小宋，把供应商 B 也叫了过来，如法炮制，他也详细地把对方的示波器也研究了一番。

最后，小宋才把供应商 A 叫了过来，没有太多铺垫，直接就开始了价格谈判："这个示波器我也非常了解，为了不浪费大家的时间，给个痛快话，75 000 元，卖不卖？"

不管供应商 A 找出怎样不能降价的理由，小宋都能很快有理有据地反击回去。几轮下来，供应商 A 就招架不住了，汗流浃背，赶紧打电话跟老板请示，最后得到特批，以 8 万元成交。

小宋很是满意，不过还是很冷静地站起来对供应商 A 说："恭喜你们又拿到一个订单。你也太厉害了，怎么都不肯降价，实在拿你没有办法。你知道吗，为了让你降点价，我使出了吃奶的劲儿啊。"

供应商 A 听完，脸色舒缓了很多，寒暄了几句就转身离去了。

分析

小宋没有纠结于供应商 C 的报价，而是开始分析对方的报价为什么这么高，自己都要变成半个专家了，从而掌握了大量信息！相信在这个过程中，是因小宋**放低姿态**，虚心向两家供应商**多多提问**，然后**注意倾听**才取得了这个成果。

有了前面的精心准备，可以说小宋在掌握**事实数据**的基础上能够**以理服人**，在**个人气势**上也胜过供应商 A，最后获得了谈判的成功。

在谈判结束后，小宋还能及时认可对方的能力，恭喜对方，**让对方有赢的感觉**，为以后的良好合作也奠定了基础。

时空五：拍卖法

小宋实在不知道怎么办，领导的话让他如坐针毡，看起来领导在考验自己的谈判能力！这可怎么办啊？

这时，同部门的老孙过来找他问事情。小宋灵机一动，要不咨询一下老孙，问他有没有什么好的办法。毕竟老孙在采购这个位置已经干了多年，经验非常丰富，更是经历过许多谈判。

于是小宋就把这个项目的情况简单地跟老孙说了说，问他有没有什么好的谈判策略。

老孙笑了，说道："我当多大事呢，这么简单一个项目，有什么好烦恼的？来，我教你一招，非常简单。你把三个供应商全部都叫到公司来，一家供应商一个会议室。你告诉他们，要使用拍卖法来跟他们谈判。出价由你来定，如果谁先接受这个价格，这个项目就给谁，公平合理，结果当场还能知晓。如果你开的价格没有人接受，可以往上再加一点，比如一千一千地加，然后再把刚才的程序重复一遍，直到有人接受你的开价为止。"

这样真的有用吗？小宋有点儿困惑。不管怎么样，既然老孙给了个建议，那就试试吧，反正自己也没有更好的办法。

小宋让部门的实习生帮忙把会议室准备好，他则把每轮谈判的价格设计好后打印了出来。一切准备就绪之后，他就开始打电话和供应商沟通这种谈判的方法，确认谈判的时间和地点。

为了防止供应商互相碰面，小宋还特意把他们来公司的时间错开了15分钟，而且只能由实习生把他们带到会议室，并且一再和供应商强调，没有通知不能离开会议室。

供应商们如约到来，进入了相应的会议室。谈判开始了！

其实，关于第一轮的出价，小宋也是想了很久，最后才定在了7万元。再低的话，他怕吓着这些供应商，嫌他没有诚意，再高嘛，他也不知道应该定多少合适，索性就定了7万元。为了让起步价合理，他还特意咨询了老孙的意见。

第一轮果然没有供应商接单。前面他已经想好了，每轮只加1000元，所以没有人接标后，他把价格变成了71 000元，然后再来一遍。

过了两轮，供应商们就感到压力了，好像这个订单已经是自己的了，现在要被别人抢走。

报价涨到76 000元，供应商A开始犹豫了，抓耳挠腮了半天，拿起笔又放下，似乎还是想再等一轮。他的这种犹豫，被实习生看在眼里，回来告诉了小宋。小宋听后，知道马上就可以结束谈判了。

于是，他把77 000元的报价单开了出去。结果，半分钟不到，实习生就把一张签过字的价格确认单交给了他。他想，看来供应商A到底还是没有沉住气啊。但是，定睛一看，居然是供应商B接了这个标。

真是没有想到，居然不是最便宜的供应商A。小宋按捺不住激动的心情，立刻把这个结果告诉了老孙，然后给自己的领导也做了详细汇报。当然，他也没有忘记把这个结果告诉小王，然后听到电话那头传来惊愕的叫声。

这次谈判成功的愉悦感持续了整整一天。

分析

小宋能够主动**寻求内部支持**，说明他的谈判思路已经很开阔了。我们一定不要浪费公司内部的资源，要善于借助内部力量帮助自己进行谈判。因为这个，小宋学到将"拍卖法"用于谈判。

有人说**拍卖法**是一种竞标的采购方法，也叫"逆向竞标"，不算谈判。这就取决于你怎么理解谈判了。我们认为，谈判就是你说出你的想法，他说出他的想法，谈完之后最好按照你的想法来做。让供应商接受拍卖法本身就是一个谈判的过程。

其实，拍卖法就是利用**"稀缺原理"**创造了一种非常激烈的竞争氛围，也可以理解为我们使用了**竞争的力量**来进行谈判。我们希望使用这种方法获得最优的价格，供应商当然不是很愿意接受，但是如果他们接受了这种价格谈判的方法，说明经过谈判，供应商按照我们的想法来做了。毕竟，有些强势的供应商如果不接受使用拍卖法进行价格谈判，我们有时也只能按照他们的想法来做。

这种方法中，**出价还价的起点**很难制定。小宋经过仔细分析之后，来了个狮子大开口，同时咨询了老孙的意见，做得还比较到位。在谈判之前，小宋也把谈判的规则，也可以理解为"个人准则"，一一和供应商解释清楚，让对方明白如何进行谈判，从而掌握了主动权。

不过，要注意，"逆向竞标"的方法在采购中一般主要把关注点放在价格上，因此在竞标前必须把技术规范和商务要求写清楚。如果技术规范和商务要求不清晰，事后可能有麻烦，比如额外增加成本导致要重新进行谈判。

第二个案例：知识产权谈判解决公司危机

案例背景

从 2015 年阿里巴巴建立知识产权保护平台的那天起，中国电商知识产权的红利期就已经悄然开始了。

不过可能谁也没有想到，红利的第一波居然"跑偏"了。第一波受益者大部分人的身份不是卖家，也不是原创工厂，而是那些职业的"知识产权流氓"。

他们以恶意抢注商标为主要手段，然后利用规则和法律的漏洞去无理索赔。对于电商卖家来说，比商标更重要的是热搜关键词，而使用热搜关键词最大的危险就是遭恶意投诉，一旦被投诉成功，就会面临巨额赔偿或者商品链接被下架。

事情起因

JBS 是一家销售家居日用品的电商公司，销售渠道以天猫、京东为主。

不久以前，JBS 就遭到了这种恶意投诉，它们的 14 个爆款链接同时遭遇关键词被恶意注册，导致关键词侵权。

2019 年 6 月 21 日，JBS 突然接到投诉消息，说它们在天猫平台销售的所有拖把商品链接全部被投诉，原因是它们链接所使用的搜索关键词以及商标侵权责任问题。平台要求 JBS 在三个工作日内提供相关的有效证据，否则所有被投诉的商品链接将会全部下架，并进行扣分处理。

JBS 在天猫清洁工具类中的销售额常年位居第一，它们被投诉的所有链接销售总合约 4.2 亿元，如果被全部下架，那就意味着拖把产品销量归零，同时因为扣分问题严重，天猫会暂停它们公司的全部官方活动。

如果这次风波处理不当，公司将会面临巨大的经济损失。

应对策略一：收集信息，准备材料

这是 JBS 迄今为止被投诉链接最多、对销售影响最大的一次投诉危机。

公司的采购总监李总立马停止了手头所有工作，并依据以往的投诉处理经验，针对此次危机进行了三个步骤的规划：

第一，发动资源深度了解对方，确定投诉目的地。

第二，核算被投诉所产生的经济损失，以及公司所能承受的最大限度。

第三，立即通知公司法务团队，从法律以及知识产权的角度明确公司是否侵权，并且准备反诉资料。

分析

李总经验丰富，临危不乱。

第一步，开始**信息战**，收集各种有效信息。

第二步，立马分析自己的损失，方便准备谈判之前的锦囊妙计，也就是**自己的底线和谈判目标**。

第三步，**借助内部支持**，寻找谈判筹码。

应对策略二：摸清对方情况

李总很快就找到了投诉方，而且把投诉方锁定在浙江某个小城市。

为了把问题立即解决掉，李总连夜赶到那里。同时，李总很快通过朋友 A 先生的相关渠道摸清了对方的底细，也初步了解了对方的自身情况等非常重要的信息。简单来说，投诉方在外面有欠债，大概 40 万元，压力很大，想通过这次投诉，得到一定金额的补偿来还债。

了解这一情况后，李总迅速通过 A 先生找到了投诉人的朋友，让这两位中间人帮忙进行谈判。A 先生很快得到了对方肯定的回复：如果要他撤诉，需要赔偿其 300 万元。而且看起来态度非常坚决，没有商量的余地。

分析

在**信息战**上，李总信息收集得不错，很快就找到了对方的"**怕**"，也就是对方急需一笔钱去还债。

对于投诉方来说，如果李总和 JBS 咬紧牙关誓不赔偿，对方可能也很担心谈判破裂，最后连一分钱都拿不到。那样的话，即便给 JBS 造成再大的损失，也不会给自己带来任何收益，这显然不是对方希望得到的结果。

与此同时，李总**借用第三方的力量**，找到了对双方都有影响力的朋友，很快了解了对方的诉求，也就是对方索赔的目标 300 万元。有了这些信息，就可以准备接下来的谈判策略了。

另外，在这种"**环境**"下只适合采取"**面对面谈判**"的方式，因此他才会第一时间赶到目的地。

谈判准备：获得公司授权，了解对方开价

李总在得知对方的需求之后，立即与公司领导进行了详细汇报和沟通。李总得到了一定金额的绝对授权，并制定了两套谈判策略。

在谈判之前，李总从公司拿到的授权金额是 100 万元，也就是说，最多只能赔偿对方 100 万元，而对方要求的金额是 300 万元，李总心里

也没有底，不知道该从哪里开始出价。

本着"要得越多，得到越多"的原则，再结合自己收集到的信息，李总决定把出价还价的起点定在10万元。如果实在不行，再一步步往上加。

分析

对方的目标是300万元，李总开价却只有10万元，估计对方心里已经气了个半死。至少，在**"永远不接受第一次报价"**这个谈判技巧上，可以给李总打满分！

这里分析主要有两个原因：

第一，李总没有被对方的开价锚定。

第二，李总想让对方感觉"这个造成的损失其实并没有想象的那么大"，来试探对方，探一探对方的底线，如果对方没有过激的反应，说明对方并不了解这对JBS可能造成的损失，而如果对方转身离开，说明这个试探是不成功的。

谈判回合一：对方拒绝谈判，寻求关键人

只是，新的麻烦又出现了。

对方并不想跟李总直接谈判，而是派了他的律师直接跟中间人A先生把他们的要求重申了一遍。据A先生说，这位律师戴着金边眼镜，穿着西装，看起来非常专业，明显是做了准备，一看就不是很好惹，似乎不答应他们的要求，这个事情没有办法解决。

李总没有办法，只好再找其他朋友帮忙，又打了一大圈儿电话之后，居然还真被他找到了一个很关键的人物。这个关键人物是李总通过朋友找到的，是这位投诉方的发小G先生。李总通过G先生把投诉方约了出来。

时间所剩不多了。李总和投诉方约好，早上9点见面，进行谈判。如果今天不把这个问题解决了，平台定义的三天时间就要到了。

李总这时候不禁有点心急如焚，坐立不安。毕竟除了前面所说的直接损失之外，如果他们要想重新打造这个链接，预计将花费几千万元的费用，而且未必能够成功，虽然投诉方并不知道他们的损失到底有多少。

因此，实际上不管投诉方提出什么条件，他们恐怕都得答应。

分析

拒绝谈判，其实也是一种高超的开场谈判技巧，因为这样一来，貌似提出的要求是没有商量余地的，这就给李总制造了一个很大的压力，让他对谈判的结果不要期望值过高。

李总寻找到关键人，做了关键人的工作，这是非常重要的。在关键人的帮助下，出于"**面子**"，对方才愿意谈判，这可以说是"**以情动人**"的谈判技巧。

谈判回合二：互相探底，各有压力

谈判的地点选在了 G 先生的家中。

李总带着自己的朋友 A 先生，早早就赶到了那里。等了大半天，投诉方才带着他的律师姗姗来迟。坐下来之后投诉方一声不吭，有什么要说的也不对李总说，所有的要求和谈判的内容都由他的律师转述。此时，李总一方两人，与对方两人开始了漫长的谈判。

说实话，李总见对方的律师比较专业，心里还是有点发怵的，生怕被他看出了什么破绽，因此说话也比较谨慎。

李总提出价码 10 万元，当然也被对方一口否决了。不过，因为他前期跟本地朋友做了很多沟通，心里还是有点底的，对这个价码还比较有信心。其实，李总心里早早留出了 5 万元的余地，以便在最后迫不得已时再加上去，促使对方同意撤诉。

只是时间一分钟一分钟地过去，一转眼已经到了下午。李总一直询问对方到底要多少钱才能够撤诉，对方也没有明确的回复。

分析

双方的第一次报价，300万元和10万元，差距相当之大。但由于事先做过深入的情况调查，知道投诉方债务缠身，开高价也是吓唬人，那么报低价也是一种策略，可以迅速降低对方的期待。

在这个回合中，对方采取了三种谈判策略：

第一，故意晚到，给我方造成**时间压力**。

第二，让律师出场，显得**专业**，有备而来。

第三，对方在谈判中保持**沉默**，这是谈判中的一大利器。由于对方一直沉默，不肯第二次出价，会让李总一方很紧张，让谈判陷入比较被动的局面。

很明显，对方投诉人是决策者，但又一直沉默，让律师出面，这也可以判断出他是个不善于谈判的人，这时候需要更多的耐心和试探。

对于李总来说，他做的正确之处就是把谈判地点选对了，在对方发小的家里，这让对方很有安全感。

所以，如果对方拒绝谈判，也可能是担心陌生的**环境**不利于自己。因此，选择一个让对方感到安全的谈判地点非常重要，也显示了我方的诚意。

谈判回合三：最后关头，互相让步

随着时间的推移，对方一直没有第二次开价，李总有点坐不住了，再拖下去怕时间来不及而出什么意外，影响大局。于是一着急，一发狠，索性就把价码加到了20万元，希望对方能够立即接受。哪知对方一看李总松口了，觉得还有戏，就要求40万元才肯撤诉。

不过很明显，谈判进行到了这个地步就比较好办了。因为对方总算第二次开价了，李总心里也算松了一口气，但他不能马上就答应对方，还要再谈一谈，于是双方进行了反复拉锯。李总中途还出去假装打电话向老板请示。

最后，双方折中，把金额定在了30万元。

分析

当对方不愿意先第二次出价的时候，如果僵持下去，对李总一方不利，这时李总一方需要第二次出价，但要把握好分寸，可以在己方的价格上加，绝不可以在对方的价格上减。

当李总一方把价格从 10 万元提高到 20 万元时，虽然对方第一次出价是 300 万元，但第二次出价是 40 万元，显然是被李总一方锚定住了。

虽然 40 万元的价格也是在李总一方底线以内的，但是谈判中最忌讳的就是轻易答应对方的要价，所以李总选择继续跟对方谈，意欲让对方感觉到可以在 20 万元和 40 万元之间找一个折中方案，非常有经验。

最后以 30 万元达成协议，这会让对方感觉到这是自己好不容易争取来的，**有一种赢的感觉**。

谈判成功，超出预期

谈判结束，最后大家达成了一致意见，对方答应统一撤诉，JBS 在给予对方赔偿 30 万元之后，也会获得对方商标的永久使用的授权书。

谈判顺利达到目标，最终成交金额 30 万元，比公司预期的 100 万元的结果好多了，问题得到了解决，公司也避免了巨大的损失。

不过，对于李总个人来讲，他还是觉得这个结果没有达到自己心中的目标，有点遗憾。他感到自己还是有点急于求成了，定的目标值 15 万元，其实是有机会达成的。

不过，这次谈判也让他们意识到危机无处不在，尤其是电商行业发展迅速，市场变化风云莫测，所以一定要提前做好应对预案，未雨绸缪。

公司要特别加强对知识产权中滥用商标关键词的了解，增强知识产权的意识，避免掉入此类商业陷阱。同时，他觉得还要培训自己的骨干人员，能够在复杂的环境中对信息进行分析和掌握，即使碰到危机也能够选择正确的谈判策略，同时可以熟练运用谈判技巧进行高效谈判，为公司创造价值。

总结

这是一次非常考验人的心理素质的谈判，李总充分利用**信息战**和**谈判准备五环之制胜秘籍**，挖掘自己的各种谈判筹码，找到对方的"**求**"与"**怕**"。

虽然李总个人设定的目标是15万元，但是能够30万元成交，对公司来说也是非常成功的，让老板非常满意。

这场谈判是在和时间赛跑，算得上是惊心动魄的。谈判中有着各种力量战和心理战，同时穿插各种谈判技巧，最后取得了很大的成功，为公司避免了更大的损失。

《沃顿商学院最受欢迎的谈判课》一书中提到，在促使谈判双方达成协议的关键要素中，专业知识所起的作用不足10%，人在其中所起的作用超过50%，也就是双方是否互有好感，是否互相信任，是否愿意倾听彼此的要求。另外，谈判流程起的作用大约为1/3，也就是说，谈判双方是否愿意深入了解彼此的需求，双方对谈判日程的安排是否意见一致，双方是否有诚意对彼此做出承诺。

这场谈判也证实了这个观点。确实，在谈判中人的作用非常大，这里有几个成功的亮点，不得不再次提及：

- 找到了正确的中间人，帮助了解清楚投诉方的信息和诉求，也在协助谈判中起了很大的帮助。
- 通过中间人与对方发小的接触和建立起的信任，缓和了气氛，没有造成剑拔弩张的谈判氛围，帮助谈判顺利进行。
- 最后在投诉人发小的家中谈判，这是流程安排的效果，显得有诚意，也让对方更加信任。

思考题

1. 第一个案例中，小宋还有没有其他谈判方法？
2. 第二个案例中，如果李总没能找到"对方的发小"这个关键人，谈判结果会如何？

Chapter16
第十六章

全情景采购谈判专家之路

这本书读到此处，或许你已经学会了什么是"五环"，什么是"六脉神剑"，你已经记住了里边的好多招法，如果你是一个"学霸"，或许已经把"五环六脉"倒背如流，那么恭喜你，也感谢你。

我猜想，你此时可能有这样的感受，觉得"二十四式"非常好用，帮你总结了日常谈判经验，梳理了日常谈判思路，查找了日常谈判疏漏，此时的你，正在为即将成为一个谈判专家而激动。

当然，你也可能觉得，书中讲的你都懂，书中所说的招儿你都会，就是不知为什么还是觉得谈判有些费力，哪个地方有些不对。

不管你怎么想，有一件事绕不过去，那就是怎样才能成为谈判高手，什么样的人才算是谈判专家？

把"六脉神剑二十四式"背下来了，我们就能成为谈判专家吗？你我都知道，当然不能，还需要假以时日，在实践中不断练习。那么，只要不断练习就能成为谈判专家吗？我认为也不是。

那怎样才能成为**"全情景采购谈判专家"**？在这里，我谈五点感受。

一、要成为谈判专家，必须对供应市场有充分了解

我先给大家讲一个例子。

2001年，我在一家进入世界500强的汽车制造企业做采购部长，我的搭档是一位曾受雇于瑞典沃尔沃汽车公司的巴西人。他是一个非常强势的人，有着丰富的采购管理经验。有一次，他到我们办公室炫耀，他在上海的家门口买草莓，摊贩要价40元一斤，他砍掉了一半，20元一斤，他觉得自己是个谈判高手。

我们办公室的采购人员听后都哈哈大笑。他不明白为什么大家笑，后来有人告诉他，其实草莓只需要10元一斤，他上当了。因为卖草莓的人看他是老外，不了解行情，故意报了高价，40元一斤，他砍了一半也还是20元一斤。而我们中国人知道草莓的行情，也就是10元一斤，所以，中国人买10元一斤也是非常正常的。

从上面这个案例中可以看出，对供应市场的了解，是谈判之前我们必须要做的功课。对供应市场没有充分地了解，对交易习惯没有充分地了解，你是没有办法进行一场成功的谈判的。

要想了解供应市场，必须对供应市场进行分析和调查。**一个买方和一个卖方构成一个供应关系，多个买方和多个卖方构成一个供应市场。**那这个供应市场究竟有多少个买方和多少个卖方，是什么力量在影响着这些买方和卖方的力量呢？这个调查分析就是供应市场分析。供应市场的状况，决定了采购方的购买策略，也决定了供应商的销售策略。只有对供应市场进行分析，采购人员才能对谈判策略心中有数，才能成为一个真正的谈判专家。

供应市场的调查和分析，是一个非常专业的事儿，有很多管理工具，如迈克尔·波特的五力模型等。通过分析，可以把供应市场分为垄断、寡头垄断、垄断竞争、完全竞争市场，与不同供应市场的供应商进行谈判，策略是不一样的。

比方说政策、汇率、技术的变化等，都会影响供应市场的变化，与垄断供应商谈判和与完全竞争市场供应商谈判，方法完全不同，这里涉及大量的知识，详情请参阅《供应商全生命周期管理》一书，它是本系列教材之一。

二、要成为谈判专家，必须要有大局观

管理大师彼得·德鲁克在《卓有成效的管理者》中，对知识工作者的第一条要求，就是要有大局观，能够跳出自己的领域，从客户的视角，从全流程的视角看待问题。现在特别流行的一个词叫"上帝视角"，这个上帝视角就是站在更高的高度看问题，这样才能把事情看明白。

采购是一项具体的工作，采购部是一个具体的部门，很多人可以把当下这个谈判处理得很好，但是由于没有从客户视角，没有从全流程，没有从公司战略这样的高度进行一场谈判，有时谈判是成功了，对整体却是不利的。所谓本位主义，就是这个意思。供应链管理，有一个非常重要且必须解决的问题，就是组织之间的高效协同。可为什么不能协同呢？往往就是因为没有大局观，没有站在合作的角度，而是站在博弈、本位的角度。这样的谈判，不是我所推崇的，这样的谈判，也不能算是成功的谈判。所以，一个优秀的谈判专家，必须有大局观。

大家知道，局部最优不等于全局最优，因此，在处理局部问题时必须从大局着眼，从小处着手。

采购不是采购部门的采购，而是公司的采购，必须站在公司的高度看采购，甚至还要站在客户的角度看采购，这是我做采购管理工作20年最大的体会。

采购谈判，很多时候就是谈价，价格低对采购可能是好事，因为完成了降本指标，但对公司并不一定是好事，可能会影响质量、交期和服务。

谈判是手段，公司目标才是目的。这里面的大局和全局，就是公司的战略目标；局部，就是你谈判的这件事。

你可能觉得，在这场谈判当中，你获得了非常大的成功，但事实上，可能你获得的所谓成功，对实现公司的整体目标是不利的。比方说，损害了与供应商之间的关系。这家供应商，是我们的战略供应商，是需要我们进行培育的供应商，可能日常对我们帮助很多，投入的研发费用

很高,承担了研发的失败风险,投入了设备,给我们预留了产能,可能为留足产能还有部分浪费;可能由于我们交期紧急,供应商还经常加班加点。

在一个具体项目当中,如果拘泥于把价格降到最低,表面看谈判获得了成功,但势必会损害与供应商之间的关系,下次你再让供应商为你购买设备、储备产能,给你融通现金流,给你提供一些非常好的建议,恐怕都不再可能了。

当然,很多公司的考核指标,少有全局指标,重在部门指标,强调奖惩,少有分析。这样的公司,采购人员应当利用成本分析,利用各种案例,说服各部门,说服管理层。关于这一点,或许你可以参阅《全面采购成本控制》一书,它也是本系列教材之一。

再重复说一遍,谈判是手段,实现公司目标才是目的。

三、要成为谈判专家,必须要思利及人

思利及人,也就是要富有利他心态。

说"利他",可能有人就不服了,谈判技巧不就是教我们如何获得更多吗?没错,但我们想想看,如果谈判只是想着自己的利益,而没有顾及他人的利益,没有顾及他人的感受,结果会怎样呢?

我们是采购人,谈判对象往往是长期合作的供应商,供应商与你谈判中如果没有得到他想得到的,或者一直没有赢的感觉,他会跟你长期合作吗?他会跟你长期合作吗?他会实心实意地帮你取得成功吗?会在关键时刻挺身而出,与你一起攻坚克难,共同面对剧烈变化的市场吗?假设我们是供应商,想一想,应该不难得出答案。

有人把谈判仅当作逼对方让步,对方让步了,觉得就是谈判成功了。我认为这是一个错误的理念,真正成功的谈判,必须是双赢。当然,有人反对双赢说,认为就没有真正的双赢,谈判就是让自己获得更多。但想象一下,如果对方谈判觉得自己"输了",他心里会怎么想?如果谈判

之后，供应商总是觉得"输了"，他又会怎么做？

根据美国心理学家亚当斯的公平理论，当人觉得付出与回报不公平时，一定会不满，积极性降低，为了公平，他会减少付出。作为供应商，一定会在某个地方"找回来"，可能"偷工减料"，可能服务不及时，当然，这些你可能根本觉察不出。

此时，你可能会说，供应商是否赢关我什么事儿？老板要求我尽管谈，只要供应商继续供货，就说明他有利可图。激烈的市场竞争就是如此，也只能如此，有的企业就是这样成长起来的。也有的企业，只要采购人员提到"利他"，其他人就认为采购人员与供应商有"猫腻"，吓得采购人员根本不敢说"双赢"，更不敢提"利他"。只能说，这种企业理念需要转变了，采购人员可以拿出若干事实彰显"双赢"的好处。简单说，若不能共同做大蛋糕，即使自己拿得多，其实还是没拿多，因为通过"双赢"可以拿得更多。

我认为，对方让步只有三种可能，要么是故意留给你的，要么是拿东西换来的，要么就是被逼的。如果真是被逼的，一定不会长久。

我们在这里强调"利他"，是想说，作为全情景采购谈判专家，在谈判时，一定要深入挖掘对方的"求"，用自己的"求"去换对方的"求"，而不是一味地追求对方的让步和妥协。

关于"要"和"求"，在本书前文有充分的论述，大家可以回过头去再次阅读并仔细感悟。

我很喜欢说，**谈判就是交换，市场经济就是等价交换**。谈判时一定要关注对方要什么，我能给对方什么，要让对方有赢的感觉，这样对方才愿意让步，我们才能获得我们自己想获得的。

注意，赢是一种认知。有时你觉得赢了，对方不一定觉得赢了，或者说，对方认为赢了，你并不一定认为赢了，这里面有一个认知的问题。

如何打造公平公正的认知，这也是一个"技术活儿"。

两人分200元，你觉得应该怎么分才公平？

方案1：平均分，一人一半，这是人们通常认为的"公平"，很多公司节假日发福利都是这样的。但是,穷人想,100元对于富人来说,无所谓,对于穷人来说,很多。为了公平,穷人可能要求多分一些。有些人家,几个子女分担父母养老费就是这么做的。

方案2:按贫富分,但是富人交税多,实际拿到的可能会少,主张按税后分。

方案3:按年龄分,大的让小的。

方案4:按贡献分,如公司奖金。

方案5:按职务分,如职级待遇。

方案6:按性别分,如吃饭买单。

方案7:抓阄。无其他分配标准可采用,有时是因无奈,有时是为了显示公平。

……

你可以一直思考下去。

可见,"公平"是一种认知。是否能做到双赢,重点在于谈判者要给对方打造一个"赢"的认知,这很重要。

我再次重复我的观点,谈判不是与事实在谈判,而与人的认知在谈判。所以,我们要想办法影响别人的认知,这才是谈判的高手。

实践中,我们很多时候没有争取到我们想要的,没有获得供应商的让步,那是因为供应商没有看到这个让步会给他带来什么好处,所以要明明白白地告诉他,给他一种赢的感觉。你看销售人员,跟采购人员谈判时总是提到会给对方带来什么好处,让对方有一种赢的感觉。

记住这句话:有求放大求,没求创造求。

四、要成为谈判专家,必须学会控制情绪

"冲动是魔鬼",想必大家都知道这句话,人在冲动时往往会做出一些不理性的决定。当然,本质上,人都是不理性的。有专家说,一个人93%感性决策,7%理性思考,只是为感性决策找一个理性的理由。这

结论可能有些绝对，缺少数据支撑，我也不知道他是怎么得出的这个结论，但不可否认的是，人是有情感的，易受情绪支配。

人们一般先做感性决策，然后再做理性论证。当然，感性多些还是理性多些，具体可能跟性格、受教育程度、所从事的工作等有关系。

我们很多采购人，习惯朝南坐，习惯供应商恭恭敬敬听我们的。于是，一旦遇到供应商说不，遇到强势的供应商，很多采购朋友就不会谈了。有的人更是"玻璃心"，对方强势地说了一句"NO"，就觉得被冒犯了，情绪激动，就想"惩罚"一下供应商，或者觉得烦，就违心接受了。

我们曾开发一款IT产品，因当时比较急，当然也是对推荐人的信任，就没有对这家供应商很好地进行评估。

程序开发结束了，我们测试验收，发现开发的产品总是出现bug（缺陷漏洞），验收人员很恼火，就一直没有验收。我们理解，供应商应该开发出一个合格产品，不应该每次测试都出现bug。供应商解释说，软件有bug很正常，付尾款后一定负责维护、及时解决，并三天两头催验收。我们采购负责人嫌烦，相信了供应商的承诺，把款付了。结果，你知道的，供应商再也没有了往日的热情，服务是"千呼万唤不出来"。

再举一个例子。

我工作过的一家公司，要组织一场大型会议，选择了一家会议供应商。结果，会议召开前夕，我们发现前面还有一场会议，而前面那场会议如果不能及时结束，就会影响后面我们大会的举行。

发现这个情况后，我们的谈判人员跟对方沟通的时候不大冷静，几句话之后，双方进入情绪对立状态。我方采购觉得，我为什么非要选你，我干脆去选别的供应商，于是匆匆忙忙选择了另外一家会议供应商。另外一家会议供应商比这家便宜，态度也更积极，前面也没有会议，确实解决了我们的痛点。谈判结束之后，我方采购洋洋得意地说："我不跟你做生意，我不让你赚这个钱。"结果如何呢？新找的这家会议供应商，音响设备非常差，严重影响了会议的效果。

这个谈判的结果就是,"一气之下"感觉很爽,却没有达成谈判目的。请你回忆一下,我们自己是否有这种情况呢?

千万记住,不要被情绪控制。

那如果对方有情绪,怎么办?一定要学会疏泄情绪,也就是要让他把情绪发泄完。人就像一个皮球,当泄完气之后,也就没有了能量,没有了攻击性,也就心平气和了。

这样的例子有很多,大家可以对号入座,想想在工作中自己是否有这种情况。

我讲的这些是有心理学理论基础的,这个理论叫"心理挫折"。在商务谈判中,当双方就某一问题各不相让、僵持不下时,就形成了"挫折"。对于"挫折",人们的感受是不同的,有的人遇到了困难,反而可能会激起更大的决心,全力以赴把这些问题处理好,而有的人则会感到沮丧、失望甚至丧失信心。这有人的知识、经验、能力、水平和智商等主观因素,也有谈判对象、环境状况、困难程度、目标重要性等客观因素。

人们遭受挫折后,通常有这样几种反应:

一是攻击。遭受挫折后,生气愤怒、言语激烈、情绪冲动、易发脾气,甚至挑衅、攻击。

二是倒退。遭遇挫折后,像孩子一样哭闹、暴怒耍脾气,威胁对方或换取别人的同情。

三是回避。遭受挫折后,失去信心,消极悲观,孤僻离群,盲目顺从,敏感性、判断力都会降低。

四是固执。顽固地坚持某种不合理的意见和态度,盲目地重复某种无效的动作,不能正常地做出判断,导致行动失误。

需要理解的是,上述这些都是人的正常心理反应,只不过谈判专家,善于控制自己的情绪,善于引导他人的情绪。

如何避免上述反应呢?我总结了三种方法:

第一,诚意。谈判是两方以上的合作,你作为采购方,对方往往是长期合作供应商，合作能否进行，能否成功，取决于双方合作的诚意。用诚意贯穿整个谈判过程，让诚意成为谈判的最大动力和魅力。

第二，耐心。耐心可以使我们更多地倾听对方，以柔克刚，了解更多的信息；耐心也可以使我们更好地克服自身弱点，增强自控能力，更有效地控制谈判局面。耐心，也是对付脾气急躁、性格鲁莽、咄咄逼人的谈判对手最理想的策略。

第三，只关注自己所关注的。在谈判的时候，只关注自己所关注的，不要逞一时之快，而忽视了谈判的目标。

所以我觉得，要想成为谈判专家，一定不要情绪化，一定不能被情绪左右。

记住，重要的决策，在 24 小时之后做出。

五、要成为谈判专家，必须忘掉所有招式

真正的谈判高手，是没有招式的。

听到这句话，你可能疑惑不解，书都看完了，还教了我那么多招式，现在说要把学到的招式全忘掉，那不白学了吗？

我们前面学了六脉神剑二十四式，如果我们把它背下来，就能成为谈判高手吗？我想，大家不会这么认为。

我在读大学的时候，特别喜欢看武侠小说，那些师父在教徒弟的时候，都会告诉徒弟，"你要想下山，必须把师父教你的招式全都忘掉"。说实话，当时我是不理解的，全部忘掉那不就是白学了吗？我们读书人都知道这个道理，把公式公理、定理定律都忘了，怎么答题呢？但是，我现在理解了，忘掉那些招式，并不是不用，而是不能刻板套用，必须实践、实践、再实践，把那些招式变成自己的本能。师父教你的时候，告诉你如何打直拳，如何打勾拳，直拳怎么出才快而有力，并且要求你一遍遍地练习，直到熟练掌握，达到"人剑合一"，你看所有的武功大师，已经看不出招式，身体所到之处尽是招法。

世界上没有一场可以重复的谈判，因为这次谈判跟那次谈判相比，时间、地点、环境甚至人物都发生了变化，谈判的策略当然也应该随之变化。所以，**谈判最重要的是时机，时机是谈判的魂**。这个时机的把握，不是靠背诵，靠背会"二十四式"就能学到的，必须在实践中不断地揣摩、练习，只有能深刻领会这些精髓，熟练掌握这些技巧，通过实践、实践、再实践，把"五环""六脉神剑"变成自己的本能，谈判时才能随心所欲，自如发挥。正所谓，融化在血液里，体现在行动中。

手中有剑，心中无剑。只学会了舞剑，只会模仿，没把剑法变成自己的，这肯定不是高手。而另一种境界，就是随便手上有什么，甚至没有东西，都能使出剑法，这就是心中有剑，手中无剑，用一根棍子也可以用出剑法，不再流于形式上的东西，而是自己有了自己的剑道，灵活多变，真正做到了人剑合一。

这就是道与术的区别。

欢迎你随时把感悟发至我的邮箱 gongxunwei@cipm-china.com，让我们一起探讨《全情景采购谈判技巧》的专家之路。

参考文献

　　由于编者水平有限，书中不足之处在所难免，诚请广大读者指正。同时，为了给读者奉献较好的作品，我们进行了大量的资料收集、检索、查阅与整理工作。在写作本书的过程中，我们引用了一些资料和文献。这些资料的原创作者为本书的完成提供了很多便利。在此，深表感谢。

　　作者查阅、参考了大量的文章、文献和作品，部分精彩文章未能正确、及时地注明来源及联系版权拥有者并支付稿酬，希望相关版权拥有者见到本申明后及时与我们联系，我们将按相关规定支付稿酬。在此，深深表示歉意与感谢。

[1] 宫迅伟. 如何专业做采购 [M]. 北京：机械工业出版社，2015.

[2] 宫迅伟. 中国好采购 [M]. 北京：机械工业出版社，2017.

[3] 宫迅伟，等. 供应商全生命周期管理 [M]. 北京：机械工业出版社，2020.

[4] 宫迅伟，等. 采购全流程风险控制与合规 [M]. 北京：机械工业出版社，2020.

[5] 宫迅伟，等. 全面采购成本控制 [M]. 北京：机械工业出版社，2020.

[6] 熊浩. 熊浩的冲突解决课：谈判 [M]. 北京：法律出版社，2017.

[7] 武向阳. 谈判兵法 [M]. 重庆：重庆出版社，2015.

[8] 高杉尚孝. 麦肯锡精英的谈判策略 [M]. 北京：中信出版社，2016.

[9] 田村次朗，隅田浩司. 谈判就是搞定人 [M]. 孙律，译. 北京：中国友谊出版公司，2017.

[10] 克尔德·詹森. 高难度谈判 [M]. 戴莎，译. 北京：中国友谊出版公司，2018.

[11] 马蒂亚斯·施汉纳. 绝地谈判 [M]. 黄静，译. 杭州：浙江人民出版社，2019.

[12] 盖温·肯尼迪. 谈判 [M]. 祝欣，陈述，译. 北京：民主与建设出版社，2018.

[13] 史蒂夫·盖茨. 优势谈判实战训练手册 [M]. 苏西，译. 深圳：海天出版社，2014.

[14] 德雷克·阿顿. 哈佛经典谈判课 [M]. 张亮，译. 北京：北京联合出版公司，2018.

[15] 罗伯特·B 西奥迪尼. 影响力 [M]. 闻佳，译. 北京：北京联合出版公司，2016.

[16] 迪帕克·马哈拉，马克斯·巴泽曼. 哈佛经典谈判术 [M]. 吴奕俊，译. 北京：北京联合出版公司，2017.

[17] 迪帕克·马哈拉. 哈佛商学院谈判课 [M]. 李欣，译. 长沙：湖南文艺出版社，2017.

[18] 赫布·科恩. 谈判天下：如何通过谈判获得你想要的一切 [M]. 谷丹，译. 深圳：海天出版社，2005.

[19] 罗杰·道森. 优势谈判 [M]. 刘祥亚，译. 成都：四川人民出版社，2018.

[20] 威廉·尤里. 谈判力 [M]. 王燕，罗昕，译. 北京：中信出版社，2012.

[21] 博恩·崔西. 谈判 [M]. 马喜文，译. 北京：机械工业出版社，2014.

[22] 斯图尔特·戴蒙德. 沃顿商学院最受欢迎的谈判课 [M]. 杨晓红，译. 北京：中信出版社，2018.

[23] G 理查德·谢尔. 沃顿商学院最实用的谈判课 [M].2 版. 林民旺，李翠英，译. 北京：机械工业出版社，2013.

[24] 利·L 汤普森. 汤普森谈判学 [M]. 北京：清华大学出版社，2010.

[25] 彼得·约翰斯顿. 劣势谈判 [M]. 吴婷，李建敏，译. 海口：南方出版社，2011.

[26] Chris Voss，Tahl Raz.Never Split the Difference[M]. Harper Business，2016.

[27] Donald J Trump，Tony Schwartz.The Art of the Deal[M]. Ballantine Books，1987.

[28] 文增强. 形体语言的判读与危机谈判技巧 [J]. 武汉公安干部学院学报，2013（2）.

[29] Alena Komarom，Horacio Falcào. 饭局一定有助于谈判协商么？[J]. 董事会，2018（10）.

[30] 万平来. 商务谈判的 BATANA 策略及其应用 [J]. 科技情报开发与经济，2009（1）.

SCAN专业采购四大核心能力

书号	书名	定价	作者
978-7-111-51574-6	如何专业做采购	49.00	宫迅伟
978-7-111-58520-6	中国好采购	49.90	宫迅伟
978-7-111-61388-6	采购2025：数字化时代的采购管理	69.00	宫迅伟 等
978-7-111-64175-9	采购全流程风险控制与合规	69.00	宫迅伟 等
978-7-111-64176-6	全面采购成本控制	69.00	宫迅伟 等
978-7-111-64200-8	供应商全生命周期管理	69.00	宫迅伟 等
978-7-111-64267-1	中国好采购2	79.00	宫迅伟
978-7-111-65621-0	全情景采购谈判技巧	69.00	宫迅伟 等
978-7-111-65664-7	采购之道	89.00	宫迅伟 等
978-7-111-69564-6	中国好采购3	79.00	宫迅伟
978-7-111-70772-1	全品类间接采购管理	79.00	宫迅伟 等

供应链管理

书号	书名	作者	定价
978-7-111-59514-4	供应链的三道防线：需求预测、库存计划、供应链执行	刘宝红 赵玲	69.00
978-7-111-49413-3	采购与供应链管理：一个实践者的角度（第2版）	刘宝红	59.00
978-7-111-53469-3	供应链管理：高成本、高库存、重资产的解决方案	刘宝红	59.00
978-7-111-56439-3	供应链管理：实践者的专家之路	刘宝红	69.00
978-7-111-48216-1	采购成本控制与供应商管理（第2版）	周云	59.00
978-7-111-537908	精益供应链：从中国制造到全球供应	殷绍伟	49.00

"日本经营之圣"稻盛和夫经营实录
（共6卷）
跨越世纪的演讲实录，见证经营之圣的成功之路

书号	书名	作者
9787111570790	赌在技术开发上	【日】稻盛和夫
9787111570165	利他的经营哲学	【日】稻盛和夫
9787111570813	企业成长战略	【日】稻盛和夫
9787111593256	卓越企业的经营手法	【日】稻盛和夫
9787111591849	企业家精神	【日】稻盛和夫
9787111592389	企业经营的真谛	【日】稻盛和夫